KB136135

오픈마켓 마케팅 전략 전면 개정

전면 개정 3판

혼자서도 할 수 있는

오픈마켓 창업 & 마케팅 핵심 전략

G마켓 | 옥션 | 11번가 | 스마트스토어

앤써북
ANSWERBOOK

혼자서도 할 수 있는

오픈마켓 창업 & 마케팅 핵심 전략 전면 개정 3판

초판 1쇄 발행 • 2015년 8월 20일
2 판 1쇄 발행 • 2018년 1월 15일
3 판 1쇄 발행 • 2019년 8월 20일
지은이 • 김덕주
펴낸이 • 김병성
펴낸곳 • 앤써북
출판등록 • 제 382-2012-00007호
주소 • 경기도 고양시 일산 서구 가좌동 565번지
전화 • 070-8877-4177
FAX • 031-919-9852
정가 • 16,500원
ISBN • 979-11-85553-16-0 13000

도서문의 • 앤써북 http://answerbook.co.kr

앤써북은 독자 여러분의 의견에 항상 귀기울이고 있습니다.

PREFACE

취업률 평균 31%, 자영업자 폐업률 80%인 시대에 살고 있다. 이는 이 책의 첫 장을 넘기고 머리말을 보고 있는 독자 여러분들이 처한 이 시대의 비극이라 할 수 있다.
누구나 부푼 꿈을 안고 창업을 시도하지만 온라인 초창기의 막연한 시작이 성공으로 이어지는 희망곡은 이제 멈춘지 오래이다.
약 20년의 역사를 가지고 있는 온라인 시장은 빠르게 성장해왔고 다양한 트랜드를 생성해 왔지만 전문적인 교육이나 가이드가 없는 것 또한 비현실적일 수밖에 없다.
온라인 사업에서 성공하려면 돈, 마케팅, 분석 이 세 가지 중 하나는 잘해야 한다는 얘기가 있다.
돈을 가지고 태어나는 사람은 소수이고, 마케팅은 경험을 바탕으로 하기 때문에 보통의 창업 준비를 하는 사람들은 분석을 잘해야 한다고 필자는 생각한다.
분석을 잘하면 고객의 소비패턴이 보이기 시작하고 판매채널의 시스템이 읽히기 시작하며 그로 인해 자연스러운 마케팅을 시도하게 된다.
그 마케팅이 성공으로 이어졌을 때 돈이 생기기 시작하고 그 경험과 축적된 비용을 기반으로 아이템을 하나씩 확장해 나갈 때 안정적인 사업구조를 형성할 수 있다고 생각한다.
위에서 말한 분석을 기준으로 본서에서 중요하게 기술하는 것은 고객, 판매자, 판매채널을 기반으로 온라인 유통의 깊이를 어디까지 이해할 수 있는가? 이다.

"디테일을 갖는다."는 것은 결코 쉬운 일이 아니다. 그 만큼 본인의 업에 대한 고민이 있어야 하고 그 여러 고민 중 하나를 위해 조금이라도 행동한다면 디테일을 가질 수 있을 것이다. 이 시장은 노력하는 사람에게 절대 배신하지 않기 때문이다.

이 책은 필자의 온라인창업 9년차 셀러의 경험과 이베이에듀(G마켓 옥션 판매자교육센터) 7년차 센터장 및 마케팅 전임강사를 역임하면서 만나온 10만 명이 넘는 셀러의 경험을 토대로 집필 된 소중한 자료임을 확신한다.

끝으로 이 책이 준비하는 사업에 첫 디딤돌이 되기를 희망한다.

김덕주 씀

【독자문의】

책을 보시면서 궁금한 점에 대해 서로 의견을 공유하고 질의응답 내용을 확인할 수 있고, 그래도 궁금한 점이 해결되지 않으면 앤써북 카페(http://answerbook.co.kr)의 [독자 문의]-[책 내용 관련 문의] 게시판에 문의하세요. [카페 가입하기] 버튼을 클릭하여 회원가입 후 게시판의 [글쓰기] 버튼을 클릭한 후 궁금한 사항을 문의합니다. 문의한 글은 해당 저자에게 문자로 연결되어 이른 시간에 답변을 받아 볼 수 있습니다.

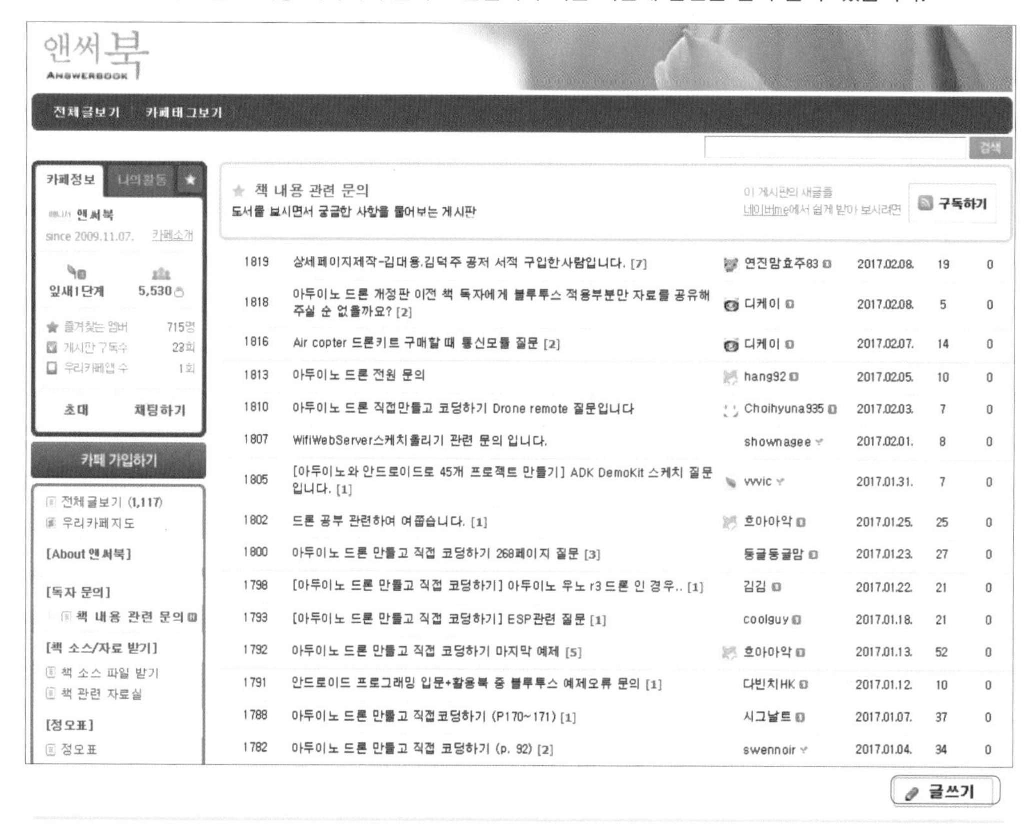

1819	상세페이지제작-김대용.김덕주 공저 서적 구입한사람입니다. [7]	연진맘효주83	2017.02.08.	19	0
1818	아두이노 드론 개정판 이전 책 독자에게 블루투스 적용부분만 자료를 공유해 주실 순 없을까요? [2]	디케이	2017.02.08.	5	0
1816	Air copter 드론키트 구매할 때 통신모듈 질문 [2]	디케이	2017.02.07.	14	0
1813	아두이노 드론 전원 문의	hang92	2017.02.05.	10	0
1810	아두이노 드론 직접만들고 코딩하기 Drone remote 질문입니다	Choihyuna935	2017.02.03.	7	0
1807	WifiWebServer스케치올리기 관련 문의 입니다.	shownagee	2017.02.01.	8	0
1805	[아두이노와 안드로이드로 45개 프로젝트 만들기] ADK DemoKit 스케치 질문입니다. [1]	vvvic	2017.01.31.	7	0
1802	드론 공부 관련하여 여쭙습니다. [1]	흐아아악	2017.01.25.	25	0
1800	아두이노 드론 만들고 직접 코딩하기 268페이지 질문 [3]	둥글둥글맘	2017.01.23.	27	0
1798	[아두이노 드론 만들고 직접 코딩하기] 아두이노 우노 r3 드론 인 경우.. [1]	김김	2017.01.22.	21	0
1793	[아두이노 드론 만들고 직접 코딩하기] ESP관련 질문 [1]	coolguy	2017.01.18.	21	0
1792	아두이노 드론 만들고 직접 코딩하기 마지막 예제 [5]	흐아아악	2017.01.13.	52	0
1791	안드로이드 프로그래밍 입문+활용북 중 블루투스 예제오류 문의 [1]	다빈치HK	2017.01.12.	10	0
1788	아두이노 드론 만들고 직접코딩하기 (P170~171) [1]	시그날트	2017.01.07.	37	0
1782	아두이노 드론 만들고 직접 코딩하기 (p. 92) [2]	swennoir	2017.01.04.	34	0

1 2 3 4 5 6 7 8 9 10 다음 ▸

질문 글 작성 시 어떤 책과 관련된 질문인지 알 수 있도록 제목에 다음과 같이 "[책명]질문 내용"을 작성해주세요. 여기서는 "[오픈마켓 창업 & 마케팅 핵심 전략]질문 내용"과 같이 작성합니다.

게시판	책 내용 관련 문의 / 말머리선택 / 말머리추가 / 공지로 등록
제목	[오픈마켓 창업 & 마케팅 핵심 전략]115쪽 G마켓 상품 등록이 오류 질문입니다. / 임시 저장된 글
파일첨부	사진 / 동영상 / 지도 / 일정 / 링크 / 파일 / 투표
정보첨부	책DB / 영화DB / 드라마DB / 음악DB / 상품DB / 인물DB / 날씨DB / 지식백과DB

CONTENTS

CHAPTER 01

한눈에 살펴보는 오픈마켓 창업

Lesson 01 | **오픈마켓 시작하기** 10
- 오픈마켓이란 무엇인가? 10
- 오픈마켓 판매운영 프로세스 12
- 오픈마켓 판매 상품 정책에 대한 이해 15
- 오픈마켓 판매 핵심, 키워드 16

Lesson 02 | **오픈마켓 셀러전환** 19
- 오픈마켓 셀러전환 이해하기 19
- G마켓 셀러전환하기 20
- 옥션 셀러전환하기 22
- G마켓 · 옥션 마스터 ID 생성하기 24
- 11번가 셀러전환하기 25
- 오픈마켓 사업자 전환 방법 26

CHAPTER 02

오픈마켓 판매 핵심 전략

Lesson 01 | **오픈마켓 시스템 이해하기** 30
- G마켓의 랭크순 상품정렬 방식 이해하기 30
- 옥션의 랭크순 상품노출 방식 이해하기 41
- 11번가의 랭크순 상품노출 방식 이해하기 47
- 스마트스토어 랭크순 상품노출 방식 이해하기 51

Lesson 02 | **상품등록에 필요한 고정값과 변동값 이해하기** 59
- 상품등록 필수정보 이해하기 59
- 상품등록 부가정보 이해하기 60
- 카테고리 수수료 이해하기 61

Lesson 03 | **오픈마켓에서 상품등록하기** 63
- 이미지 호스팅이란? 63
- G마켓과 옥션에서 상품등록하기 66
- G마켓 · 옥션 상품등록 2.0으로 상품등록하기 74

CONTENTS

11번가에서 상품등록하기 78
스마트스토어에서 상품등록하기 82

Lesson 04 | **오픈마켓 상품관리하기** 87
상품관리 2.0 90

Lesson 05 | **오픈마켓 주문관리하기** 92

Lesson 06 | **오픈마켓 품질지수 이해하기** 96
품질지수란 무엇인가? 96
이미지영역 품질지수 적용방법 97
옵션영역 품질지수 적용방법 99

CHAPTER 03
오픈마켓 마케팅 핵심 전략

Lesson 01 | **네이버가 만들어 놓은 세상에 내 상품 올려놓기** 104
시장의 변화와 고객의 선호도 104
키워드 분석 방법 106
선호도 분석방법 109
카달로그를 활용한 각 마켓의 활성화 방법 113
상품 분류의 중요성 115

Lesson 02 | **판매량이 좋은 상품이 가지고 있는 비밀** 119
클릭단가, 구매단가, 선호단가 119
판매량 분석 122
상품의 구성과 개수 124
옵션의 구성 127
고객 키워드 추출 130
일 광고비용 책정 135
매출 집계표 작성 137
경쟁사 네이버 노출현황 확인 138

CONTENTS

Lesson 03 | 내 상품 노출을 위한 마케팅 믹스 141
광고의 선택과 필수 141
마켓 별 검색광고 143
바이럴 마케팅의 핵심 159
로그를 활용한 광고 최적화 165

오픈마켓
운영 노하우

Appendix 01 | 오픈마켓 실전 운영 노하우 174
신뢰가 바탕이 되어야 하는 아이템 선정 174
상품기획과 페이지 구성 노하우 178
상품은 이렇게 관리해라 184
플랫폼을 활용하라 191

Appendix 02 | 오픈마켓 CPC 광과 파워클릭 완벽분석 197
파워클릭 광고란? 198
파워클릭 광고 설정방법 199
파워클릭 광고 관리방법 202

Appendix 03 | 올바른 택배사 선정 노하우 204

Appendix 04 | 포장재 선정하기 208

Chapter 01

Men
Women
Fashion
Accessories
Jewellery
Men
Women
Fashion
Accessories
Jewellery
Men
Women
Fashion
Accessories

한눈에 살펴보는
오픈마켓 창업

Lesson 01 오픈마켓 시작하기
Lesson 02 오픈마켓 샐러전환

Lesson

01 오픈마켓 시작하기

온라인 안에는 다양한 판매방식과 수많은 판매채널이 있지만 그 중에서 오픈마켓은 소비 패턴을 분석하기 가장 좋은 채널이다.
가장 오래된 판매 채널이며 옥션을 시작으로 시대별로 G마켓, 11번가, 스마트 스토어가 트렌드를 만들어 내면서 발전해 왔기 때문에 각각의 채널을 들여다보면 판매자들의 대응하는 현상이나 그로 인한 소비자들의 소비 속성을 분류해서 볼 수 있다는 장점이 있다.
오픈마켓 흐름에 대한 기본 개념과 판매를 하기위한 판매자 전환방식에 대해서 살펴보고, 인터넷 쇼핑몰과 오픈마켓을 비교하고 각각의 장단점에 대해서 알아보겠다.

■ 오픈마켓이란 무엇인가?

오픈마켓은 35조의 온라인 시장 내에서 20조를 차지하는 초대형 판매채널이다. 2019년 현재 100조를 넘는 시장으로 성장했고 디바이스(사용하는 기기)의 변화로 인해 또 한 번의 큰 성장을 만들어 내고 있다. 모바일, V커머스(유튜브, 페이스북, 인스타그램, 틱톡 등) 시장의 도입으로 인해 또 한 번의 도약기를 맞이하고 있으며 IOT(사물인터넷)와 관련해서도 잠재력이 무궁무진한 시장으로 급격하게 변화하고 있는 것이 현재이다.
자유무역이 활성화 되면서 해외직구, 역직구가 규제에서 좀 더 자유로워짐에 따라 국내외 할 것 없이 다양한 아이템들이 판매되고 있는 곳이기도 하다.

G마켓, 옥션, 11번가, 스마트스토어, 인터파크를 '오픈마켓 메이저(major)' 시장이라 부르고, 그 외에도 오픈마켓 형태의 다양한 판매채널이 존재하지만 매출 규모와 고객 인지도 면에서 떨어지기 때문에 오픈마켓 메이저 시장만 잘 관리해도 성공한 판매자가 될 수 있다. 이 책에서는 G마켓, 옥션, 11번가, 스마트스토어를 중심으로 설명하고 있다.

▲ G마켓

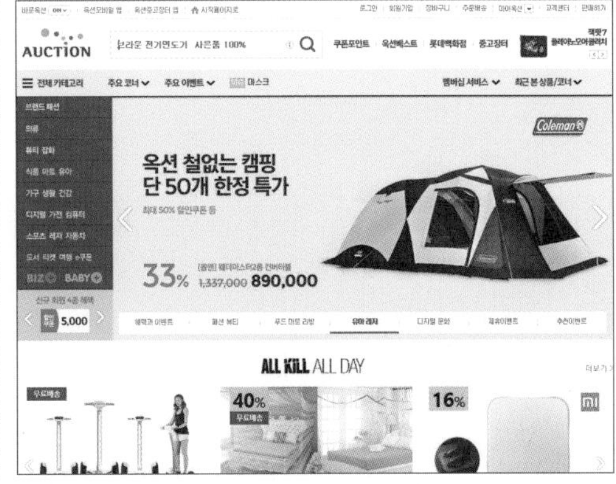

▲ 옥션

▲ 11번가

▲ 인터파크

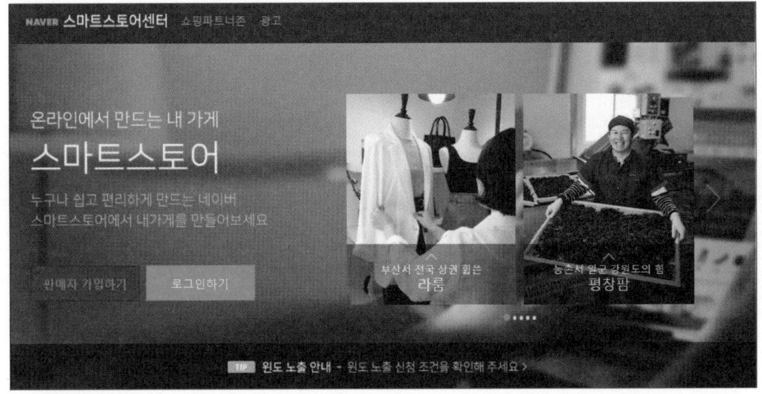

▲ 스마트스토어

오픈마켓을 쇼핑몰의 분류 중에서 '중개형 쇼핑몰'이라고 부른다. 중개형 쇼핑몰이란 개인과 소규모 판매업체 등이 온라인상에서 자유롭게 상품을 거래하는 쇼핑몰의 형태를 말한다. 오픈마켓 서비스 사업자는 UV(순방문자), PV(페이지뷰)를 일으키기 위해 TV, 라디오, 신문 등 각종 매체를 통한 노출효과로 많은 고객을 불러들인다.

예를 들어 연예인마케팅, 네이버와의 제휴 등 일반 개인 판매자들이 단독으로 진행하기 힘든 고비용의 마케팅을 통해 다양한 연령층의 고객을 오픈마켓으로 유입시키는 것이다. 반면, 개인 인터넷 쇼핑몰은 고객을 유입시키기 위해서 막대한 마케팅 비용을 지불해야 한다.

오픈마켓은 하루 약 25만 명이 넘는 고객 유입이 발생하며, 판매자는 상품등록을 통해 오픈마켓 내에서 상품을 노출하며 고객은 판매자가 등록한 상품을 보고 구매하게 되는 시스템이다.

판매자는 판매 건당 카테고리 수수료(6~13%)를 공제하고 판매대금을 정산을 받게 되며, 판매 시 고객에게 다양한 혜택을 제공함으로써 오픈마켓 내에서 노출을 강화하기도 한다.

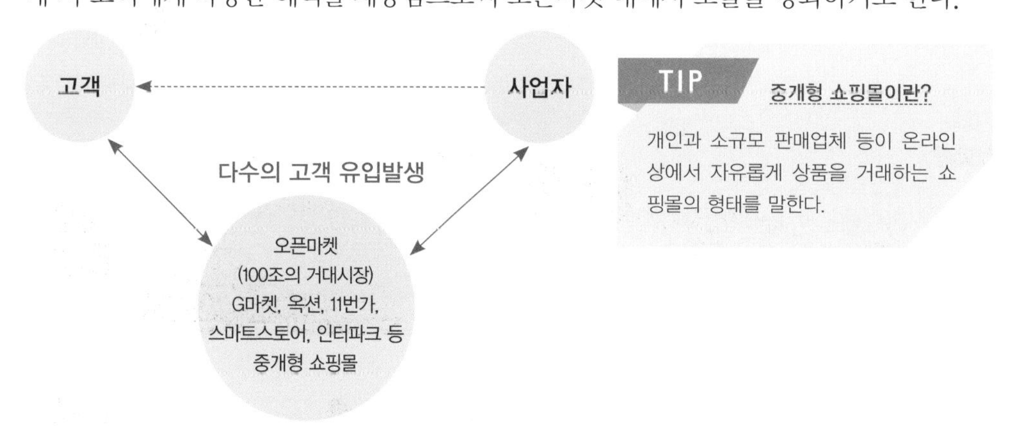

이처럼 오픈마켓은 고객을 불러들이는 역할만 하며, 판매자는 오픈마켓 안에서 자신의 상품을 등록하여 고객들에게 노출시켜 매출을 일으키는 형태를 말한다. 그렇기 때문에 고객과 판매자간 분쟁 시 오픈마켓은 책임의 의무가 없으며 판매자가 모든 책임을 지는 형태이며, 이런 유형을 중개형 쇼핑몰, 즉 '오픈마켓'이라 부른다.

■ 오픈마켓 판매운영 프로세스

오픈마켓에서 상품을 판매하기 위해서는 셀러(판매자)로 가입하거나 셀러(판매자)로 전환해야 한다. 만약 오픈마켓에서 상품을 구매만 하는 구매자였다면, 구매자용 ID를 판매자용 ID로 전환할 수 있는데 이것을 '셀러 전환'이라고 한다.

G마켓, 옥션, 11번가, 스마트스토어, 인터파크 등 각각의 오픈마켓 판매자 페이지에서 각각 상품을 등록하고 운영 관리해야 된다. 하지만 옥션과 G마켓은 ESM PLUS에서 통합 운영 관리할 수 있다. ESM PLUS는 G마켓과 옥션을 하나로 통합 관리할 수 있는 '통합 셀링 플랫폼'이다. 다음은 오픈마켓별 판매 관리자 사이트 주소와 관리자 페이지 메인화면이다.

▲ ESM PLUS 메인화면(G마켓 · 옥션) : http://www.esmplus.com

▲ 셀러오피스 판매자 페이지(11번가) : http://soffice.11st.co.kr

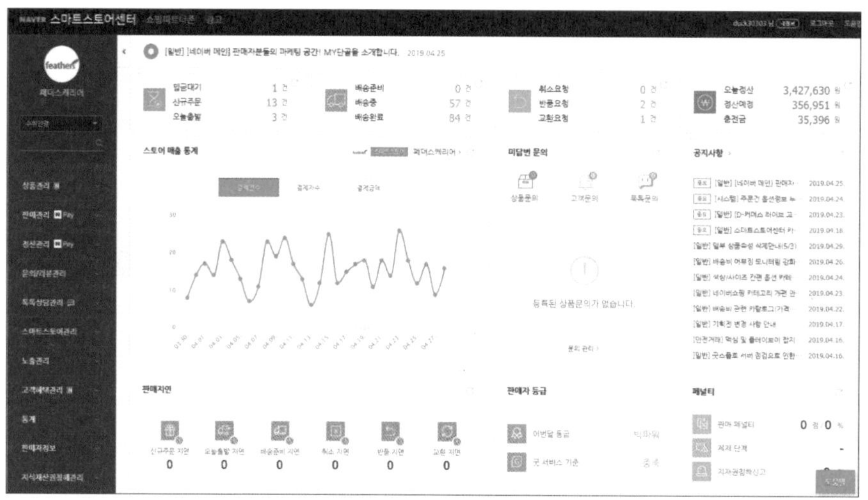

▲ 스마트스토어 판매자 센터(네이버) : http://sell.storefarm.naver.com

각각의 판매자만 접속할 수 있는 관리자 시스템을 활용하여 상품을 등록하면 내 상품이 오픈마켓에 노출되기 시작한다. 고객이 내 상품을 구매하게 되면 고객의 정보가 판매자에게 전송되며, 판매자가 송장번호를 기입하면 그 번호가 고객에게 자동으로 전달된다. 고객이 수취 완료한 시점을 기준으로 3일내 정산이 가능하며, 만약 수취 완료를 하지 않았을 경우 배송완료 후 8일, 즉 '배송완료 + 8 = 10~11일'에 정산이 되는 프로세스이다.

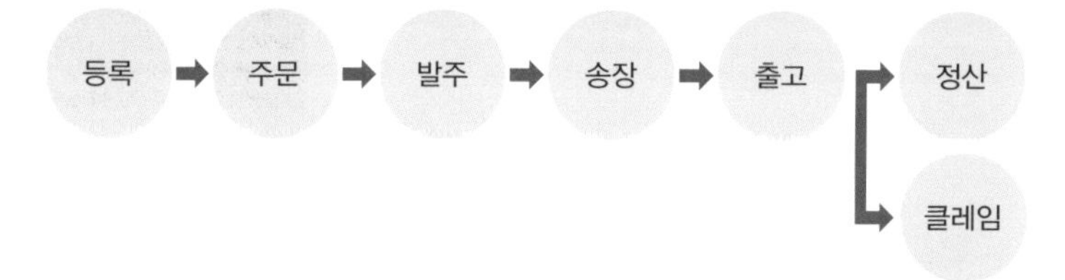

교환/반품/취소는 클레임 건으로 분류되어 고객이 오픈마켓을 통해 신청했을 때 판매자에게 전달되어 각 관리자 시스템에 숫자로 표현되며 판매자와 고객과의 귀책사유를 유선 또는 문의로 판단하여 처리한다.

TIP

- 셀러 신규 가입/전환 – 개인 판매회원과 사업자 판매회원으로 구분
- 송장 입력 – 택배사 계약 필요
- 수취확인/정산 – 고객이 구매 후 수취 확인(구매확정)을 하면 후기작성 및 3일이내 정산 가능하며, 미 클릭 시 배송완료 후 + 8일(개인, 사업자 동일)이 소요(최대 11일 소요), 구매 확정 후 1일(영업일 기준) 또는 2일(영업일 기준) 이내 정산된다. G마켓과 옥션은 1일(영업일 기준), 11번가는 등급에 따라 1, 2일(영업일 기준), 스마트스토어은 2일(영업일 기준)이다.

■ 오픈마켓 판매 상품 정책에 대한 이해

오픈마켓은 모든 상품을 판매할 수 있으나 그 중에는 매매부적합 상품과 매매 주의 상품이 있다. G마켓 Security Center(http://www.gmarket.co.kr/securitycenter/sc_main.asp)의 FAQ 검색 창에서 '매매 부적합 상품'과 '매매 주의 상품'을 검색하면 자세히 알 수 있다. 매매 부적합 상품의 경우는 상식적으로 쉽게 인지할 수 있지만 매매 주의 상품의 경우는 판매하려고 하는 상품의 법적인 사항이나 상품페이지 내 표현되는 것들에 대해 주의 할 점들이 존재한다. 내용을 간략하게 정리해 보면 아래와 같다.

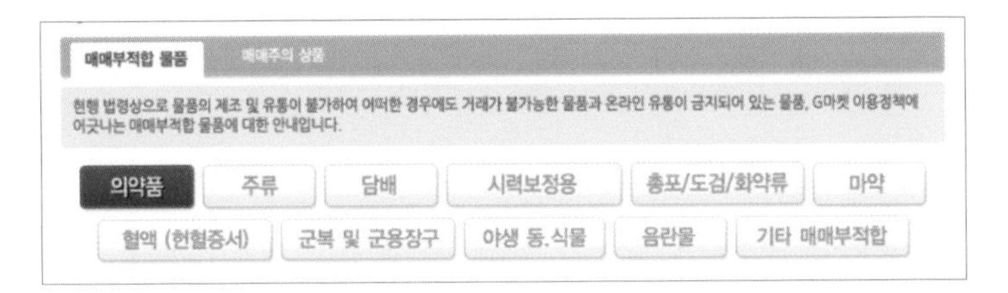

매매 부적합 상품에서는 시력보정용(도스 있는 안경)을 주의해야 한다. 안경테는 판매할 수 있지만 도스가 있는 안경알을 함께 판매하게 된다면 문제가 된다. 또한 전자담배의 경우도 니코틴이 들어간 액상은 판매를 할 수 없다.

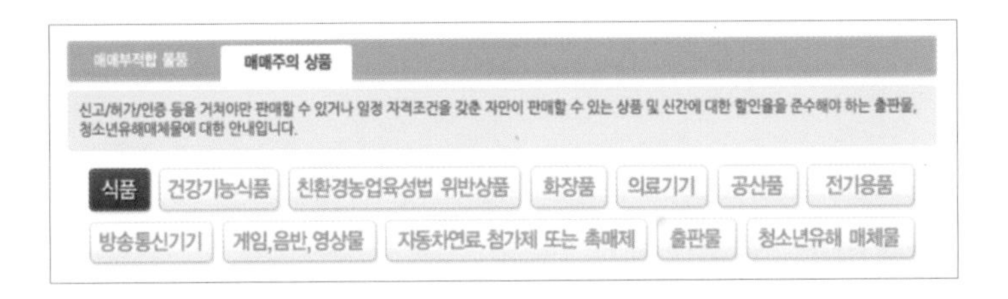

매매 주의 상품에서는 식품, 화장품, 의료기기의 경우 주의해야 한다. 식품은 크게 신선식품, 가공식품, 건강기능식품으로 구분된다.

- 신선식품 : 삼겹살, 사과, 고등어 등
- 가공식품 : 석류즙, 사과즙, 한과 등
- 건강기능식품 : 오메가3, 비타민, 철분제 등

식품은 원산지/주원료/포장재 등 요소마다 식약청의 인증을 받아야 한다. 해당 내용은 식품이라면 공통적으로 포함되는 내용이며, 건강기능식품의 경우는 한국건강 기능식품협회에서 건강기능식품 판매업에 대한 일반 교육을 이수하고 구청/군청 위생과에서 건강기능식품 판매업 신고증을 발급받아야 판매가 가능하다. 추가적인 사항으로 상세페이지 또한 한국건강기능식품협회에서 표시적합 판정을 받아야 오픈마켓에서 노출이 가능하다.

화장품의 경우는 식품과 마찬가지고 식약청의 인증을 받아야 하며, 일반/기능성 화장품 모두 전성분 표시제에 따라 상세페이지에 한글로 표기된 화장품 용기 라벨을 그대로 표현해줘야 한다. 그 외에도 안전인증이 필수항목이 되면서 생활용품, 유아용품 등은 KC 인증을 받아야만 판매가 가능하다. 또한 포장에는 KC마크와 주의 경고 문구를 반드시 표기해야 한다.

이처럼 오픈마켓 내에서 판매하는 내 상품이 어떤 절차를 받아야 판매가 가능한 것인지 미리 알고 진입하는 것이 오픈마켓 사업을 하는데 있어서 얘기치 못한 리스크를 줄일 수 있다.

TIP **셀러 가입 전환 – 개인 판매회원과 사업자 판매원으로 구분**

G마켓 Security Center(http://www.gmarket.co.kr/securitycenter/sc_main.asp)에 접속하여 상품안전정보센터, 지적재산권보호센터, 개인정보보호센터, 서비스 정책센터 항목에 있는 내용을 숙지하면 문제가 될 법한 사항들을 미리 체크해 볼 수 있다.

■ 오픈마켓 판매 핵심, 키워드

오픈마켓을 포함한 모든 온라인 시장을 '어떤 시장이냐?' 라고 한다면 여러 가지로 정의할 수 있지만 한단어로 표현하자면 '키워드'이다.

각자의 오픈마켓에서의 쇼핑 경험을 생각해 보자. PC와 모바일 기기에서 검색이라는 행위를 주로 하며, 검색결과가 적합하지 않을 때 카테고리를 클릭할 것이다. 예를 들어 '원피스'를 구매하고 싶다면 가장 먼저 검색창에서 '원피스'를 검색(❶)하게 되며, 검색 결과의 만족도에 따라서 '여성의류 – 원피스' 카테고리를 클릭(❷)하게 된다.

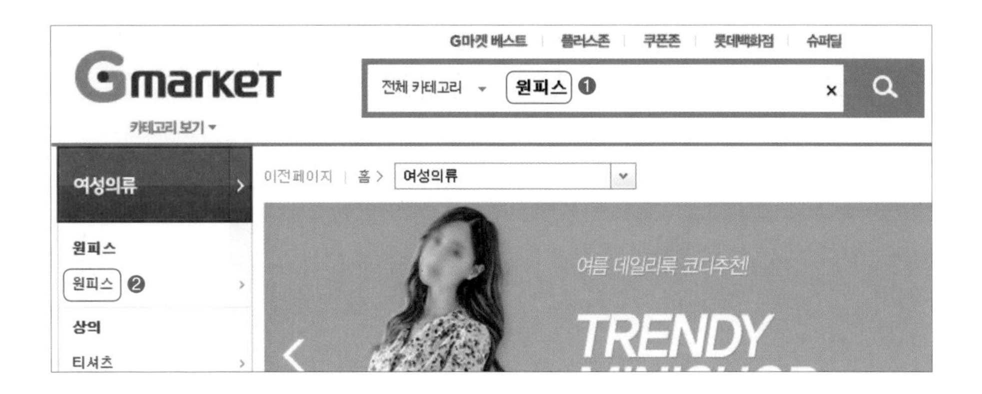

검색의 비중이 상대적으로 카테고리보다 높기 때문에 우선 시 되는 것은 맞지만 카테고리를 클릭하는 사람이 전무하다고 생각하는 것은 좋지 않은 생각이다.

아이템 특성과 검색결과가 정확한지에 따라 결정되어 지지만 보통의 고객은 카테고리를 클릭하는 행위보다 검색이라는 행위를 먼저 하기 때문에 키워드 검색량을 분석하는 것은 판매를 시작하는 첫 번째 분석행위가 된다.

그렇기 때문에 고객의 검색량은 '조회수'로 표현되며 많이 찾는 상품 즉, 수요의 측면에서 본다면 고객의 '키워드 조회수'로 표현된다.

'고객은 내 상품을 얼마나 어디서 어떤 단어로 검색하는가?' 를 중점으로 검색어의 파생에 따른 키워드에 숨어진 고객의 욕구를 파악하는 것이 중요하다. 그 욕구를 파악한 판매자는 고객의 검색 키워드에 포지셔닝을 하며 그 표현을 상품등록, 광고, 상품 매칭을 통해 고객에게 전달한다.

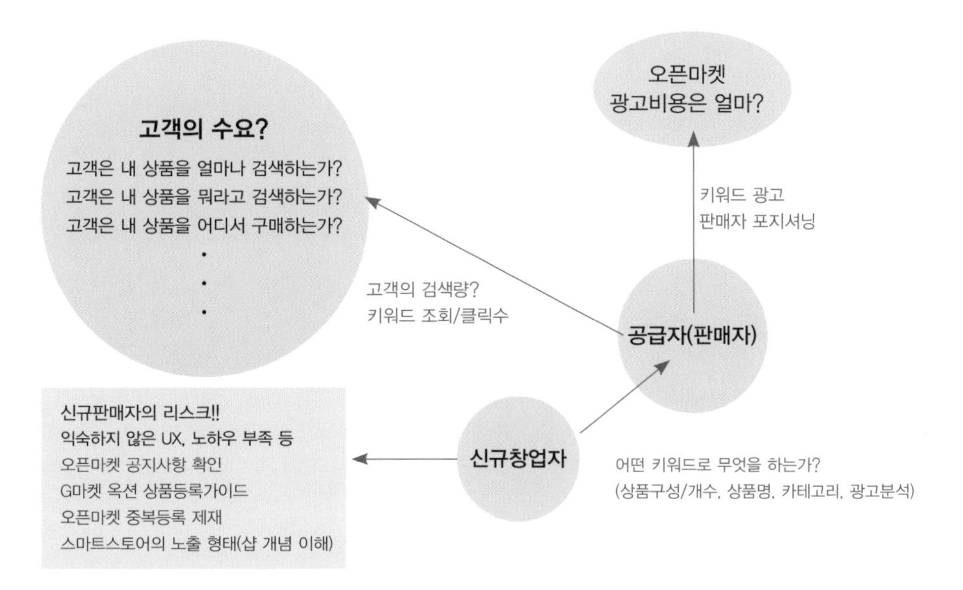

오픈마켓 창업 시 신규판매자의 진입이 어려운 가장 큰 이유를 들자면 '업력'이라고 할 수 있다. 약 10년에 걸쳐 급성장한 온라인 시장에 대한 이해와 현 정책, 익숙하지 않은 시스템과 운영에 대한 미숙함은 신규판매자에게 큰 리스크가 될 수 있다.

그렇기 때문에 신규판매자는 기존판매자뿐만 아니라 소비자에 대해서도 철저한 분석이 필요하다. 경쟁업체 선정과 목표 매출을 설정하고 그 안에 세부적인 사항들을 꼼꼼하게 체크해야 한다. 전문적인 사업계획서를 작성하라는 것은 아니지만 나름대로의 기획은 초기에 필수적인 사항이며, 초기 점검을 얼마나 했느냐에 따라서 목표한 것에 근접하게 도달 할 수 있다.

이 책에서는 앞서 언급한 판매준비, 상품등록, 운영관리, 경쟁사분석, 소비자분석, 광고집행과 효과분석에 대한 내용을 서술하였다. 다음 장부터 설명하는 내용을 잘 숙지하면 성공적인 오픈마켓 창업이 될 수 성공할 수 있을 것이라 믿는다.

Lesson

02 오픈마켓 셀러전환

G마켓, 옥션, 11번가 등 오픈마켓에서 전문 판매자로 판매활동을 하기 위해서는 각각의 마켓에서 셀러가입 또는 셀러전환을 해야 한다. 각각의 오픈마켓에서 셀러로 전환하는 방법을 알아보자.

■ 오픈마켓 셀러전환 이해하기

G마켓, 옥션, 11번가 등 오픈마켓에서 전문 판매자로 활동하기 위해서는 셀러ID가 있어야 한다. 즉 판매자 회원으로 등록해야 한다. 만약 일반 회원(상품 구매만 가능한 구매ID)라면 판매회원으로 변경해야 되는데, 이를 '셀러전환'이라고 표현한다. 판매회원 일반적으로 개인, 사업자, 글로벌 셀러로 구분된다. 이 책에서는 일반 회원의 개인, 사업자 셀러 전환방법에 대해 알아본다. 다음은 오픈마켓별 판매회원 가입 안내 페이지이다.

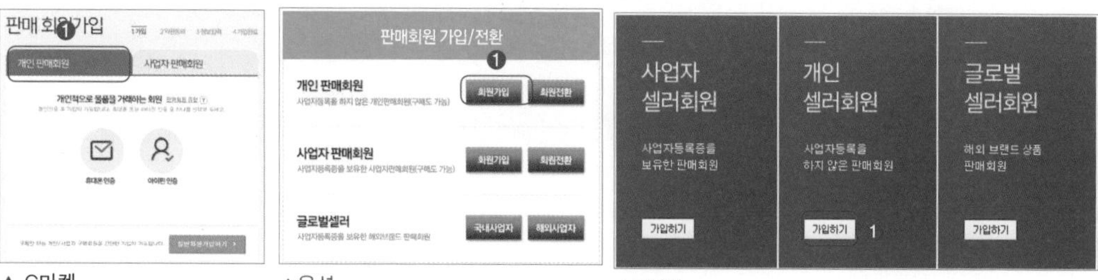

▲ G마켓 ▲옥션 ▲11번가

- 개인 판매(셀러)회원 : 사업자등록증을 발급받지 않고 판매하는 회원
- 사업자 판매(셀러)회원 : 사업자등록증을 발급받고 판매하는 회원

오픈마켓 개인 셀러전환은 가입하기와 전환하기로 나뉜다. 단, 옥션은 가입하기, 11번가는 회원가입 등 오픈마켓마다 약간의 용어 차이는 있다. 오픈마켓 구매ID가 없다면 개인 판매(셀러)회원의 [가입하기] 버튼(❶)을 클릭하고, 구매 ID가 있다면 [회원전환] 버튼을 클릭한다. 만약 사업자로 전환이나 가입을 원하면 사업자 판매(셀러)회원의 [전환하기] 버튼을 클릭한다.

TIP

셀러전환에 필요한 사항은 본인명의의 휴대폰, 통장, 공인인증서가 필요하다. 개인 판매회원의 경우 6개월 평균 600만원 이상 매출 또는 10건 이상 판매 시 사업자 판매회원으로 변경해야 한다.

■ G마켓 셀러전환하기

G마켓 셀러전환 방법에 대해서 알아보자.

01 G마켓(http://www.gmarket.co.kr)에서 로그인 후 화면 상단의 본인의 이름을 클릭한다.

02 나의설정 페이지의 '회원정보 설정' 페이지가 활성화되면 페이지 가장 아래에 다음 그림처럼 전환할 수 있는 영역으로 이동한다.

구매만 가능했다면 개인 판매회원으로 전환하기, 개인 판매회원이었다면 사업자 판매회원 전환하기를 하면 된다. 단계별로 전환이 가능하며 현재 내 회원 유형이 어떻게 되어 있는지를 확인하여 목표하는 회원 유형으로 전환하기를 하는 형태이다.

[전환하기] 버튼을 클릭하면 회원약관 동의 화면이 나오고 모든 약관에 동의한 후 [확인] 버튼을 클릭하면 다음 화면으로 넘어간다.

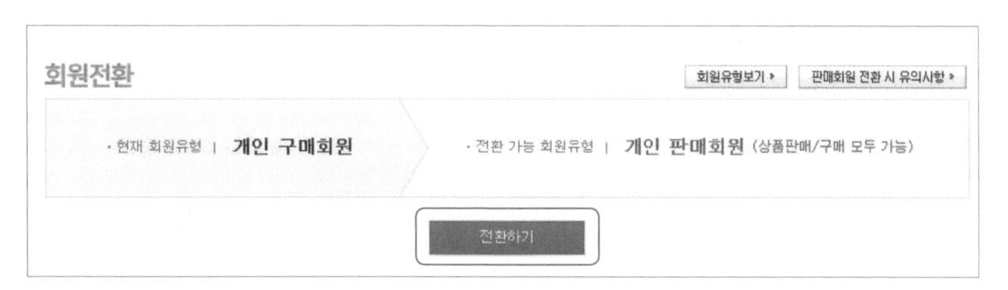

03 정보입력은 기본적인 사항으로 여기서는 주의할 점만 설명하기로 한다.

비밀번호는 G통장 비밀번호와 다르게 입력해야 한다. 비밀번호는 구매 비밀번호와 동일하게 기입하고 G통장 비밀번호는 일반적으로 숫자 00을 뒤에 붙인다. 기억하기 쉬운 번호를 기입해도 좋다.

G통장은 본인의 이머니(캐쉬)를 관리하는 곳이므로 반드시 기억하고 있어야 한다.

예 비밀번호 : 123456, G통장 비밀번호 : 12345600

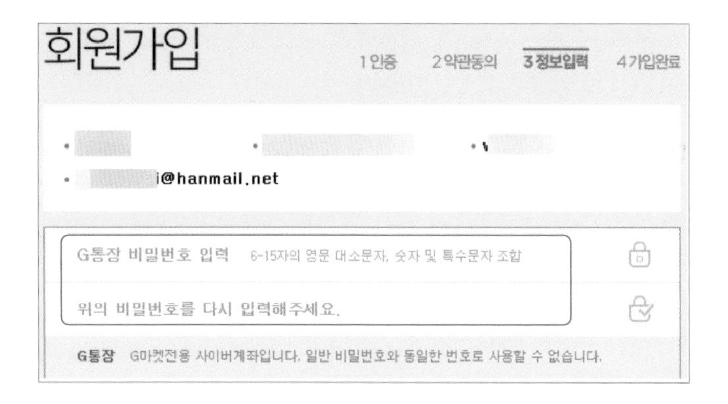

04 정산대금 수신방법에서 판매예치금, 계좌송금 중 한 가지를 선택하고 본인 명의의 은행과 계좌번호를 입력한 후 '계좌 유효성 확인' 메뉴를 클릭한다.

마지막으로 미니샵 이름은 구매자 페이지에서 표현되는 내 상점의 이름이므로 상점의 특징을 잘 나타내고 고객이 기억하기 쉬운 이름으로 입력 후 '중복확인'을 반드시 클릭하여 사용할 수 있는지 여부를 확인하고 미니샵 주소의 경우는 보통 본인의 ID를 기입한 후 '중복확인' 절차를 거친다. [확인] 버튼을 클릭하면 G마켓 셀러전환이 완료된다.

■ 옥션 셀러전환하기

이번에는 옥션 셀러전환 방법에 대해서 알아보자.

01 ESM플러스(http://www.esmplus.com)에 접속하면 G마켓/옥션 공동 판매 프로그램인 ESM PLUS 로그인 페이지로 이동한다. '옥션/G마켓 로그인' 창에서 '옥션' 라디오 버튼을 체크하고 구매ID와 패스워드를 입력한 후 [로그인] 버튼을 클릭한다.

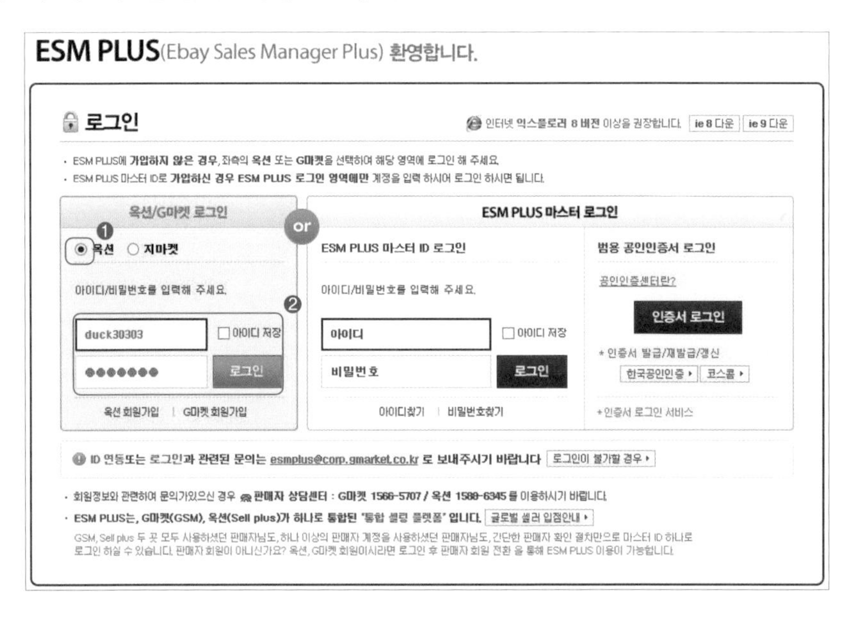

02 [A옥션 판매자 전환 신청] 버튼을 클릭한다.

ESM PLUS에 오신것을 환영합니다.

2285kim님께서는 옥션 구매자 회원 입니다.

판매자 전환 신청 판매자 전환 신청을 완료하셨다면, 로그인 화면에서 판매자 계정으로 로그인 해 주시기 바랍니다.

❶ A옥션 판매자 전환 신청 | G마켓 판매자 전환 신청

❷ 로그인 화면으로 이동

03 휴대폰 인증을 받은 후 반드시 '판매예치금으로 적립' 라디오 버튼을 클릭해야 한다. 온라인 송금 선택 시 셀러 전환이 완료되지 않는다.

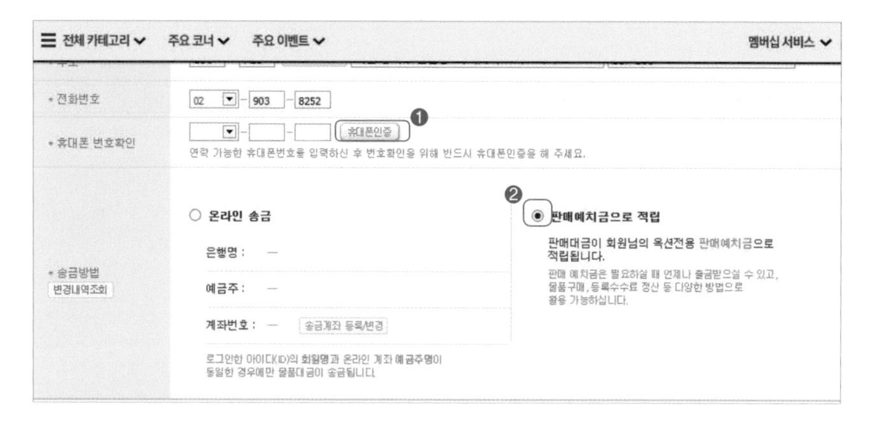

04 스토어 정보 페이지에서 스토어 이름과 주소를 입력한다. 스토어 이름은 G마켓의 미니샵과 같은 것으로 중복확인 절차를 거쳐 스토어 주소에 본인의 ID를 입력한 후 [확인] 버튼을 클릭하면 옥션 셀러전환이 완료된다.

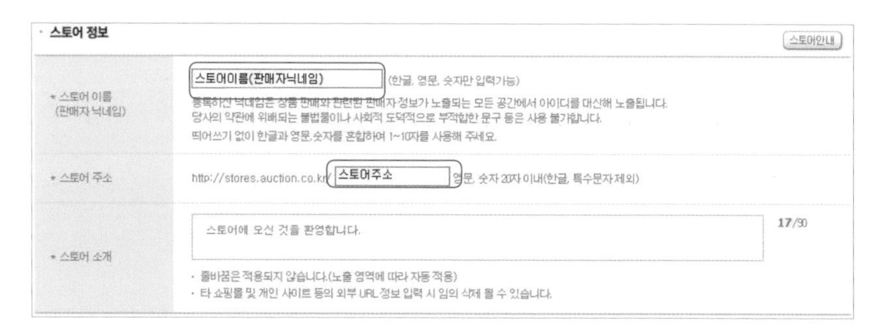

■ G마켓 · 옥션 마스터 ID 생성하기

마스터 ID를 생성하면 G마켓과 옥션 ID를 한 번에 관리 할 수 있다. 또한 추후에 직원을 채용하게 되면 분야별로 관리할 수 있도록 설정할 수도 있다.

01 ESM PLUS 계정관리에서 설정할 수 있으며, 초기 설정은 셀러전환을 마치고 ESM플러스(http://www.esmplus.com)에 로그인하면 연동 유무를 묻는다.

ESM PLUS 마스터 ID가 생성 되었습니다.

마스터 ID : mentortee
ESM 마스터ID 가입이 완료 되었으며, 신청한 마스터ID로 자동 로그인 되었습니다.

· 아래 판매자 ID는 이제 ESM PLUS 마스터 ID 로 로그인하여 사용하실 수 있습니다.

마스터 ID로 접속가능한 판매자ID 입니다.

옥션 ID

· 아래 ID는 ESM PLUS 마스터 ID와 연동되지 않은 판매자 ID 정보입니다.
· 판매자 ID를 연동하지 않으면 해당 ID로 관리하던 상품,주문,고객정보 등이 조회되지 않습니다.
· 연동하지 않은 판매자 ID는 반드시 연동 해 주시기 바랍니다.
· 추가로 연동하고자 하실 경우 각 ID에 맞는 비밀번호를 입력하신 후 '연동' 버튼을 눌러 주세요.
· 동일 사업자번호 및 주민번호 기준으로 판매자 계정이 연동됩니다.
· 사업자 번호와 주민번호를 병행 사용하시는 분의 경우 별도 ESM PLUS ID로 관리하셔야 합니다.
(사업자번호 미사용 글로벌셀러, 사업자번호와 주민번호 혼용 판매자 등)

마스터 ID와 연동되지 않은 판매자 ID 입니다.

G마켓 ID PW 연동

악관을 모두 동의하고 암기하기 쉬운 단어로 마스터 ID와 패스워드를 입력한 후 [등록] 버튼을 클릭하면 마스터 ID가 생성된다.

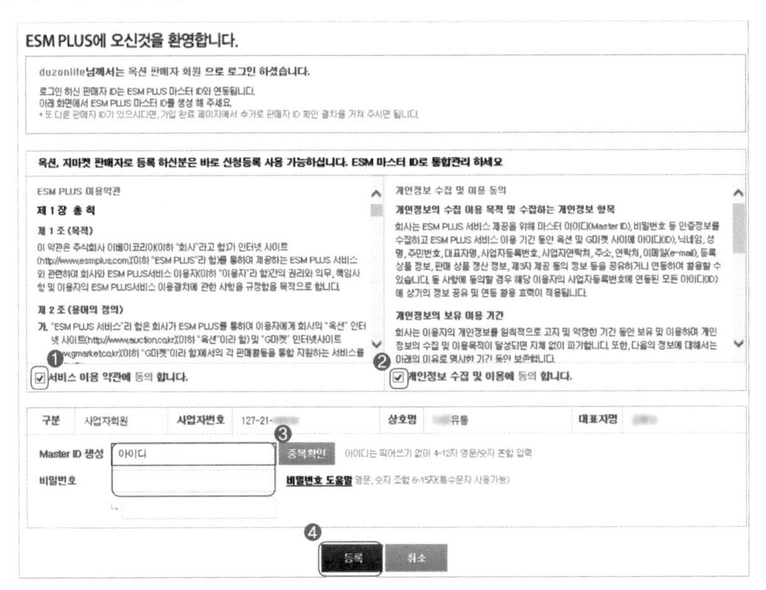

02 만약 마스터 ID를 생성하지 못했다면 ESM PLUS 계정관리에서 '판매자 계정(ID) 관리' 메뉴를 선택한 후 판매자 계정(ID) 현황 목록에서 EMS 연동 항목의 [연동] 버튼을 클릭하여 연동하면 판매자 ID와 마스터 ID 생성 및 연동시킬 수 있다.

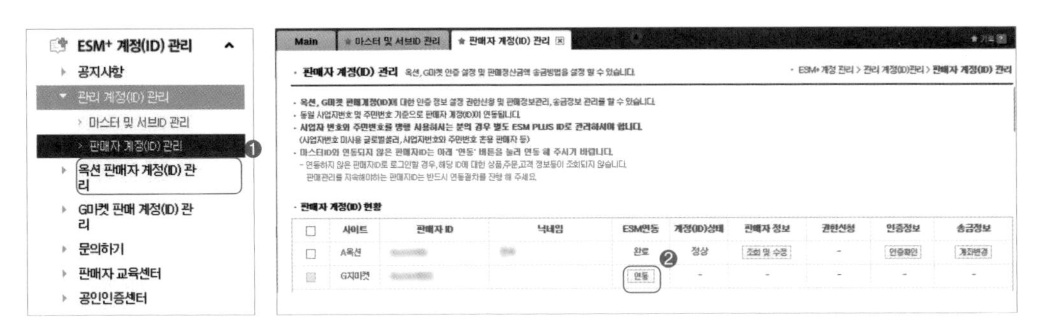

■ 11번가 셀러전환하기

11번가에서 일반 구매자에서 판매자로 전환하는 방법을 알아보자.

01 11번가(http://www.11st.co.kr)에 접속한 후 구매ID로 로그인한다. 구매자에서 판매자로 전환하기 위해 상단의 '회원정보'를 클릭한다.

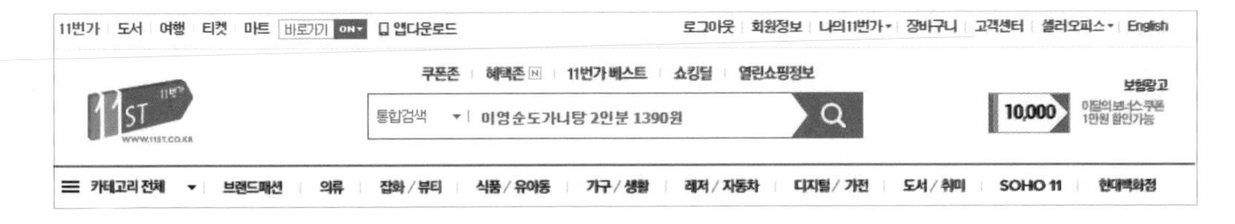

02 나의 11번가 페이지에서 좌측 하단의 '회원정보 – 회원 전환' 메뉴를 클릭한다.

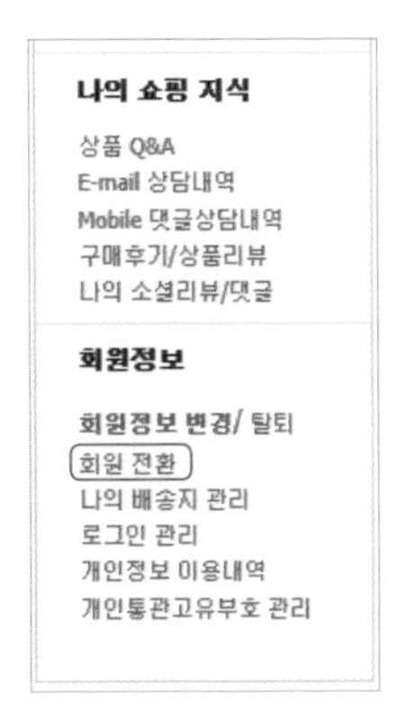

03 회원 전환 페이지에서 '판매이용약관에 동의합니다.' 체크 박스를 선택한 후 추가정보입력란에 입력사항들을 입력하고 [확인] 버튼을 클릭한다. 닉네임은 G마켓 · 옥션의 미니샵/스토어명과 동일한 역할을 한다.

11번가 판매이용 약관

제1조 (목적)
본 약관은 SK플래닛 주식회사(이하 "회사"라 함)와 회사가 운영하는 웹사이트(http://www.11st.co.kr, 이하 '사이트'라고 함)에 판매회원으로 가입하여 사이트에서 판매회원에게 제공하는 전자상거래 관련 서비스 및 기타 서비스(이하 "서비스"라 함)를 이용하는 자 간의 권리, 의무를 확정하고 이를 이행함으로써 상호 발전을 도모하는 것을 그 목적으로 합니다.

☐ 판매이용약관에 동의합니다.

변동서비스 이용료 정책 안내 [서비스 이용료 정책 자세히 보기]

☑ 11번가의 서비스이용료 및 할인지원 정책에 동의합니다.

추가정보입력 | 개인셀러회원은 휴대폰번호, 전화번호는 필수입력사항입니다. ✔ 표시는 필수 입력사항입니다

닉네임 ✔ * 띄어쓰기 없는 영문소문자, 숫자, 한글 포함 3~10자 사용가능

납세관리인 동의: ○동의 ○동의안함 [상세보기]
납세관리인 동의를 하시면 11번가는 회원님의 납세관리인으로서 납세의무를 대행합니다.

출고지 주소 ✔
판매상품을 보내실 기본주소입니다.
주소명 / 이름
연락처 1 [선택] - - / 연락처 2 [선택] - -
주소 - [주소 찾기]

반품/교환지 주소 ✔
판매상품을 회수하실 기본주소입니다. ☐ 출고지주소와 동일함
주소명 / 이름
연락처 1 [선택] - - / 연락처 2 [선택] - -
주소 - [주소 찾기]

전세계 배송 이용여부 ✔
◉전세계배송 이용 ○전세계배송 이용안함
전세계 배송 서비스 약관동의
① 전세계배송서비스는 구매자가 구매한 상품이 회사의 물류센터(회사와 세휴 관계를 맺은 제3자의 물류센터 포함)를 거처, 해외배송망을 통해 수취인에게 배송되는 서비스를 말합니다.
- 국내배송단계: 구매자가 구매한 상품이 회사의 물류센터로 입고되는 시점까지의 단계
- 해외배송단계: 물류센터 입고 이후 해외배송망을 통해 수취인에게 배송되기까지의 단계
② 전세계배송으로 판매된 상품의 경우, 판매자는 해당 상품을 구매자에게 배송하지 아니하고, 회사의 물류센터(회사와 제휴
[전세계 배송 서비스란?] [인쇄하기]

11st Pay 이용여부
○11st Pay 이용 ◉11st Pay 이용안함
11st Pay란, 복잡한 시스템 연동없이 간단한 HTML 태그 삽입만으로 11번가의 결제서비스를 이용하는 것을 말합니다.
개인별 결제태그는 http://pay.11st.co.kr/회원ID 입니다. 카페나 블로그에 위 태그를 삽입하시면 판매가 가능합니다.

■ 오픈마켓 사업자 전환 방법

사업자 전환은 기존에 ID가 없다면 사업자 판매회원의 [회원가입] 버튼, 기존에 구매 또는 개인 판매회원 ID가 있다면 사업자 판매회원의 [회원전환] 버튼(❶)을 클릭한다. 정보 입력 방법은 개인 판매회원 전환 방법과 유사하므로 여기서는 서류 방식에 대한 부분만 설명한다.

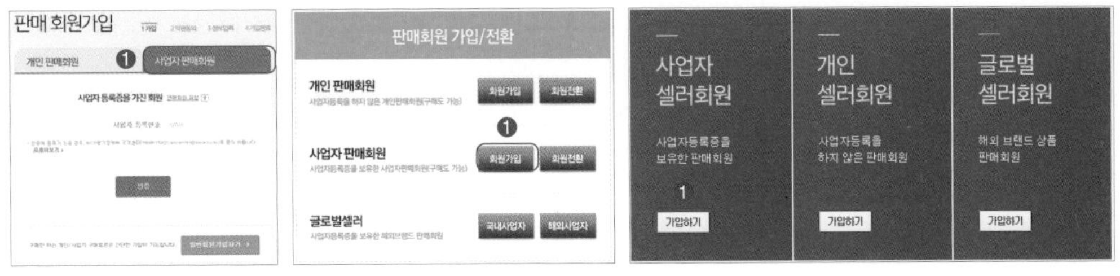

* G마켓 * 옥션 * 11번가

오픈마켓 사업자 셀러로 활동하기 위해서는 사업자등록증과 통신판매업신고증이 필요하다. 사업자등록증은 내가 사업할 지역에 있는 관한 세무서를 방문하여 발급 받아야 한다. 통신판매업신고증은 관할 구청에 방문하여 발급 받아야 한다. 면허세는 2017년 기준 1년에 40,500원이다. 통신판매업신고증을 발급 받기 위해서는 구매안전서비스이용확인증이 필요하다.

G마켓을 제외한 모든 마켓은 우편발송을 하는 것이 좋다. G마켓은 ESM PLUS 내에서 스캔받아 놓은 서류를 업로드하는 형식이다. 필요한 서류 목록은 다음과 같다.

- 사업자등록증 사본 : 4부
- 개인인감증명서 : 11번가, 스마트스토어 각 1부
- 통신판매업 신고증 사본 : 4부
- 대표자 명의 통장사본 : 2부

마켓명	필요서류	전달방식	수령자 정보
G마켓	• 사업자등록증사본 • 통신판매업신고증 사본	업로드	❶ ESMPLUS 접속 ❷ 좌측 ESM + 계정(ID) 관리 ❸ G마켓 판매 계정(ID) 관리 ❹ 2번째 사업자 전환 신청 ❺ 내용 기입 후 업로드
옥션	• 사업자등록증사본 • 통신판매업신고증 사본	업로드	사업자 전환 완료 화면 시 업로드
11번가	• 사업자등록증사본 • 개인인감증명서사본 (최근 3개월 이내 발급 분) • 통신판매업신고증 사본 • 대표자 명의 통장 사본	우편발송 (등기)	우편접수 : 152-051 서울시 구로구 구로동 182-13 대륭포스트타워 2차 15층 1508호 11번가 사업자 승인 담당자 앞 승인 담당자 Tel : 02-2095-0689, FAX : 02-849-4967
스마트스토어	• 사업자등록증사본 • 개인인감증명서사본 (최근 3개월 이내 발급 분) • 통신판매업신고증 사본 • 대표자 명의 통장 사본	우편발송 (등기)	우편접수 : 403-859 인천광역시 부평구 경원대로 1373 7층 스마트스토어 판매회원 심사담당자 앞 문의전화 : 1588-3819, FAX : 033-816-5303 이메일 : helpcustomer@naver.com

* 인터파크 : 서류동일, 서울시 구로구 디지털로 31길 20 8층(구로동, 에이스테크노타워 5차) 셀러지원팀 서류담당자 앞 1544-4155

Chapter 02

Men
Women
Fashion
Accessories
Jewellery
Men
Women
Fashion
Accessories
Jewellery
Men
Women
Fashion
Accessories

오픈마켓 판매 핵심 전략

Lesson 01 오픈마켓 시스템 이해
Lesson 02 상품등록에 필요한 고정값과 변동값 이해하기
Lesson 03 오픈마켓에서 상품등록하기
Lesson 04 오픈마켓에서 상품관리하기
Lesson 05 오픈마켓 주문관리
Lesson 06 오픈마켓 품질지수 이해하기

Lesson

01 오픈마켓 시스템 이해하기

G마켓, 옥션, 11번가, 스마트스토어에서 판매 활동을 잘하기 위해서는 마켓마다의 특성을 이해하고 있어야 한다. 검색창에서 상품을 검색하면 상품목록이 나열되는 정렬 방식은 판매전략을 세우는데 매우 중요하다. 상품 정렬 방식의 명칭은 마켓마다 차이는 있지만 크게 랭크순, 인기순, 가격 낮은순 등으로 구분된다. 특히 '랭크순' 정렬 방식이 중요한데, 여기서는 오픈마켓 마다의 랭크순 노출 방식에 대해서 알아보자.

■ G마켓의 랭크순 상품정렬 방식 이해하기

오픈마켓 판매자들이 가장 관심있어 하는 것은 내 상품의 노출 순위를 상승시키는 것이다. 상품 정렬 순서는 기본적으로 설정된 랭크순이다. 예를 들면 '롱티셔츠' 키워드 검색 결과 G마켓 랭크순(❶)으로 상품들이 노출된다. 노출 순서를 첫 페이지와 상단으로 높일수록 자신의 상품이 고객에게 노출될 수 있는 확률이 높아진다.

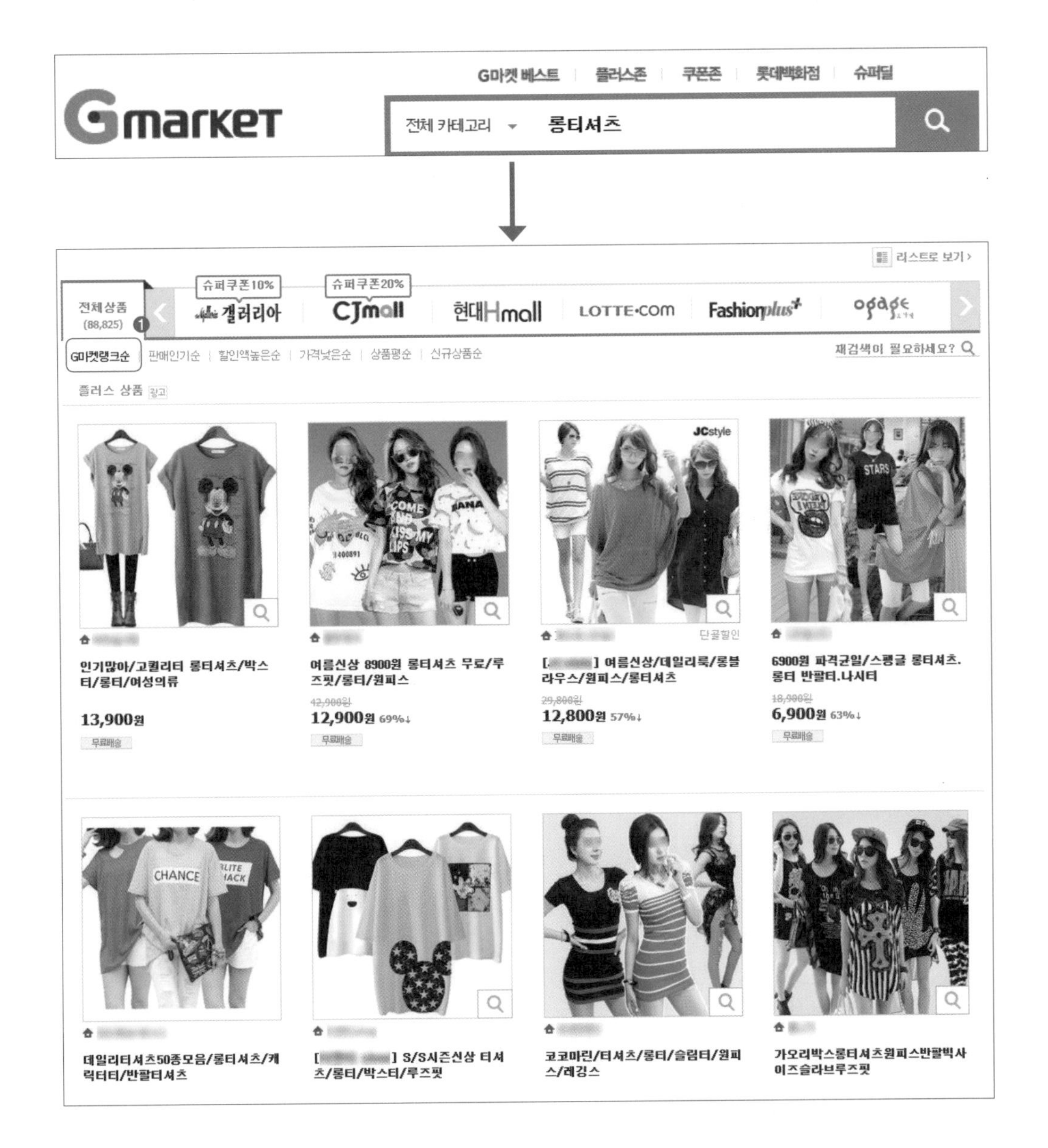

고객은 검색 또는 카테고리를 선택하여 상품을 찾기 시작하며 판매자들은 상품등록과 광고를 활용해 노출강화 활동을 한다. G마켓 랭크순이란 G마켓의 디폴트(고정값)되어 있는 검색결과 리스팅 정렬순을 말한다. 고객이 카테고리를 선택하여 유입했다면 같은 G마켓 랭크순이라 부르지만 검색결과에 나타나는 G마켓 랭크순과는 약간 다르게 정렬된다. (서비스점수, 검색정확도 제외)

검색과 카테고리 중 비중을 어느 곳에 두어야 하는가? 라고 한다면 당연히 검색이며, 고객들은 90%이상 검색을 통해서 자신이 원하는 상품을 찾는다.

G마켓 랭크순을 결정하는 요소는 아래와 같다. 노출점수는 등록점수와 판매점수의 합산으로 결정된다.

❶ 3일간의 판매건수 및 금액
❷ 서비스점수 = 배송점수 + 응대점수 + 후기점수
❸ 프로모션 활동 = 고객혜택 제공, 리스팅 광고 구매점수
❹ 검색정확도 지수

위 항목 중 1, 2번은 판매점수에 해당하며, 3, 4번 항목은 등록점수에 포함된다. 신규로 상품을 등록하는 판매자라면 3, 4번 항목에 집중하여 등록점수를 최대한 높여야 한다.

3일간의 판매건수 및 금액

1건의 주문이 발생하면 판매금액과 카테고리의 특성에 따라 점수를 획득한다.

예 1건당 3점 획득, 2건이면 6점, 3건이면 9점, 4건이면 12점

최근 3일 평균을 책정하기 때문에 위 예와 같이 1건의 주문건수 당 3점을 받게 되면, 월요일 = 12점, 화요일은 월/화를 합산한 15점, 수요일은 월/화/수를 합산한 24점, 목요일은 월요일 12점이 제외되기 때문에 18점이 된다. 일요일에 0점인 이유는 금, 토, 일요일에 주문 건이 없기 때문이다.

지속적인 판매는 내 상품의 판매지수를 높여주기 때문에 매우 중요하다. 즉 굴곡이 심한 판매는 순위를 유지하는데 어려움이 있으므로 꾸준하게 주문건수가 유지될 수 있도록 상품을 관리하는 것이 필요하다.

월	화	수	목	금	토	일
4건	1건	3건	2건	0건	0건	0건
12점	3점	9점	6점	0점	0점	0점
12점	15점	24점	18점	15점	6점	9점

A 판매자 : 1건 판매 시 10,000원

B 판매자 : 1건 판매 시 20,000원

'두 판매자의 상품 중 상위노출되는 상품은?'
물론 B판매자의 상품이 상위노출 된다.

3일간의 판매건수 뿐만 아니라 판매금액 역시 중요하다. 판매건수와 판매금액 두 가지 중 판매금액의 비중이 더 크게 차지한다고 할 수 있다. G마켓뿐만 아니라 옥션, 11번가 역시 비슷한 시스템으로 랭크순을 결정하고 있다. 그렇기 때문에 랭크순은 오픈마켓 판매 시 가장 신경 써야 하는 항목이다.

운영점수

오픈마켓 운영점수란 배송, 고객응대, 상품후기 점수를 합산한 점수이다.

운영점수 = 배송점수 + 응대점수 + 후기점수

위 운영점수 요소는 모든 온라인 쇼핑몰에서 중점적으로 관리하는 항목이며, 판매자가 오픈마켓에서 판매 및 운영 시에 발생하는 점수이다.

배송점수는 3일 이내 배송 처리율 90% 이상 이어야 한다. 3일 이내 배송이란 예를 들어 월요일에 주문이 발생했다면 수요일 이전에 배송출고를 해야 하는 조건이다. 만약 판매건수가 100건이라면 90건을 3일 이내에 배송을 해야 배송우수 판매자가 되는 것이다.
응대점수는 일반게시판과 긴급메세지 처리를 90% 이상 처리했는가?를 평가하는 것이다. 일반게시판은 고객문의, 긴급메세지는 G마켓에서는 보내오는 알림을 말한다. 고객문의는 보통 상품에 대한 문의이며, 긴급메세지는 정책위반, 고객 분쟁 등으로 인한 메시지이다. 응대의 경우는 1일 이내 처리율이라고 하지만 실시간으로 처리해야 획득할 수 있는 점수이며 응대를 실시간으로 처리했을 때 매출에 좋은 영향을 가져올 수 있다.

후기점수는 포함되어 있지는 않지만 후기가 없는 상품은 랭크순에서 상위 포지셔닝을 하기가 힘들다. 후기는 일반 상품평 후기와 프리미엄 상품평 후기가 있는데, 글과 사진을 포함한 후기인 프리미엄 상품평 후기가 점수 배점이 높으며 많이 받을수록 판매에 도움이 된다.
그 이유는 고객 대부분은 신뢰와 불안요소 해소를 위해 판매자의 상품을 구매한 다른 구매 고객들의 후기를 참조하기 때문이다.

위 점수를 확인하는 방법은 ESM PLUS의 좌측 하단 '판매활동 정보'란에서 G마켓 라디오버튼을 클릭한 후 G마켓의 판매자 아이디 선택하면 다음 그림과 같이 판매등급, 판매 신용 점수 등을 확인할 수 있다. 여기에서 판매 신용 점수를 클릭한다.

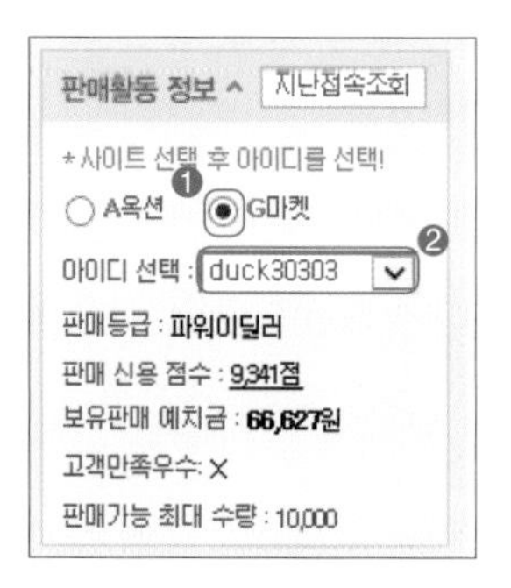

'나의정보' 페이지에서 판매자등급 항목 우측의 '신용등급 적용기준 및 혜택(❶)'을 클릭하면 '그림3. 신용등급 적용기준 및 혜택' 팝업창이 나타나며, '등급 적용기준 및 평가현황(❷)'을 클릭하면 '그림2. 고객만족우수 내역보기' 팝업창을 통해서 현재 판매자의 등급, 실적 등 서비스점수를 확인할 수 있다.

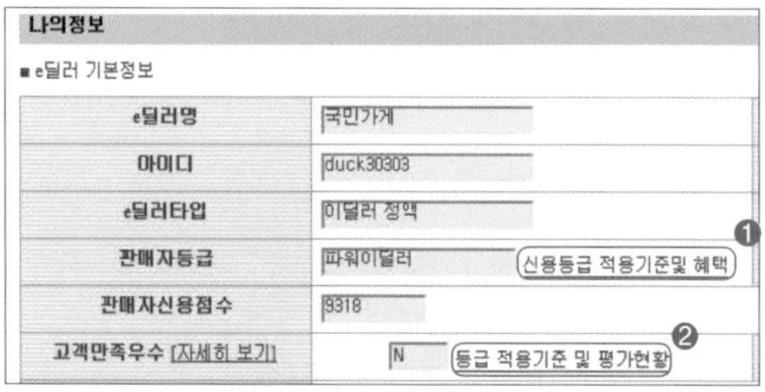

나의정보

■ e딜러 기본정보

e딜러명	국민가게
아이디	duck30303
e딜러타입	이딜러 정책
판매자등급	파워이딜러 ❶ 신용등급 적용기준및 혜택
판매자신용점수	9318
고객만족우수 [자세히 보기]	N ❷ 등급 적용기준 및 평가현황

▲ 그림 1 나의정보 페이지

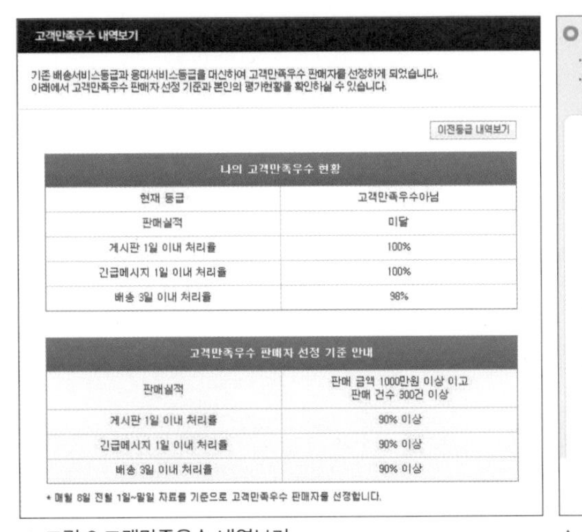

고객만족우수 내역보기

기존 배송서비스등급과 응대서비스등급을 대신하여 고객만족우수 판매자를 선정하게 되었습니다.
아래에서 고객만족우수 판매자 선정 기준과 본인의 평가현황을 확인하실 수 있습니다.

이전등급 내역보기

나의 고객만족우수 현황	
현재 등급	고객만족우수아님
판매실적	미달
게시판 1일 이내 처리율	100%
긴급메시지 1일 이내 처리율	100%
배송 3일 이내 처리율	98%

고객만족우수 판매자 선정 기준 안내	
판매실적	판매 금액 1000만원 이상 이고 판매 건수 300건 이상
게시판 1일 이내 처리율	90% 이상
긴급메시지 1일 이내 처리율	90% 이상
배송 3일 이내 처리율	90% 이상

* 매월 8일 전월 1일~말일 자료를 기준으로 고객만족우수 판매자를 선정합니다.

▲ 그림 2 고객만족우수 내역보기

○ 신용등급 적용기준 및 혜택

·고객님의 등급과 점수는 기본정보>>판매자정보관리>>e딜러기본정보에서 확인가능합니다.
·등급은 신용점수의 합계를 기준으로 매월 1일에 자동으로 변경됩니다.

» 판매자 등급산정조건

등급	누적 신용점수	최근1개월 신용점수	추천점수
파워딜러	400점이상	10점이상	50%이상
우수딜러	200점이상	5점이상	40%이상
일반딜러	-5점이상, 200점 미만		
불량	-5점미만	-30점이하	10%이하

+ 추천점수는 구매자 상품평 등록 시 선택한 추천여부에 따른 백분율 점수입니다.

» 판매자 등급별 혜택

등급	정산주기	기타혜택	아이콘
파워딜러	배송완료후 + 8일	기타조건동일시 검색및정렬우선전시	파워딜러
우수딜러	배송완료후 + 8일		우수딜러
일반딜러	배송완료후 + 8일	사업자판매자와 글로벌셀러가 해당되며 개인판매자의 경우 +15일입니다.	없음
불량	배송완료후 + 15일		없음

▲ 그림 3 신용등급 적용기준 및 혜택

TIP 고객만족우수란?

G마켓은 고객만족우수라는 판매자 서비스 등급이 있다. 고객만족우수는 G마켓의 서비스 등급 중 최상위 등급을 말하며 선정 기준은 다음 표와 같다.

고객만족우수 판매자 선정 기준	
판매실적	판매금액 1,000만원이상 판매건수 300건 이상
게시판 1일 이내 처리율	90% 이상
긴급 메시지 1일 이내 처리율	90% 이상
배송 3일 이내 처리율	90%이상

고객만족우수 판매자는 전월 판매실적 1일~말일 자료를 기준으로 매월 8일에 자동 선정되며, 매출액이 1,000만원 이상, 주문건수 300건 이상이어야 한다. 또한 두 가지 조건을 모두 만족해야 자격이 주어진다.

고객혜택제공, 리스팅 광고 구매점수

G마켓, 옥션, 11번가, 스마트스토어 등 모든 오픈마켓에서 고객에게 제공하는 혜택으로 판매자 부담할인, 포인트, 마일리지, 스탬프 등 명칭은 약간씩 다르지만 제공하는 부분은 매우 흡사하기 때문에 설정하는 부분이 어느 곳인지만 알고 있으면 쉽게 적용할 수 있다. 제공하는 할인 폭이 클수록 노출점수의 가산점이 높다. 단 주의해야 할 부분은 수수료를 어디에서 부가 되는가에 따라 판매방식을 변동해야 한다는 것이다.

먼저 판매자 부담할인은 정액(원)과 정률(%)로 할인 정도를 지정해 줄 수 있다.

판매자 부담할인	미사용 / 사용 할인설정 : 정액 / 정율 원	기간설정 사용 * 판매자 부담할인 정보는 실제 적용까지 최대 1분이 소요됩니다. 변경 내용이 미표시 될 경우 잠시 후 다시 확인해 주시기 바랍니다. * 정액 : 최소 100원 이상, 10원 단위입력, 판매가 대비 70%까지 허용 * 정률 : 1~70%까지 가능

판매가 대비 70%까지 설정이 가능하며 정액 최소 100원, 정률 1% 이상부터 설정이 가능하다.

예 10,000원 = 할인 7,000원까지 가능
10,000원 = 할인 70%까지 가능

앞서 언급한대로 수수료를 생각해야 한다. 초기 설정한 판매가에서 수수료를 부가하는 것인가에 대한 문제이나.

G마켓의 경우는

- 판매가 30,000원
- 판매자 부담할인 10,000원
- 고객 실구매가 20,000원

일 때 수수료를 판매가인 30,000원에서 부가하며 수수료 10% 가정 하에 3,000원을 수수료로 지불하게 된다.

그 외 고객혜택은 복수구매할인, 스마일 포인트, 후원쇼핑이 있다.

설정방법은 아래와 같으며, 여기서는 최소설정 기준으로 설명하고자 한다.

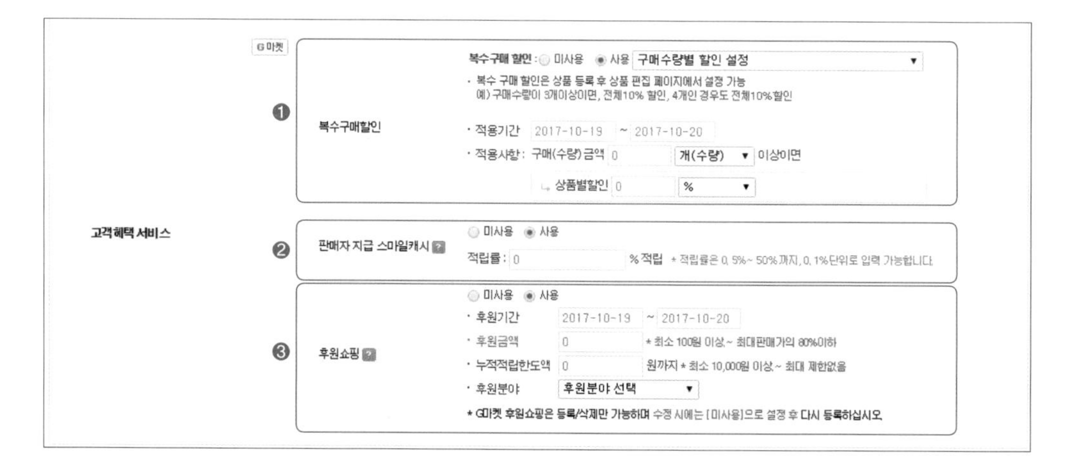

❶ 복수구매 할인

사용 클릭 후 적용기간을 설정 가능한 날짜로 지정한다.
구매수량 2개 이상이면 100원 할인(%를 클릭하여 원으로 변경해준다)한다.

❷ 판매자 지급 스마일 캐시

사용 클릭 후 상품가격의 0.5~20% 내에서 설정한다.

❸ 후원쇼핑

사용 클릭 후 적용기간을 설정 가능한 날짜로 지정한다.
후원금액은 100원 이상이며 누적적립한도액 1억까지 지정할 수 있다. 후원분야는 제공되는 유형 중 직접 선택한다.
설정을 마치면 G마켓 고객혜택 설정이 완료된다.
다음은 리스팅 광고구매 점수이다. 리스팅 광고구매 점수는 포커스, 포커스 플러스로 구분되어 진다. 광고라는 단어를 보면 알 수 있듯이 비용이 들어가며 리스팅 순위에서 우선 노출된다.
포커스는 판매기간 내에서 설정할 수 있으며, 그 기간에 따라 다음과 같이 요금이 달라진다.

광고 기간	요금
1일	700원
2일	1,000원
3일	1,500원
5일	2,500원
7일	3,000원
14일	6,000원
28일	11,200원
30일	12,000원
56일	22,400원
60일	24,000원
90일	36,000원

포커스 플러스는 포커스를 설정한 후 그 기간 내에서 설정 가능하며 전시점수 20%를 상승하여 상품리스트에서 우선 노출된다.

광고 기간	요금
1일	1,000원
2일	2,000원
3일	3,000원
5일	4,000원
7일	5,000원
14일	8,000원
28일	15,000원
30일	16,000원
56일	30,000원
60일	32,000원
90일	48,000원

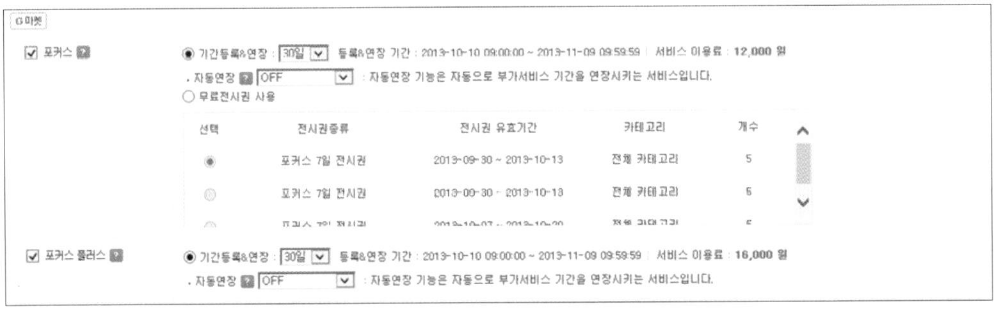

포커스 플러스의 경우는 주문건수 발생 시에 적용시키면 20% 전시 상승점수를 부여받을 수 있기 때문에 경쟁구도에서는 필수적인 요소이다. 또한 고객이 카테고리를 클릭해서 유입되었을 시 포커스 랭크순에서 우선노출 효과를 적용받을 수 있다.

예 노출점수 10점 = 포커스 플러스 적용 시 12점으로 점수 상승

검색정확도 지수

정확도는 G마켓, 옥션, 11번가, 스마트스토어에 개별적으로 적용되는 부분이며 판매채널별 특성에 따라 약간의 차이가 있다.

검색정확도는 고객의 검색패턴 안에서 정확한 상품을 보여주기 위한 시스템으로 G마켓 판매에 있어 가장 중요한 부분이기도 하다. 검색정확도 지수는 검색결과 페이지에만 적용되는 점수이며, 카테고리에 포함된 단어의 조합과 그 단어 중에 조회수가 많은 키워드에만 적용된다. 카테고리에 포함된 검색어를 기준으로 상품 리스팅 변화가 일어나기 때문에 내가 작성하는 상품명에 적합한 카테고리가 어디인지를 선정하는 것이 매우 중요하다.

검색정확도 지수를 맞추기 위해서는 먼저 내 상품과 관련한 키워드를 추출해야 한다.
조회수가 많이 나오는 키워드를 중심으로 G마켓 검색창에 입력하고 카테고리를 확인한다.
예를 들어 킥보드와 관련한 키워드를 추출 시에 킥보드, 퀵보드, 씽씽이, 씽씽카 이렇게 4가지의 키워드가 중요한 키워드가 된다.
먼저 G마켓 검색창에 검색어를 입력한다.

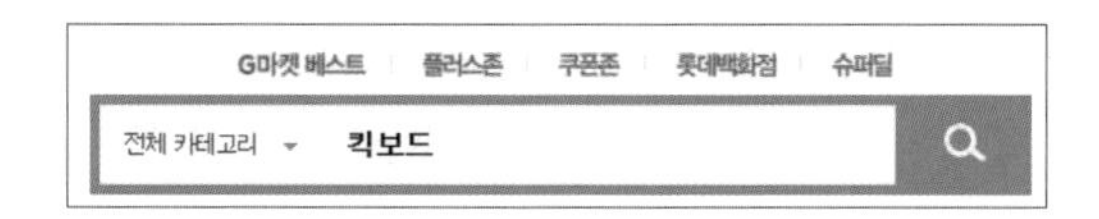

입력한 검색어 따른 상품 리스트가 나오는데 상단에 있는 광고영역을 제외하고 포커스 영역에 있는 상위 판매자를 확인한다.
상위판매자가 등록한 카테고리가 어디인지를 확인한다. 1~5등까지의 판매자를 확인하면 되며, 키워드 별로 모두 확인해 본다.

카테고리를 확인해보면 '자전거/보드 - 킥보드/스케이트보드 - 킥보드(❶)'에 등록했음을 확인할 수 있다. 같은 방식으로 퀵보드, 씽씽이, 씽씽카 키워드를 추가적으로 검색해보고 카테고리를 확인해본다. 반면 킥보드, 퀵보드는 '자전거/보드 카테고리'가 확인되지만 씽씽이, 씽씽카의 경우는 '장난감(❷)' 카테고리로 확인되는 것을 알 수 있다.
정리해보면 장난감 카테고리에 등록하고 상품명에 킥보드, 퀵보드를 넣어도 노출이 되지 않는다는 것을 의미하고, 자전거/보드에 등록하고 상품명에 씽씽이, 씽씽카를 넣으면 노출이 되지 않는다는 것을 의미한다.

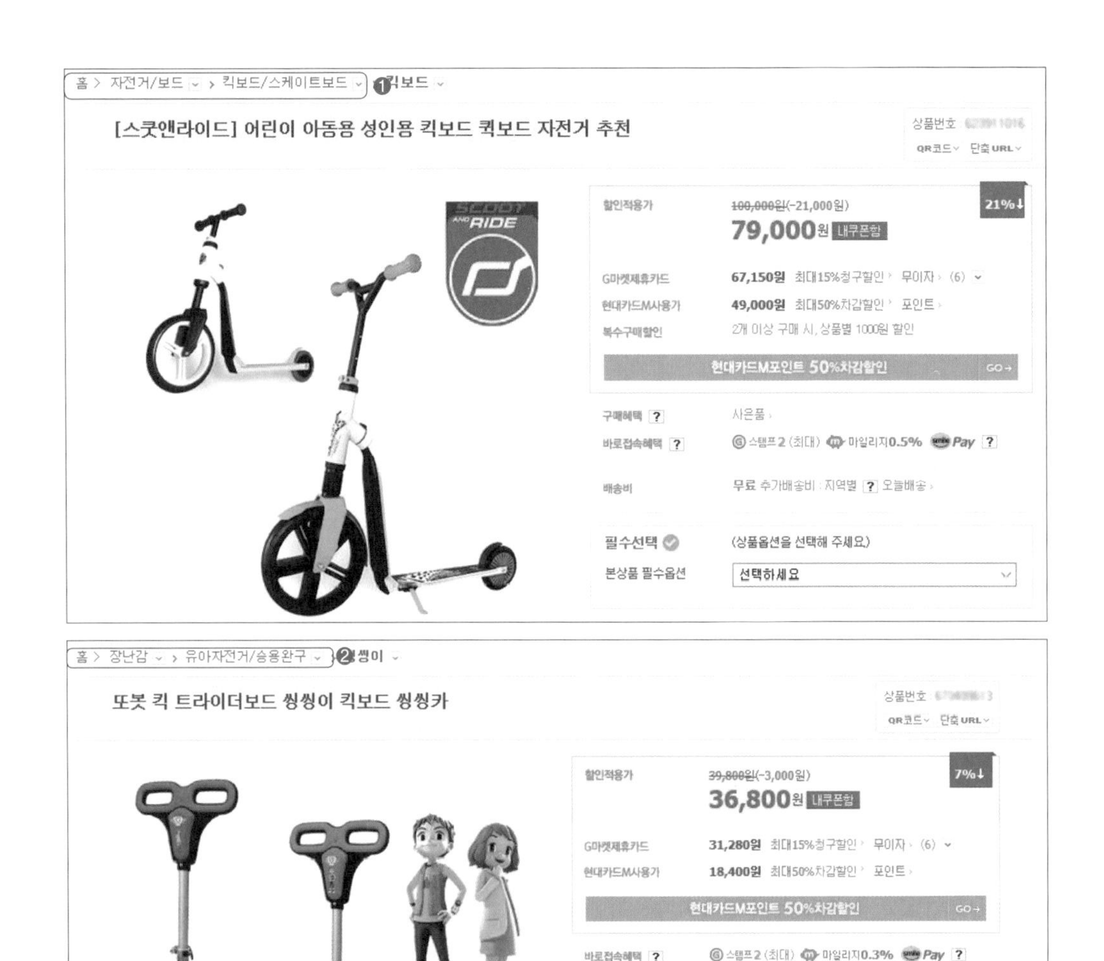

이것이 G마켓 '검색정확도'라는 것이며, 경우도 같은 의미이지만 여자속옷은 학생속옷, 여성속옷은 성인속옷으로 노출되는 것을 확인 할 수 있다. G마켓 안에서는 일반적으로 생각하는 키워드가 전혀 다른 노출결과를 가져올 수 있으므로 반드시 키워드에 대한 카테고리를 확인한 후 등록하는 것이 중요하다.

TIP G마켓 셀러 등급

G마켓 셀러의 등급은 파워딜러, 우수딜러, 일반딜러, 불량으로 구분되어 진다. 상품을 구매 또는 판매를 하게 되면 건당 1점을 받을 수 있다. 페널티 등으로 인해 신용점수가 하락하지 않는 것이 G마켓의 특징이다. 파워딜러 유지조건은 최근 1개월 신용점수 10점 이상 추천점수 50% 이상이다. 10건의 신규주문과 고객의 평가 보통 이상이어야 한다는 것이다.

등급	누적 신용점수	최근 1개월 신용점수	추천점수
파워딜러	400점 이상	10점 이상	50% 이상
우수딜러	200점 이상	5점 이상	40% 이상
일반딜러	–5점 이상, 200점 미만		
불량	–5점 미만	–30점 이하	10% 이상

■ 옥션의 랭크순 상품노출 방식 이해하기

옥션은 다음 그림과 같이 노출점수가 부여 되는데, G마켓과 유사해 보이지만 검색관련지수 항목에서는 차이를 보인다. G마켓은 상품명 내에서 조합된 키워드라면 균등한 순위를 보이지만 옥션은 키워드마다 순위가 다르게 나타나기 때문에 등록 후 판매량이 나올 시 키워드별 순위를 확인해 볼 필요가 있다.필자의 경험으로는 약 2주 정도의 시간이 지나면 G마켓처럼 균등한 리스팅을 보이지만 등록 후 약 2주 동안은 판매된 키워드에서만 상단으로 노출되는 현상을 확인 할 수 있었다.

※ 상품 노출지수란 "옥션랭킹순" 정렬의 기준으로 상품 노출지수가 높을수록 상품 검색 리스트 상단에 위치하게 된다

구분	적요
판매지수	최근 입금액과 입금자수에 기반하여 부여함
품질지수	상품등록 가이드 준수여부를 판단하기 위해 시스템평가 및 고객평가 체크를 진행하여 부여
부가지수	무료배송, 판매자 스마일캐시 등의 조건마다 일정 점수를 부여함
검색관련지수	기본 상품정보 및 일반 구매회원들의 검색 구매패턴, 고객 이용행태 등에 따라 시스템에서 자동으로 결함함. * 상품정보의 정확도에 따라 검색결과 내 상품 노출순서는 변경될 수 있음

3일간의 입금자수 및 금액은 G마켓과 동일하다.

서비스 점수의 경우 옥션은 최우수 판매자 프로그램이라고 부르며, 다음과 같은 조건을 갖추어야 자격이 주어진다.

- 배송점수 – 월 매출 400만원 이상, 판매건수 100건 이상, 배송완료 90%이상
- 응대점수 – 월 매출 400만원 이상, 판매건수 100건 이상, 응답율 90%이상
- 후기점수 – 월 매출 4 00만원 이상, 판매건수 100건 이상, 만족도 90%이상
- 최우수판매자 – 판매금액 1,000만원 이상, 판매건수 300건 이상 + 위 3가지 90% 이상

등급조건 / 셀러 구분	판매 금액	판매 건수	배송 완료율	상품만족도	CS 응답율	최우수 판매자 조건
	400만원 이상	100건 이상	90% 이상	90% 이상	90% 이상	
배송우수판매자	○	○	○			-
상품평우수판매자	○	○		○		-
고객응대우수판매자	○	○			○	-
최우수판매자	○	○	○	○	○	판매금액 1천만원 이상 또는 판매건수 300건 이상

최우수 판매자의 경우 추가적으로 아이콘 생성()과 노출점수 3% UP 효과가 있다. 판매하면서 발생하는 부분이기 때문에 CS처리를 잘하는 판매자라면 누구나 받을 수 있는 자격이다.

옥션은 배송 스코어에 대한 이해가 필요하다.

기본점수 + 퀵배송 가산점 + 판매취소율, 배송지연율, 발송지연율, 반품지연율, 교환지연율을 합산하여 매주 수요일 지난 한 달간의 데이터를 산정하여 계산 된다.

100점, 110점, 120점 3단계로 구성되어 지며, 3일내 배송을 잘 지키고 있다면 110점을 받을 수 있고, 발송/배송지연, 취소/반품처리를 문제없이 한다면 120점을 받을 수 있다.

구분	상세내역	가감점수
기본점수	모든 판매자 공통	100점
퀵배송 가산점수	결제~배송완료까지 전체 주문건에 대한 배송 평균 시간	3일이내 5점 2일이내 5점
고객센터 신고건수	고객센터로 배송/반품/교환 관련 크레임 접수 건 • 판매자 사유로 인한 반품위반 • 허위연락처, 장기 통화불능, 통화거부 • 허위 배송	접수건당 -4점

부가지수 중 고객혜택 제공 부분은 G마켓과 비슷하며, 그 내용은 다음과 같다.

판매자 부담할인	○ 미사용 ◉ 사용 할인설정 : ◉ 정액 ○ 정율 원 | ☐ 기간설정 사용 * 판매자 부담할인 정보는 실제 적용까지 최대 1분이 소요됩니다. 변경 내용이 미표시 될 경우 잠시 후 다시 확인해 주시기 바랍니다. * 정액 : 최소 100원 이상, 10원 단위입력, 판매가 대비 70%까지 허용 * 정률 : 1~70%까지 가능

판매자 부담할인은 정액(원)과 정률(%)로 할인해 줄 수 있다. 판매가 대비 70%까지 설정이 가능하며 정액 최소 100원, 정률 1% 이상부터 설정이 가능하다.

옥션의 경우도 판매가에서 수수료를 제외하기 때문에 많은 할인율을 가져가기 위해서는 수수료를 염두해 두고 설정해야 한다. 그 외 고객혜택은 최소설정으로 설명하고자 한다.

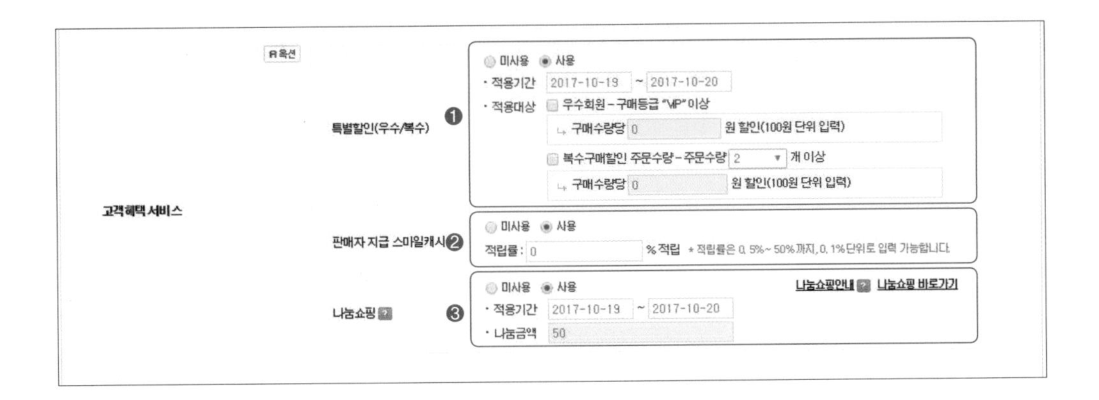

❶ 특별할인(우수/복수) : 적용기간을 설정 가능한 날짜로 지정한다. 적용대상 체크 박스를 클릭한 후 '우수회원 구매자 등급 사파이어 이상'의 구매수량당 '복수구매할인 주문수량'은 100원 할인, 2개 이상 구매 시 200원 할인을 설정한다.

❷ 판매자 지급 스마일캐시 : '사용' 라디오 버튼을 클릭한 후 정액 또는 정률을 선택하고, 100원 또는 1%를 설정한다.

❸ 나눔쇼핑 : '사용' 라디오 버튼을 클릭한 후 적용기간을 설정 가능한 날짜로 지정한다. 50원 고정 값이다. 설정을 마치면 옥션 고객혜택 설정이 완료된다.

옥션은 리스팅 광고 설정이 필수적인 요소이다. 프리미엄 상품과 일반상품이 구분되어지기 때문이다. 옥션은 프리미엄 상품에 프리미엄 플러스를 적용 할 수 없다.
프리미엄은 판매기간 내에서 설정 할 수 있으며, 요금은 다음 표와 같다.

광고 기간	요금
1일	1,000원
3일	1,500원
5일	2,000원
7일	3,000원
14일	5,600원
15일	6,000원
28일	11,200원
30일	12,000원
56일	22,400원
60일	24,000원
90일	32,000원

☑ 프리미엄

· 기간등록&연장 : 14일 등록&연장기간 : 2015-05-04 14:29:25 ~ 2015-05-18 14:59:59 서비스 이용료 : 5,600원

· 쿠폰적용 : ◉ 미사용 ○ 사용 * 쿠폰은 자동연장에 사용 불가

선택	쿠폰금액	상품구분	카테고리	유효기간	개수	사용할 개수
○	3,000원	전체	전체	2015-05-15	3	1개
○	3,000원	전체	전체	2015-05-24	3	1개
○	3,000원	전체	전체	2015-05-28	3	1개

프리미엄 플러스는 프리미엄 기간 내가 아닌 판매기간 내 설정이 가능하다. G마켓 포커스, 포커스 플러스와는 다르다.

프리미엄 + 주목점수(판매점수 20% 추가) + 상품명 굵게 + 판매지수 10% 추가가 적용된다.

광고 기간	요금
1일	2,000원
3일	3,500원
5일	5,000원
7일	7,000원
14일	13,100원
15일	14,000원
28일	26,200원
30일	28,000원
56일	52,400원
60일	84,000원
90일	32,000원

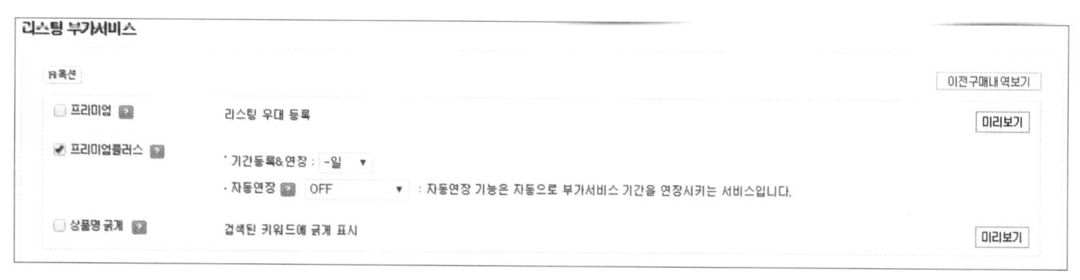

옥션의 검색관련지수는 G마켓의 검색정확도 지수처럼 카테고리와 연관성이 깊다.

특정 검색어를 검색하고 나오는 카테고리를 확인해야 하는데 G마켓에서는 포커스 영역에 있는 상위 상품 1~5등을 확인했다면, 옥션은 프리미엄등록 상품 1~5등 카테고리를 확인하며 된다.

간단한 예로, 옥션에서 '전동휠' 키워드 검색 시 '자전거' 카테고리에 등록한 상품이 먼저 나오게 되고 '자동차' 카테고리에 등록한 상품은 상위로 노출되기 힘들다.

옥션은 검색어에 따른 카테고리 우선순위가 존재하며, 거기에 더하기로 클릭대비 전환이 얼마나 일어났는가를 보게 된다.

아무리 클릭이 많이 일어났더라도 구매자가 없다면, 노출 기준에서 하위로 뒤쳐질 수밖에 없다는 것이다.

하지만 클릭이 많이 일어난다는 것은 구매될 확률이 높다는 것이고 상대적으로 큰 점수는 3일간의 입금액과 입금자수이므로 전환률이 낮다고 하여 클릭을 조금 일으킬 필요는 전혀 없다는 것이다.

▲ 자전거 카테고리에 등록된 전동휠 상품

▲ 자동차 카테고리에 등록된 전동휠 상품

옥션이 희망검색어를 폐지하고 키워드와 카테고리 연관성으로 노출을 변화시킨 이후 키워드 설정에 관련한 핵심 변화는 다음과 같다

❶ 상품명 작성시 다량의 키워드를 넣어도 모든 노출에서 공평하게 노출되지 않는다.

예 핸드백/토드백/파우치/숄더백/봄나들이

위와 같이 입력할 경우 가장 앞쪽에 배치한 '핸드백'이라는 단어에서는 우선노출 되지만'토드백' 단어는 카테고리 매칭 등의 이슈로 우선노출에서 밀려날 수 있다.

특히 가장 마지막으로 배열한 '봄나들이'의 경우 판매자의 의도는 '봄나들이 핸드백'이란 검색어를 노린 것으로 볼 수 있으나, '봄나들이'라는 단어가 가장 뒤쪽에 배열되었기 때문에 실제 검색 시 우선노출에서 제외될 수 있다.

예 봄나들이 추천 핸드백/파우치/숄더백/토드백

위와 같이 상품명을 배열할 경우 모든 우선노출을 '핸드백'에 부여한 경우가 되며, 다른 단어들은 우선노출에서 제외되어 고객이 검색할 경우 점점 노출이 뒤로 밀려 나오게 된다.

- 핸드백 ➡ 우선노출 가능
- 핸드백 추천 ➡ 우선노출 가능
- 파우치 or 파우치 추천 ➡ 우선노출 불가

또한, 평균 2~3페이지 이후 노출되며 검색이 높은 단어일 경우 10페이지 이후에 노출되는 경우도 많다.

위와 같은 결론을 기준으로 생각한다면 상품명을 작성할 경우 여러 단어들을 함께 작성해도 가장 중요한 단어를 가장 앞으로 배열해야 노출을 할 수 있다.

바로 이 부분이 옥션과 G마켓이 비교되는 부분이기도 하다. G마켓 노출의 경우 매출이 우선이기 때문에 검색어가 다양하면 유리하다. 그러나, 옥션은 가장 앞에 배치한 단어만 우선노출 되기 때문에 한 개의 상품코드로 다양한 제품을 검색어로 홍보하기 매우 불리한 입장이다.

G마켓은 판매가 잘 되는 하나의 상품코드를 만들어 내는 것이 중요하지만, 옥션의 경우 다양한 검색어를 바탕으로 운영하는 스토어 운영에 대해 진지하게 고민해봐야 한다.

■ 11번가의 랭크순 상품노출 방식 이해하기

상품 목록은 11번가 랭킹순으로 정렬됩니다. 정확도, 판매점수와 플러스 상품, 상품평가/리뷰개수, 셀러등급, 구매만족도, 쿠폰, 무료배송, 무이자 조건에 따라 정렬순서가 결정되며 자세한 사항은 다음 내용을 참고하시기 바랍니다.

구분	내용
플러스 상품	• 11번가 판매자의 추천상품으로, 플러스 광고 아이템을 구매한 상품
11번가 랭킹순	• 판매 실적, 고객 서비스, 마케팅 활동 등을 종합한 점수 • 판매 실적 : 최근 3~7일간의 판매 건수와 금액 • 고객 서비스 : 평균 배송일, 만족도, 상품평가/리뷰 등 고객 평가와 서비스 만족도 • 마케팅 활동 : 고객 혜택(쿠폰, 무이자 적용 등) 노출 강화 아이템 적용
누적판매순	• 180일 동안 누적 판매 건수 많은 순(매일 업데이트)
평가 높은순	• 상품평가/리뷰 점수 높은 수(매일 업데이트, 산정 기간 제한 없음)
상품평가/리뷰 많은순	• 누적 상품평가/리뷰 개수 많은 순(매일 업데이트, 산정 기간 제한 없음)
낮은 가격순/높은 가격순	• 할인가 기준으로 가격이 낮은 순/높은 순(실시간 업데이트, 산정기간 제한 없음)
최신등급순	• 최신으로 등록된 상품 순(실시간 업데이트, 산정기간 제한 없음)

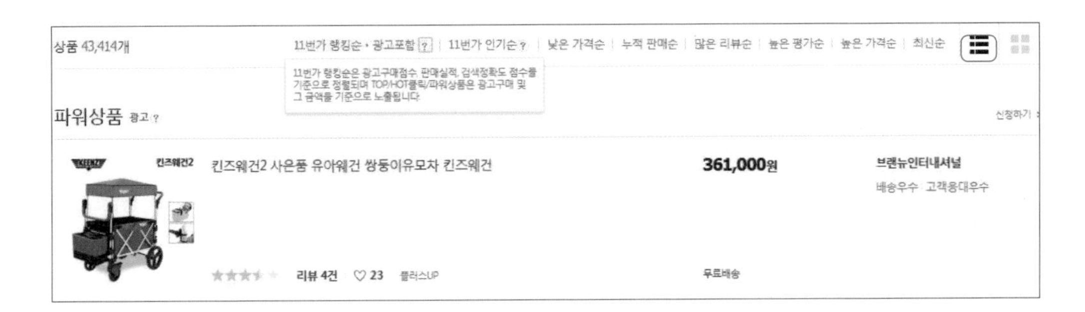

판매등급 산정기준은 최근 6개월 동안의 판매점수와 판매금액으로 매월 1일에 선정한다. 점수를 획득하고 차감되는 기준은 아래 표와 같다.

구분	판매신용점수
판매성사	+1점
판매취소	−5점
결재완료 후 3일이내 미발송	−2점
발송지연 안내 후 미발송	−2점
판매자 귀책 주문취소	−1점
판매자 귀책 반품취소	−5점
판매불가 처리 사유 허위 입력	−1점
반품/교환처리 사유 허위 입력	−1점

앞의 표와 같이 점수를 산정하여 최근 1개월 동안의 판매점수와 판매금액으로 매월 1일에 파트너 등급을 산정한다. G마켓의 파워딜러와 옥션의 최우수 판매자 프로그램과 같은 시스템이다.

등급명칭	거래액 기준	신용점수
1등급	5천만원 이상	1,000점 이상
2등급	3천만원 이상	300점 이상
3등급	1천만원 이상	100점 이상
4등급	5백만원 이상	30점 이상
5등급	5백만원 미만	30점 미만

CS등급 산정 기준은 최근 1개월 CS관련 기준을 모두 만족하는 판매자에 한해 매월 5일에 고객만족셀러를 선정하고 산정기간은 전월 1일~ 말일을 기준으로 한다.
항목은 아래와 같으며 3일내 배송, 응대, 후기가 90% 이상을 달성해야하는 G마켓과 옥션의 시스템과 흡사하다.

등급	항목	기준
고객만족샐러	판매건수	구매확정 30건 이상
	발송완료율	2일 이내 발송처리 완요율 90% 이상
	게시판 응대율	Q&A 게시물 1일 이내 답변율 90% 이상
	고객만족도	구매후기 평가 만족 & 보통 비율 90% 이상

고객혜택 제공과 리스팅 광고구매 점수 또한 흡사하며, 여기서는 최소 설정으로 설명한다.

즉시할인, 11Pay Point 지급, 무이자할부, 최소/최대 구매수량을 입력하시려면 이 영역을 클릭하세요. 닫기 ^
기본즉시할인 ? ❶ 설정함 판매가에서 원 할인
쿠폰 지급기간 설정 ~
11Pay Point 지급 ? ❷ 설정함 판매가에서 원 적립
무이자할부 제공 ? ❸ 설정함 2개월 카드사 할부개월 별 서비스이용료 보기
· 무이자 할부제공 이용료는 판매자 부담이며, 판매금액 정산 시, 자동으로 차감됩니다.
· 고객의 상품 주문시, 카드사/할부 개월 수에 따라 서비스이용료율이 달라집니다.
복수구매할인 ? ❹ 설정함 수량기준 할인기준
개 이상 구매시 판매가(+옵션가)에서 개당 원 할인
할인 적용기간 설정 ~
희망후원설정 ? ❺ 설정함 원 기부
· 정율을 선택한 경우 판매가-기본즉시할인 기준으로 설정됩니다.
최소구매수량 제한 안함 : 최소구매수량을 제한하지 않습니다.
1회 제한 : 개 · 1회 구매 시, 최소 구매할 수 있는 수량을 제한합니다.
최대구매수량 제한 안함 : 최대구매수량을 제한하지 않습니다.
1회 제한 : 개 · 1회 구매 시, 최대 구매할 수 있는 수량을 제한합니다.
기간 제한 : 한 ID당 일 동안 최대 개 까지 구매 가능합니다.
· 기간은 최대 30일까지 이며, 비회원은 본인인증 값에 따라 제한합니다.
사은품정보 ? 사용함

❶ 기본즉시할인 : '설정함'을 체크하고 판매가에서 100원 또는 1%를 설정한다.

❷ 11Pay Point 지급 : '설정함'을 체크하고 판매가에서 10원 또는 1%를 설정한다.

❸ 무이자 할부 제공 : '설정함'을 체크하고 2개월을 설정한다.

※ 정액 선택 시 10원 단위로 설정 가능하며, 정률(%) 선택으로 원 단위 발생 시에는 적립된다.

❹ 복수구매 할인 : '설정함'을 체크하고 수량기준 2개 이상 구매 시 판매가에서 10원 또는 1%를 설정한다.

❺ 희망후원 설정 : '설정함'을 체크하고 판매가에서 1원 또는 1%를 설정한다.

모든 항목에서 기간 미 설정 시 무기한 지급하게 된다. 11번가 역시 판매가에서 수수료를 차감하기 때문에 '기본즉시할인' 설정 시 주의해야 한다.

리스팅 광고 구매점수의 경우는 G마켓과 동일하다.

플러스 UP적용 시 전시상승점수 30%를 추가 부여 받을 수 있다.(G마켓은 20%)

플러스는 판매기간 내에서 설정 가능하며, 3일(1,200원), 5일(2,000원), 7일(2,800원), 15일(6,000원), 30일(12,000원) 중 선택할 수 있다.

플러스UP은 플러스 기간 내에서 설정 가능하며, 3일(1,500원), 5일(2,500원), 7일(2,800원), 15일(6,000원), 30일(12,000원) 중 선택할 수 있다.

리스팅광고 설정 [리스팅 광고 안내보기]

종류	기간선택	예상 서비스 이용료(VAT별도)
☐ 플러스 ?	기간 선택-------- 시작일 2016-12-29 ~ 2016-12-29	0 원
☐ 플러스UP ?	기간 선택-------- 시작일 2016-12-29 ~ 2016-12-29	0 원

※ 리스팅광고 설정 시 자동연장 기능을 이용하시면 , 아이템 종료일마다 자동으로 기간이 연장됩니다.
자동연장 시 잔액이 부족할 경우 자동연장이 되지 않으며, 셀러포인트 > 셀러캐시 > 마이너스캐시 순으로 결제됩니다.

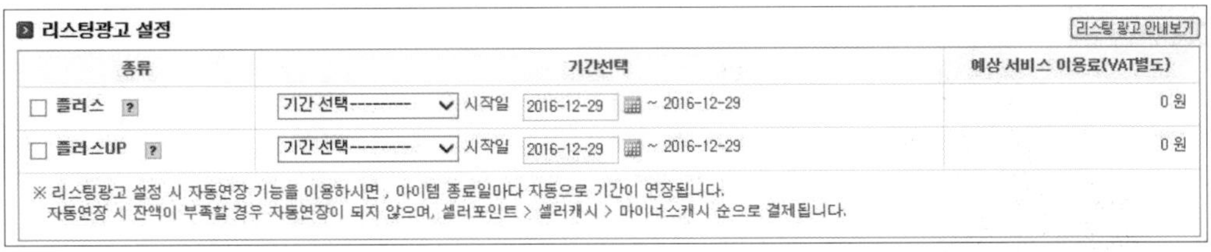

11번가의 검색정확도는 G마켓과 옥션의 로직이 혼합되어 있다고 생각하면 좋다.

카테고리에 따른 정확한 검색어라는 기본 로직은 동일하지만 조합이 되는 부분도 있고 조합이 안 되는 부분도 있기에 여러 번의 테스트를 시도해 보는 것을 추천한다.

타 판매채널에 비해 2배의 상품명(50자)을 작성할 수 있기 때문에 중복이 되더라도 최대한 검색어를 넣어 주는 방식을 택하는 것이 11번가 내에서 노출이라는 부분을 맞춰 갈 수 있을 것이다.

▲ G마켓

▲ 옥션

▲ 11번가

11번가의 CPC(포커스클릭) 광고의 경우 최초 설정 시 판매자의 선택이 아닌 상품명 기준으로 자동 설정되게 되어 있기 때문에 최대한 키워드를 많이 입력해두어야 광고 설정 시에도 롱테일 키워드 접근이 용이해 진다. 이 내용은 "Chapter 03 오픈마켓 마케팅 핵심 전략"을 참조한다.

■ 스마트스토어 랭크순 상품노출 방식 이해하기

G마켓, 옥션, 11번가, 인터파크 등은 시스템적으로 자체 플랫폼에서 노출이 시작되어 네이버쇼핑에서도 연동되어 보여진다. 반면 스마트스토어의 경우는 자체 플랫폼이 샵 개념이기 때문에 개별적인 힘이 약해 네이버쇼핑에서 보여지는 것이 광고를 제외한 노출의 전부라고 볼 수 있다.

대부분 고객의 검색행위가 네이버에서 시작되기 때문에 어느 몰에서 판매를 하던지 네이버쇼핑에 상단 노출을 해야만 더 많은 고객을 내 상품으로 인입시킬 수 있다.

네이버쇼핑 랭크순은 적합도 지수, 인기도 지수, 신뢰도 지수로 구분되며 각각의 항목을 만족한 상품을 상단으로 올려주는 로직을 가지고 있다.

- 적합도 지수 : 검색어에 대한 상품 정보 연관도/카테고리 선호도
- 인기도 지수 : 네이버 쇼핑을 통한 상품 클릭수, 판매실적, 구매평수, 찜수, 최신성
- 신뢰도 지수 : 네이버 쇼핑 페널티, 상품명 SEO 스코어

✔네이버쇼핑 랭킹순 · 낮은 가격순 · 높은 가격순 · 등록일순

네이버쇼핑 랭킹순
적합도 지수, 상품의 인기도/신뢰도 지수 등을 점수화하여 정렬
단, 광고상품은 별도기준에 따라 상단정렬

적합도 지수: 검색어에 대한 상품 정보 연관도/카테고리 선호도
인기도 지수: 네이버쇼핑을 통한 상품클릭수, 판매실적, 구매평수, 찜수, 최신성
신뢰도 지수: 네이버쇼핑 페널티, 상품명 SEO 스코어

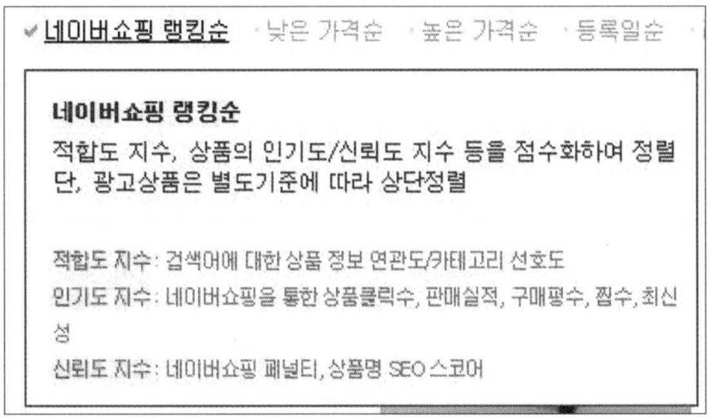

❶ 적합도지수란?

이용자가 입력한 검색어가 상품명, 카테고리, 제조사/브랜드, 속성/태그 등 상품 정보의 어떤 필드와 연관도가 높은지, 검색어와 관련하여 어떤 카테고리의 선호도가 높은지 산출하여 적합도로 반영된다.

네이버의 가장 큰 특징은 연관도에서 시작되기 때문에 고객이 검색이후 가장 많이 클릭한 상품을 기준으로 정렬의 값이 변한다는 얘기이다. 타 마켓처럼 카테고리 개편에 의해서 검색로직이 변경되는 것이 아니라 위에서 말한 고객 검색 선호도에 따라 로봇이 로직을 변경해 나가는 것이다.

그렇기 때문에 쇼핑연관에 있는 검색어의 배열이나 속성값이 변하게 되면 상품의 정렬 순서가 변경 될 수 있다는 것이기 때문에 그 시기에는 반드시 내상품의 변경된 위치와 변경이유를 찾아내는 것이 적합도지수를 관리하는 가장 쉬운 방법 중 하나이다. 타 마켓처럼 카테고리 개편에 의해서 생기는 변화가 아닌 로직에 의해서 변동되는 부분이 있기에 계절이 바뀌거나 트랜드가 변화하는 시기에는 내 카테고리의 이동이 있는지를 확인해 봐야 한다.

다음 그림은 네이버쇼핑에서 '킥보드'를 검색했을 때의 검색 결과이다.

카테고리 영역 가장 처음에 출산/육아 카테고리(❶)가 먼저 노출되는 알 수 있다. 그 결과 리스팅 1위는 무조건 대분류가 '출산/육아'로 시작되는 카테고리의 상품(❷)이 노출된다.

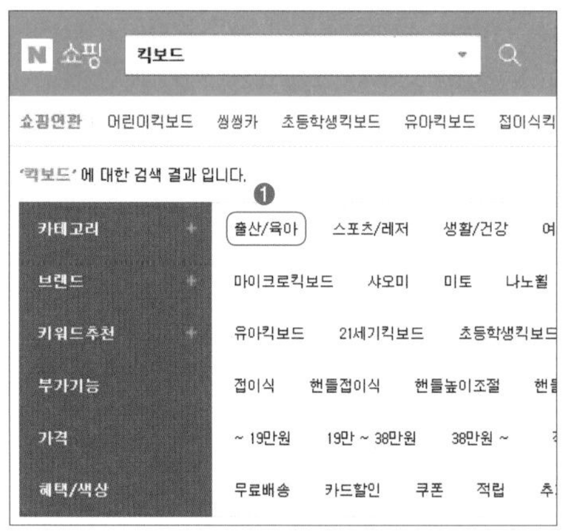

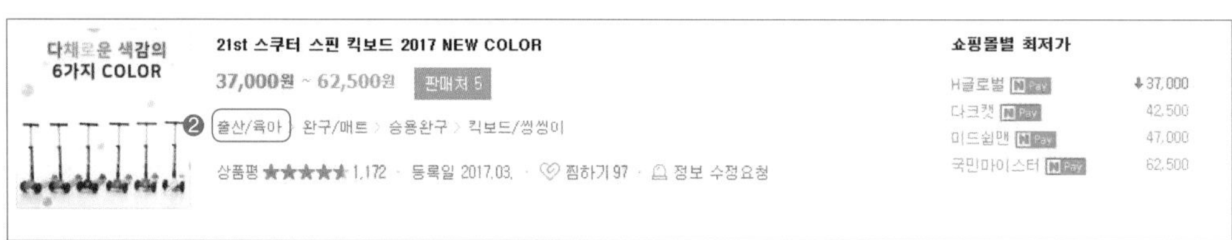

'킥보드'라는 키워드는 성인용과 어린이용을 모두 포함하는 단어이다. 하지만 위와 같이 어린이용 관련 상품이 상위에 노출되었다면 킥보드를 검색한 시기에서는 어린이용 킥보드를 더 많이 클릭하고 구매하고 있다는 결과이다.

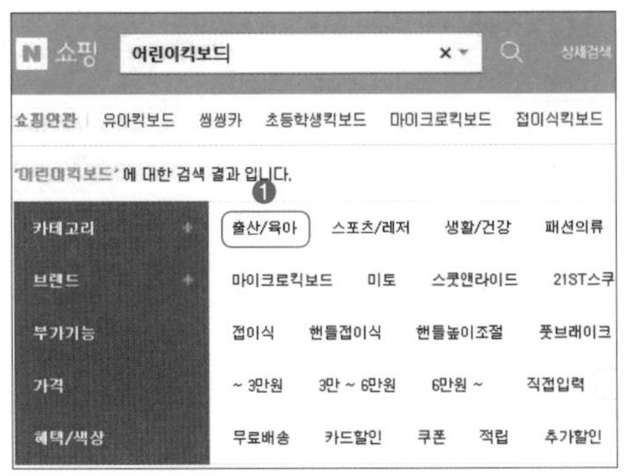

어린이 킥보드 유입이 많다는 것은 '어린이킥보드'를 검색해서 카테고리를 확인해 보면 당연히 '출산/육아'가 가장 먼저 나오고 리스팅 순위도 킥보드 검색결과와 같을 수밖에 없다.

❷ 인기도 지수란?

상품이 가지는 클릭수, 판매실적, 구매평수, 찜수, 최신성 등의 고유한 요소를 카테고리 특성을 고려하여, 인기도로 반영된다.

- 클릭수 : 최근 7일 동안 쇼핑검색에서 발생된 상품 클릭수를 지수화
- 판매실적 : 최근2일/7일/30일 동안 쇼핑검색에서 발생한 판매수량/판매금액을 지수화
- 구매평수 : 개별상품의 리뷰수를 카테고리별 상대적으로 환산
- 찜수 : 개별 상품의 찜수를 카테고리별 상대적으로 환산
- 최신성 : 쇼핑 DB 등록일을 기준으로 상대적 지수화, 신상품 한시적 노출 유도

인기도 지수는 순수 쇼핑검색에서 발생된 클릭과 실적으로 지수화 한다.

광고를 집행해서 생겨난 클릭과 실적과는 무관하다는 이야기도 되기에 타 마켓처럼 광고로 생성된 판매지수가 포함되어 리스팅에 반영되지 않는다는 것이 네이버 쇼핑의 특징 중 하나이다.

찜수와 최신성은 상대적으로 지수화한다고 나와 있는데 그런 이유 중에 하나는 오래된 상품이 상단에 고정되어 있는 것을 네이버는 좋아하지 않기에 신규로 등록한 상품을 한시적으로 노출시켜 주는 구조를 가지고 있다.

네이버쇼핑에서 판매를 하다보면 오래된 상품이 위로 올라오거나 신규 상품이 갑자기 상단에 노출되는 것을 확인할 수 있다. 이와는 반대로 잘 판매하던 상품이 갑자기 사라지는 황당함을 경험할 수도 있다. 이는 최신성이라는 부분이 반영되기 때문이라고 볼 수 있다. 최신성은 최근 고객 검색의 패턴과 쇼핑 구매 패턴이라고 볼 수 있는데 이 부분을 확인하기 위해서는 연관/쇼핑연관 검색어의 변화를 유심히 살펴봐야 한다.

특히 추천 검색어 영역이 변경되는 경우 쇼핑의 순위가 변경되고 생각하지 못한 변수를 맞을 수 있기 때문에 반드시 체크해야 하는 부분이다.

다음은 '유모차'의 추천 검색어, 연관 상품, 쇼핑연관 검색어를 나타낸 그림이다.

연관검색어 ? 가벼운유모차 박건후 한석준결혼 유모차한자 공기청정기이산화탄소 신고 ×
휴대용유모차타는시기 연년생유모차 국산유모차 제주도유모차 유아차

쇼핑연관 절충형유모차 디럭스유모차 휴대용유모차 신생아유모차 스토케유모차 명품유모차 아기유모차 쌍둥이유모차 페도라유모차 초경량유모차 퀴니유모차 양대면유모차 아기띠
휴대형유모차 카시트 기내반입유모차 미니버기 유모차커버 수입유모차 요야유모차 아가방유모차 콤비유모차 경량유모차 신생아카시트 보행기 바운서

스마트스토어 판매등급 및 서비스 점수는 매월 초 최근 1개월의 판매활동 실적 집계를 통해 시스템에 자동 반영 된다.

총판매건수 20건 이상, 만족도 90% 이상, 48시간 내 배송완료건이 전체 배송건수의 80% 이상, 평균배송일 2.0일 이내를 만족하면 굿 서비스 마크가 생성되고 실적지수에 좋은 영향을 받아 인기도가 상승하는 효과를 받을 수 있다.

내 서비스 등급을 확인하는 방법은 스마트스토어 내 '판매자정보 〉 서비스만족 등급'을 클릭하면 다음과 같은 서비스 만족 등급 내역을 확인 할 수 있다.

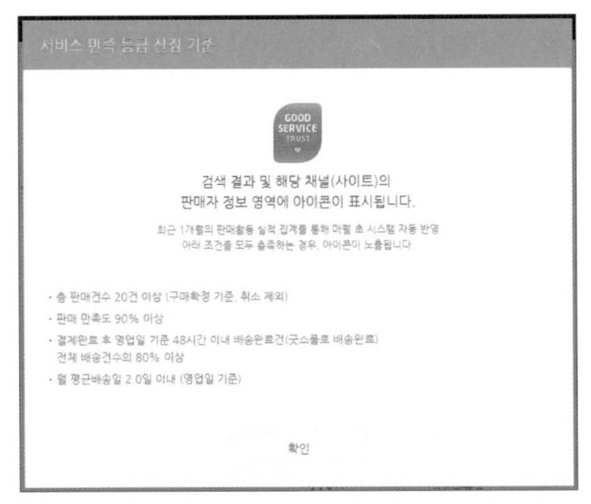

서비스 만족 등급

서비스 만족 등급 안내

구매자의 구매결정에 도움을 줄 수 있는 정보로 서비스 만족등급을 제공하고 있습니다.

구매자 만족도

95%

평균 판매만족도

전체 평가 건수	2304 건
만족	2053 건
보통	219 건
불만	32 건

굿서비스 산정 기준 · 집계기준: 최근 1개월 누적

GOOD SERVICE TRUST

굿서비스 기준 충족

누적 판매건수	286 건
평균 판매만족도	93 %
평균배송일	1.5 일
48시간 이내 배송율	95 %

❸ 신뢰도 지수란?

네이버쇼핑 페널티, 혜택, 상품명 SEO 스코어가 반영되는 지수이다.

먼저 쇼핑 페널티를 받는 경우는 판매관리, 상품관리, 민원관리로 구분되어 진다. 쉽게 설명하자면 어떤 영역이든 패널티 10점 이상이면 상품의 순위가 하락한다고 생각해야 한다.

- 판매관리 영역 : 전체 결제건수에서 패널티가 40%이상인 경우나 1개월 모니터링 패널티가 40점 이상인 경우 서비스 이용이 정지될 수 있다.
- 상품관리 영역 : 전체 결제건수에서 패널티가 20%이상인 경우나 1개월 판매관리 패널티가 10점 이상이면 쇼핑 순위가 하락한다.
- 민원관리 영역 : 40점 이상의 경우 서비스 이용이 정지 될 수 있다.

유형	항목	상세항목	상세내용	점수
판매관리 패널티	배송	발송처리 지연	• 결제완료일로부터 3영업일 이내 미발송(발송지연 안내 처리된 건 제외)	1
			• 발송지연 안내 처리 후 입력된 발송계정일로부터 1영업일 이내 미발송	2
	품절/취소	배송지연 취소	• 발송기한 이후에 취소 요청되어 취소 환불 처리된 것	1
		품절취소	• 취소사유가 '상품품절'인 취소 건	1
	반품/환불	반품 처리지연	• 일반 네이버 페이 주문에 한함. 반품상품 수거완료일로부터 3영업일 이상 경과되었으나, 반품 승인처리 되지 않은건	1
		반품환불 처리지연	• 네이버 페이 장바구니 주문에 한함. 반품상품 수거일로 부터 3영업일 이상 경과되었으나, 환불처리 또는 보류설정 되지 않은 것(보류설정한 상품주문건이라도 '보류해제시 대상 상품주문건이 반품 수거완료일로부터 3영업일 이상 경과된 상태일 경우' 판매 패널티가 부여됨)	1
	교환	교환 처리 지연	• 교환 재발송 처리시 교환상품 수거일로부터 3영업일 이상 경과된 것	1
상품관리 페널티	상품관리		• 상품등록정책 및 서비스이용규칙을 위반하는 상품을 등록하는 경우	3~40
민원 페널티	민원	민원/분쟁	• 정당한 이유 없이 반품/환불을 거부하는 경우	15
			• 고객에게 욕설 등을 하여 민원/분쟁이 접수되는 경우	
			• 상담 시 욕설을 하여 원할한 민원/분쟁 해결의 장애를 준 경우	
			• 민원/분쟁 발생 시 정당한 사유 없이 중재안을 거부하는 경우	
			• 기타 고객 민원 제기 시 회사의 심사를 통해 점수 부여가 타당하다고 인정되는 경우	
		연락두절	• 고객문의 등으로 회사에서 연락하였으나 2영업일 이상 연락두절인 경우	15
			• 유효하지 않는 연락처를 5영업일 이상 노출한 경우	
		가송장/선송장 등록	• 가송장/선송장을 등록하여 모니터링에 적발된 경우	5
			• 가송장/선송장을 등록하여 민원이 발생한 경우	

▲ 판매 패널티 부여기준

상품명 SEO 점수는 정확하게 설명하기 어려우나 필자가 이해한 바로는 구분을 지어 등록하는 상품명이 필요하다.

적합도/인기도 지수와 연계되어 반영되기 때문에 상품명을 잘 작성하는 것이 필요하다.

먼저 필자는 패턴을 중요하게 생각한다.

- 적합도에 따른 키워드별 카테고리 선정
- 띄어쓰기의 패턴
- 쇼핑탭의 선호도와 순서
- 쇼핑 연관 검색어와의 조화

상품명 SEO를 생각할 때는 위의 4가지를 동시에 반영한다는 생각을 해야 한다.

- 유모차를 검색 시 나오는 카테고리는 '절충형/디럭스'이다.
- 절충형 유모차를 상품명에 넣을 때 띄어쓰기를 해야 한다.

- 상품명은 '브랜드 + 제품타입 + 키워드 추천' 순으로 작성되어야 한다.

• 연관/추천 검색어에는 절충형과 디럭스 유모차가 노출되고 있다.

추천검색어 ? 디럭스유모차 휴대형유모차 아기유모차 유모차종류 보행기 유모차가격
쌍둥이유모차 휴대용유모차 아기띠 명품유모차 유모차세탁 중고유모차
유모차추천 아기유모차추천 디럭스유모차비교 접기

• 이미지의 파일 이름을 ‘유모차’ 관련 키워드로 지정하여 등록 후 업로드 한다.

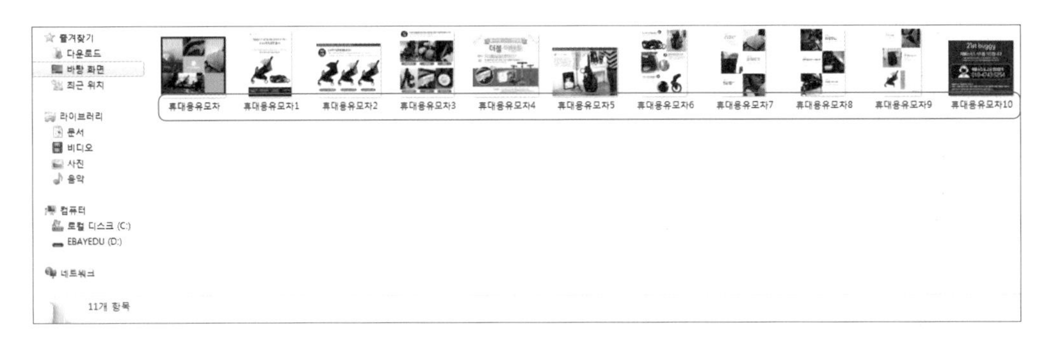

• 혜택은 필요에 따라 아래 영역을 체크하면서 제공하면 되는데 랭크순에 언급 된 포인트와 구매평의 경우 제공하면 좋은 점수를 받을 수 있다고 필자는 생각한다.

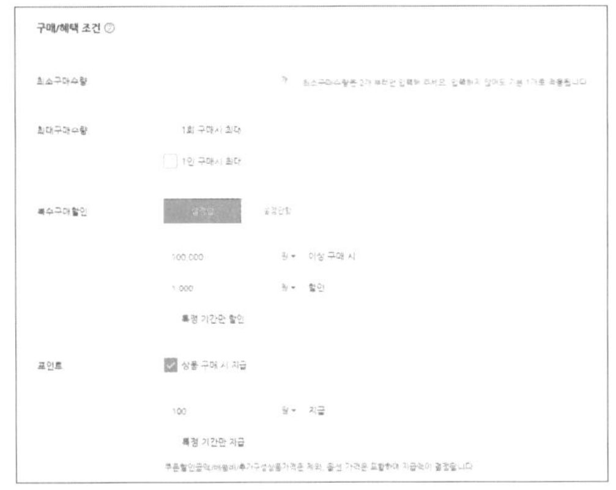

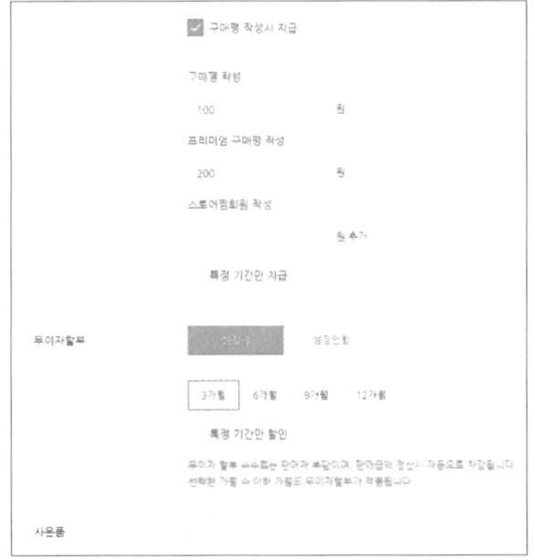

쇼핑 랭크순에 상단에 나오기 위해서는 위의 요소를 모두 지켜서 등록해야 하지만 그 외에도 다양한 노출 방식과 아이템별 노출방식이 다르기 때문에 본인의 상품이 검색결과에 어떻게 표현되는지를 유심히 본 후 적용하는 것이 좋다.
고객의 검색패턴은 시즌별, 트렌드별로 계속 바뀌기 때문에 선호하는 상품에 대한 기준과 그에 합당한 상품등록이 같이 변경되어야 한다. 더 심도 있는 내용은 “Chapter 03 오픈마켓 마케팅 핵심전략”을 참조한다.

Lesson

02 상품등록에 필요한 고정값과 변동값 이해하기

상품 등록 방법은 대부분 비슷하지만 오픈마켓별로 약간씩 다른 부분이 있다.
오픈마켓에서 판매자가 고객에게 상품을 판매하기 위해서는 다양한 항목들을 제공해야 된다. 우선 고객이 상품을 보고 구매 결정하기 위해서는 반드시 제공되어야 하는 필수항목들이 있는데, 상품명, 상품 가격 등은 반드시 필요한 항목이다. 반면에 이벤트적인 요소 그리고 전자상거래법 또는 공정거래위원회 권고사항에 따라 발생하는 부분이나 정책변경으로 삭제될 수 있는 항목들도 있다.
이 책에서는 오픈마켓 상품등록을 고정값과 변동값으로 구분하여 설명한다.

■ 상품등록 필수정보 이해하기

오픈마켓 상품등록 시 필수적으로 설정해야 되는 항목이며, 프로그램 형태가 바뀌어도 고객 결재부분에 있어서 제외되면 안 되는 기능이기에 '고정값'이라고 표현하고자 한다.

- 상품명 입력(최대 25자까지 입력)
- 상품에 부합한 카테고리 지정
- 판매기간 설정(최대 90일까지 지정)
- 판매방식 선택(오픈마켓 기준)
- 판매가격 지정(고객에게 보여지는 판매가 지정)
- 판매수량 지정(최대 99,999개까지 지정 가능)

- 상품 이미지 등록(상품 리스팅 결과로 노출되는 정사각형의 상품이미지)
- 상품 상세설명 등록(가로 사이즈 860px)
- 배송방식 설정(착불/선결제 또는 무료배송 등 두가지)
- 원산지와 상품정보제공 고시(반드시 기입해야 하는 항목)

다음은 오픈마켓 판매채널 별로 위 항목들을 정리한 표이다. 상품명 길이를 제외한 나머지 항목은 대부분 유사하다.

항목	G마켓/옥션	11번가	스마트스토어
상품명	25자	25자	50자
카테고리	정확도	정확도	정확도
판매기간	최대 90일	최대 120일	최대 120일
판매가격	실반매가격	실판매가격	실판매가격
판매수량	9,999	9,999	9,999
상품이미지	1,000×1,000	1,000×1,000	640×640
상품상세설명	860px	860px	860px
배송정보 설정	착불/선결제 무료배송	착불/선결제 무료배송	착불/선결재 무료배송
원산지 상품정보제공고시	원산지선택필수 상세설명표기/기입	원산지선택필수 상세설명표기/기입	원산지선택필수 상세설명표기/기입

■ 상품등록 부가정보 이해하기

상품등록 부가정보는 오픈마켓 상품등록 시 선택적으로 설정할 수 있고, 변동값이 존재하며 판매자마다 설정 방법이 다른 항목을 말한다. 홍보문구, 제조사, 판매방식, 주문옵션 등 고객의 선택에서 크게 적용받지 않는 항목이기도 하다.

상품등록 설명 시 주문옵션, 추가구성, 제조일/유효일은 알아야 될 부분이므로 암기하도록 한다.

상품등록 부가정보 항목은 다음페이지의 표와 같다.

항목	G마켓/옥션	11번가	스마트스토어
홍보문구	특장점/이벤트 기입	특장점/이벤트 기입	특장점/이벤트 기입
제조사/브랜드	브랜드 상품만 등록	브랜드 상품만 등록	브랜드 상품만 등록
판매방식	오픈마켓	고정가/공동구매	고정가
주문옵션	−50%~+50% 50개/500개	−50%~+50% 500개	−50%~+100% 가능하나 단품 등록
추가구성	판매가 대비 +50%	물품가	미설정
제조일/유효일	화장품, 식품, 유아 필수 입력	화장품, 식품, 유아 필수 입력	화장품, 식품, 유아 필수 입력
A/S 정보	상세페이지 참조	상세페이지 참조	상세페이지 참조
사은품	실기입	실기입	실기입
고객혜택	적용/미적용	적용/미적용	적용/미적용

※G/A 2.0 등록상품은 단품으로 등록 후 그룹을 형성하게 된다. 주문 옵션 생성은 불가능하다.

■ 카테고리 수수료 이해하기

오픈마켓에서 물품을 판매하는 과정은 어렵지 않다. 하지만 오픈마켓의 판매절차를 제대로 이해하지 못하면 똑같은 물품을 판매하더라도 판매마진에서 차이가 있을 수 있다. 왜냐하면, 다양한 판매자는 수수료를 지불하기 때문이다. 오픈마켓은 모든 상품에 동일한 수수료를 적용하는 것이 아니다. 카테고리마다 수수료가 다르기 때문에 상품등록 전에 반드시 확인해야하는 항목이다. 수수료 1%로 인해 가격차이가 크게 비교될 수 있기 때문이다.

100원의 판매마진으로 경쟁해야 하는 판매구도에서는 수수료의 비율에 따라 희비가 엇갈릴 수 있기 때문에 반드시 등록하려는 카테고리 수수료를 확인해야 하며, 수수료 내역을 확인하는 공간은 다음과 같다.

❶ G마켓, 옥션에서 카테고리 수수료 확인하기

상품 등록 페이지의 카테고리 영역에서 [옥션이용료 안내] 버튼 또는 [G마켓이용료 안내] 버튼을 클릭하면 카테고리별 수수료를 확인할 수 있다.

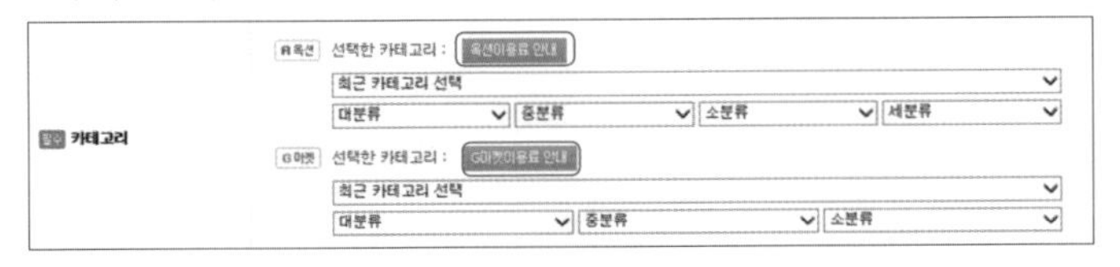

❷ 11번가에서 카테고리 수수료 확인하기

상품 등록 페이지의 상단에 '카테고리 서비스 이용료 안내'를 클릭하면 카테고리별 수수료를 확인할 수 있다.

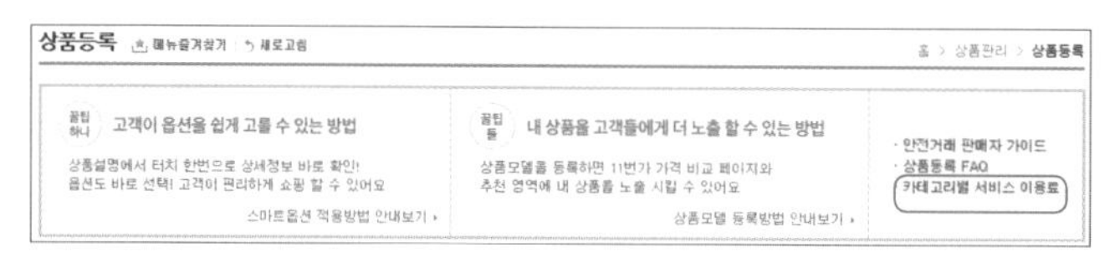

❸ 스마트스토어에서 카테고리 수수료 확인하기

스마트스토어는 수수료가 카테고리별 수수료가 아닌 결제 수수료로 변경되어 전체 카테고리 상품에 일괄적으로 반영하게 된다. 스마트스토어센터 메인화면 하단의 [수수료]를 클릭하거나, 관리자 페이지 하단의 [공지사항]을 클릭한 후 '수수료'를 검색하면 판매자가 지불해야 되는 수수료에 대한 최신 정보를 확인할 수 있다.

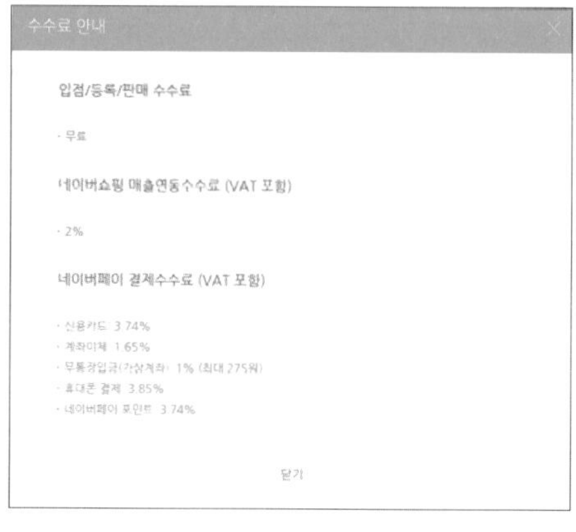

네이버쇼핑을 클릭하여 유입된 고객이 결제 시 매출연동수수료 2% + 네이버페이 결제수수료를 함께 결제하게 된다. 만약 고객이 자신이 마케팅한 블로그나 카페 등을 통해 자신의 스마트스토어로 유입되어 상품을 구매하면 네이버페이 결제수수료만 결제하게 된다.

Lesson

03 오픈마켓에서 상품등록하기

오픈마켓에서 상품을 등록하기 위해서는 상품이미지와 상품 상세페이지가 준비되어 있어야 한다. 특히 상품 상세페이지는 이미지 용량이 크기 때문에 이미지 호스팅 서비스를 이용하는 경우가 많다. 상품등록 이전에 상세페이지 적용을 위해 이미지 호스팅에 대한 이해가 필요하다.

■ 이미지 호스팅이란?

이미지 호스팅은 별도의 서버에 이미지를 저장한 후 저장된 상품 이미지 서버 주소의 링크를 통해 이미지를 보여주는 웹하드 같은 공간이다. 많은 접속자가 발생했을 때 페이지의 로딩속도 증가, 안정적인 서비스를 제공하기 위해서 오픈마켓 판매자에게는 필수적이 요소이다.

이베이 코리아(G마켓, 옥션)에서 무제한 대역폭, 트래픽 이미지 호스팅을 무료로 제공한다.
개인이딜러의 경우 500MB, 사업자 이딜러의 경우 5GB를 제공한다.

01 이베이 코리아 이미지 호스팅 사이트(http://im.esmplus.com)에 접속한다. ESM+ 마스터 ID, G마켓 ID, 옥션 ID 중 원하는 마켓을 선택하고 해당 마켓 아이디와 비밀번호를 입력하여 로그인 한다.

02 이베이 코리아 이미지 호스팅 메인화면 상단의 [파일 관리] 메뉴의 [폴더추가] 버튼을 클릭하여 새폴더를 생성한다.

03 새폴더를 더블클릭하여 이동한 후 상단에 있는 업로드 버튼을 클릭한다. "업로드 할 파일 선택" 창이 나타나면 내 PC에 저장되어 있는 이미지 파일을 찾는다. 이미지 파일을 선택 후 [열기] 버튼을 클릭한다.

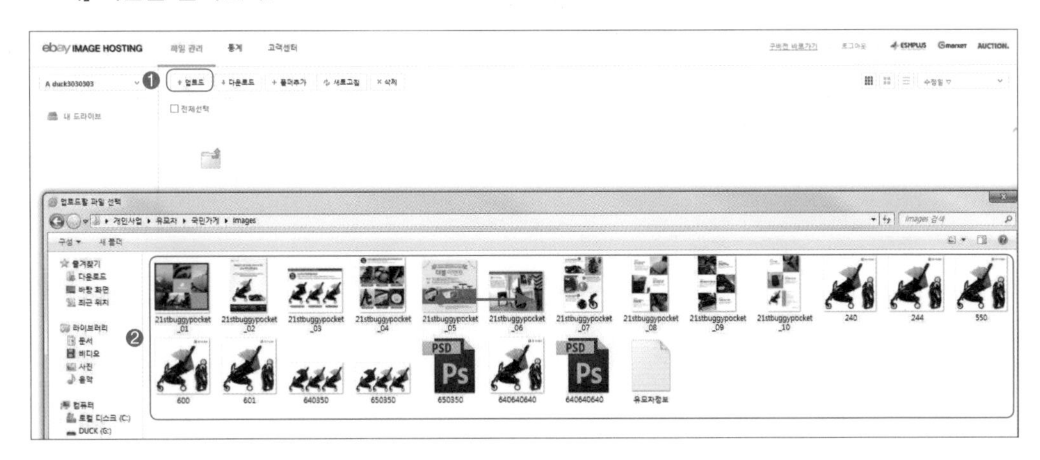

04 업로드 창에서 [전송시작] 버튼을 클릭하면 내 PC에 있는 이미지가 이베이코리아 호스팅 서버로 업로드된다.

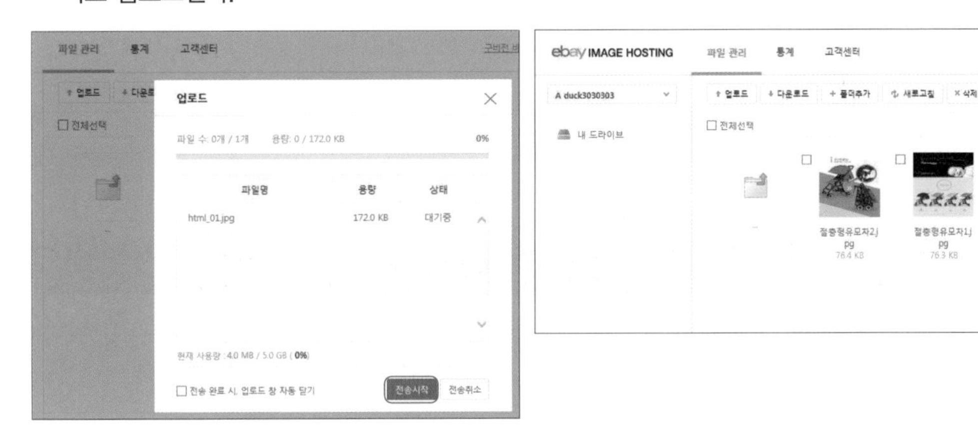

05 업로드한 이미지의 체크 박스를 클릭하여 선택한 후 마우스 우클릭하여 [html 태크 복사] 메뉴를 선택한다. [HTML 태그 복사] 버튼을 클릭하여 활성화 된 소스를 복사한 후 ESMPLUS 상세페이지 입력하는 곳에 붙여넣기 해준다.

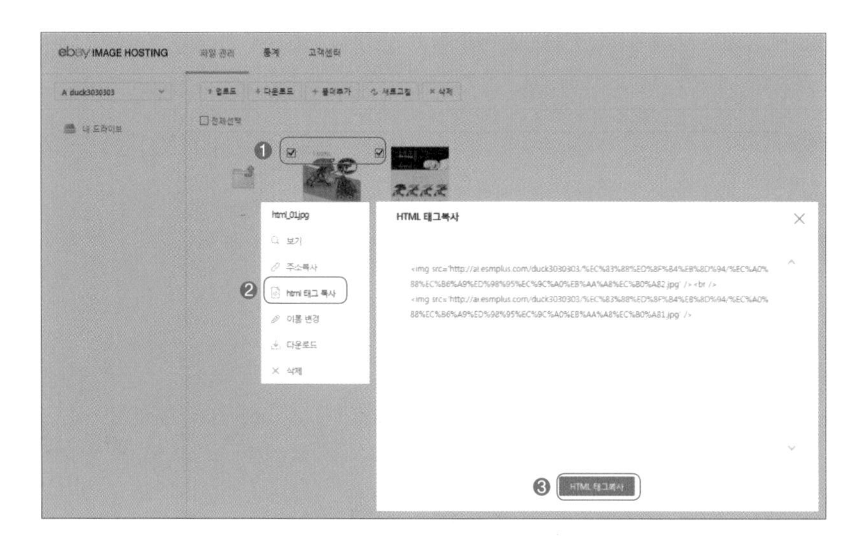

■ G마켓과 옥션에서 상품등록하기

상품등록 2.0 베타 버전이 서비스되면서 상품 등록 시 1.0과 2.0을 구분하여 등록해야 한다. 상품등록 2.0을 이용한 상품 등록 방법은 1.0 버전 설명 이후에 이어서 설명한다.

01 ESM PLUS(http://www.esmplus.com)에 접속한다. 좌측 카테고리에서 '상품 등록/변경 – 상품등록' 메뉴를 클릭한다.

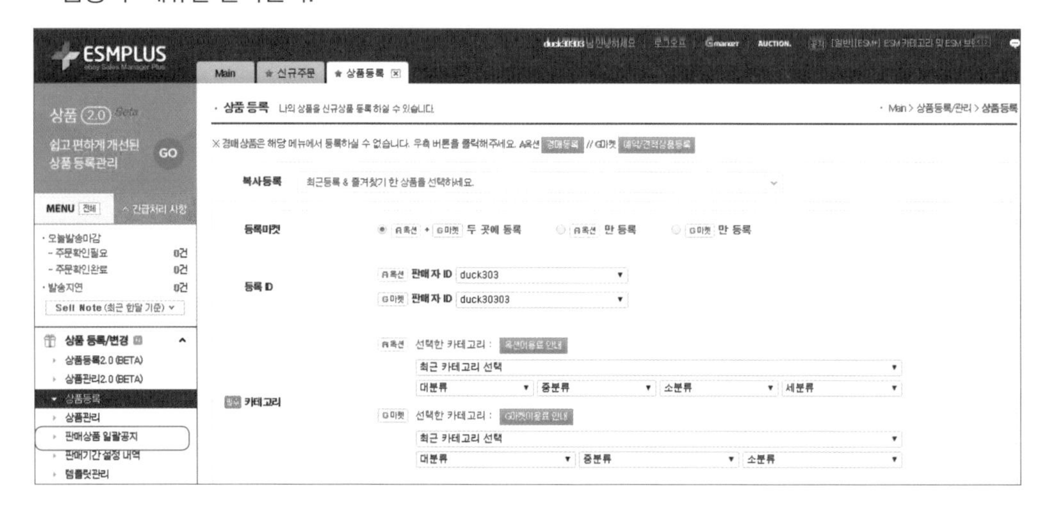

02 상품 등록 페이지가 나타나면 가장 먼저 선택해야 되는 것은 등록마켓이다. G마켓과 옥션 두 곳 모두에 등록할 것인지 아니면 옥션만 등록 또는 G마켓만 등록할 것인지 선택한다. 실제로

상품등록할 때는 G마켓과 옥션을 각각 등록한다. 여기서는 '옥션+G마켓 두 곳에 등록' 방법으로 설명한다.

상품명은 띄어쓰기 포함하여 25로 작성해야 한다. 상품명 추가정보 사용 클릭 시 영문상품명, 중문상품명을 기입하는 곳이 활성화되며 해당 언어로 기입 시 G마켓 영문샵과 중문샵에 추가 노출된다. '상품명 추가정보 사용' 체크 박스를 선택하면 판매자 닉네임과 홍보문구(이벤트 문구)를 기입할 수 있다. 홍보문구의 경우 옥션 내에서 검색 대상은 아니지만 네이버 지식쇼핑에서는 검색에 노출되기 때문에 필수적으로 기입하는 것이 상품 노출에 유리하다.

카테고리는 검색 정확도에 맞게 설정하고 카테고리 수수료를 반드시 확인한다.

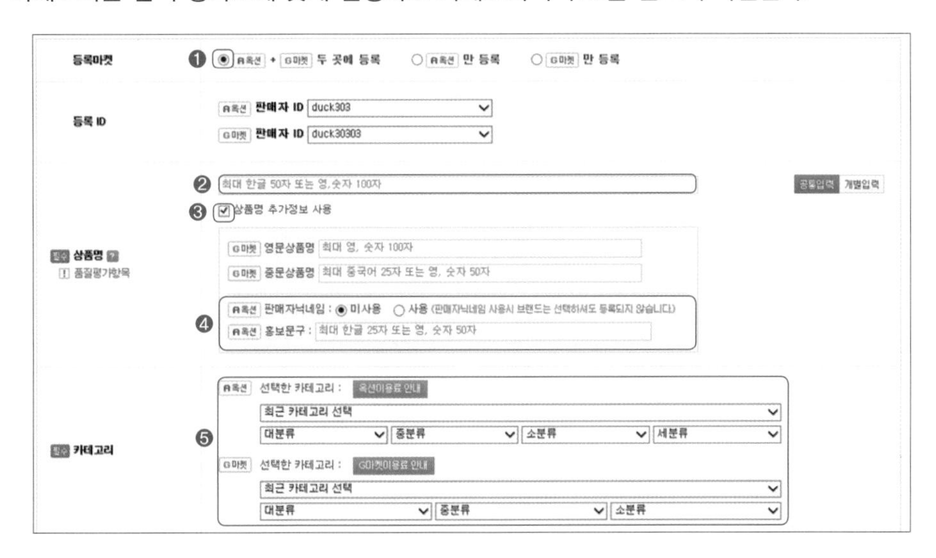

03 shop 카테고리는 미니샵/스토어를 유료로 사용하는 판매자에 한해서 설정이 가능하다. 미니샵을 개설하고 해당 카테고리에 자동으로 연결하는 항목이므로 여기서는 생략하기로 한다. 제조사 브랜드는 실제 브랜드를 제외하고는 기입하지 않는다. 옥션의 베로 프로그램(VERO program)으로 인해 잘못된 브랜드 기입 시에 상품이 직권중지 당할 수 있다.

04 판매기간은 최대 90일까지 설정, 판매가격은 상품 판매가 입력(소비자가), 판매수량은 9,999개까지 입력할 수 있다.

주문옵션은 '사용' 라디오 버튼을 클릭하고 [주문옵션 관리] 버튼을 클릭하여 주문옵션 종류, 추가옵션을 설정한다. 주문옵션은 판매가격에 −50%~+50%를 설정할 수 있는 기능으로 구매 시 추가 매출액이 발생될 수 있도록 전략적으로 설정할 수 있다.

예

– 판매가 : 10,000원
– 내 상품 가격 리스트 : 5,000원/9,000원/10,000원/11,000원/15,000원
– 모델명 : 01/02/03/04/05
– 옵션설정
  01 : −5,000원(−50%)
  02 : −1,000원
  03 : 0
  04 : 1,000원
  05 : 5,000원(+50%)

– 0원 옵션은 반드시 있어야 설정이 가능하며 판매가를 기준으로 한다.
– 추가구성의 경우는 원래 소비자 가격을 기입해야한다. (판매가와 관련 없음)

05 주문 옵션설정은 선택형, 2개조합 선택형, 3개조합 선택형으로 구분된다. 여기서는 선택형을 클릭하고 [2단계로 이동] 버튼을 클릭한다.

06 선택형 옵션등록 창에서 선택형과 텍스트형 두 가지 유형 중 한 가지 유형으로 옵션을 지정할 수 있다. 여기서는 선택형을 이용해보자. 첫 번째 옵션명과 옵션값을 입력한 후 추가 버튼[+]을 클릭하여 두 번째 옵션명과 옵션값을 입력한다. [3단계로 이동] 버튼을 클릭한다.

– 첫 번째 옵션명은 색상, 옵션값은 빨강, 노랑, 파랑

– 두 번째 옵션명은 사이즈, 옵션값은 S, M, L

07 3단계로 이동하여 결과를 보게 되면 해당 옵션명과 옵션값이 조합되어 설정된 것을 알 수 있다. 각 영역을 클릭하여 내용 수정이 가능하고 삭제할 수 있다.

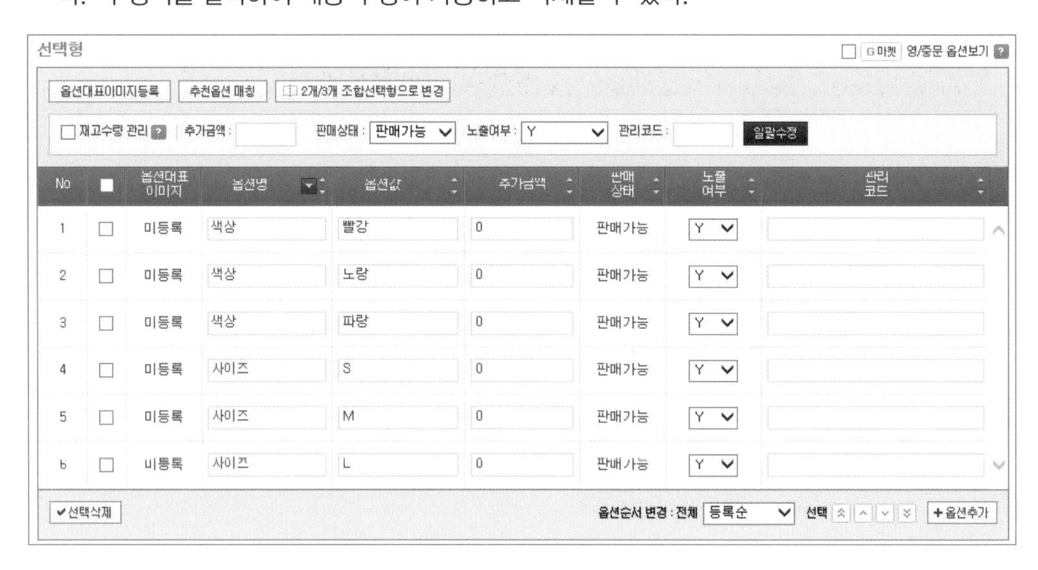

08 창 아래쪽의 [미리보기] 버튼을 클릭하면 상품상세페이지에서 노출될 옵션의 정렬과 노출 방법을 미리 확인할 수 있다. 고객은 색상 옵션을 선택한 후 사이즈를 선택할 수 있도록 2개의 단으로 구분되어 진다.

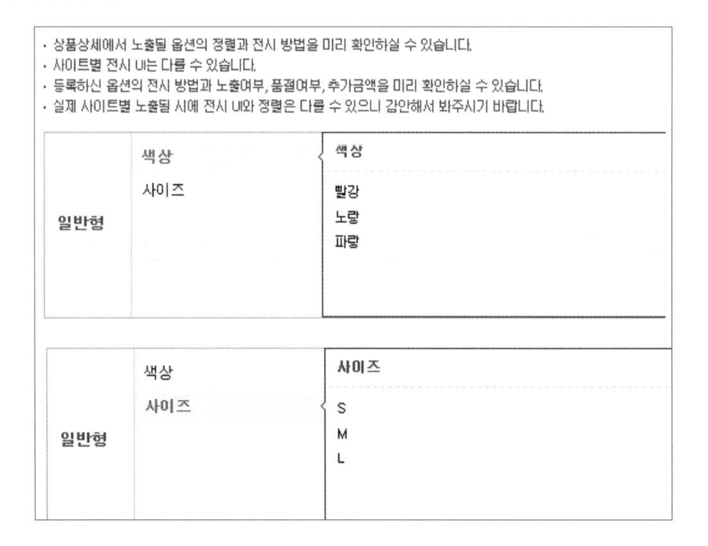

09 [적용] 버튼을 클릭하여 옵션설정을 완료한다. 옵션을 설정하면 고객으로 하여금 다양한 선택의 폭을 제공할 수 있다. 하지만, 수수료에 대한 이해가 필요하다.

최초에 설정한 판매가 즉, 0원 옵션에서 수수료를 제외하고 + 되는 금액에서 수수료가 또 한 번 제외된다. 예를 들어 20,000원 판매가, 판매자 할인 50%, 고객 실 판매가 10,000원 일 때 고객이 +옵션 10,000원을 선택했다면 고객 결재 가격은 20,000원이 된다. 수수료 10%라고 가정할 때 보통은 수수료가 2,000원이라고 생각하는데, 계산방식을 보면 아래와 같다.

2,000원(최초판매가 20,000원에 대한 수수료 10%)
+ 1,000원(옵션 10,000원에 대한 수수료 10%)

3,000원(총 수수료 합계)

위 사례와 같이 할인을 적용한 판매가에 옵션을 설정할 때는 신중하게 계산해보고 손해가 나지 않게 설정해주는 것이 좋다.

10 상품이미지를 설정한다. 다음은 고객 검색결과 리스팅에서 노출되는 정사각형의 이미지와 고객이 실제 내 상품을 클릭하고 유입되었을 때 보여지는 고정이미지 적용방법이다. 상품이미지는 600X600px의 이미지를 적용해야 하며, 추가이미지 1, 2를 적용했을 때 품질 지수를 높게 받을 수 있다.

상품이미지는 [등록] 버튼을 클릭하여 내 컴퓨터에 저장되어 있는 이미지를 찾아오기 형식으로 적용하면 된다.

11 상품상세설명은 상품정보 입력영역, 추가구성 상품정보 입력영역, 광고/홍보 입력영역 3단계로 구분되어 진다. 상품정보 입력영역은 내 상품의 필수상품정보, 추가구성 상품정보 입력영역은 추가상품정보, 광고/홍보 입력영역은 내 사업체의 다른 상품 홍보를 하는 곳이다.

상품상세설명은 주로 이미지 형태를 이용한다. 우선 이미지 호스팅에 업로드 한 후 해당 소스를 복사해서 해당 영역에 붙여넣기를 해야 한다.

12 발송정책은 관리를 먼저 클릭하여 신규등록을 클릭한 후 발송 마감 시간을 입력해 준다. 주문서를 받을 수 있는 최대 시간이며, 설정해 두면 그 이후에 접수되는 주문건에 대해 당일 출고를 하지 않아도 되기에 배송지연에서 벗어날 수 있다. 단, 설정해 놓은 시간 전에 들어온 주문 건에 대해 출고하지 않았을 경우 배송지연과 함께 패널티 적용을 받을 수 있으니 예정된 시간보다 30분정도 앞당겨 설정해 놓으면 운영관리에 도움이 될 수 있다.

배송방식은 착불/선결제 또는 무료배송으로 설정한다. 배송방식은 '택배/소포/등기' 라디오 버튼을 클릭하고, 항공료는 3000원, 도서지방 및 기타 산간지방은 5,000원을 기입한다. 단, 택배 계약에 따라서 달라질 수 있다. 적용하는 방법은 출하지선택 옆의 [관리] 버튼을 클릭하여 적용한다. 배송비 선택은 '상품별 배송비' 라디오 버튼을 클릭하여 착불/선결제는 2,500원, 30,000원 이상 구매 시 무료배송으로 설정한다. 여기서 30,000원의 경우는 판매금액과 형태에 따라 결정하여 금액을 책정하도록 한다. 무료배송일 경우 '무료' 라디오 버튼을 클릭한다.

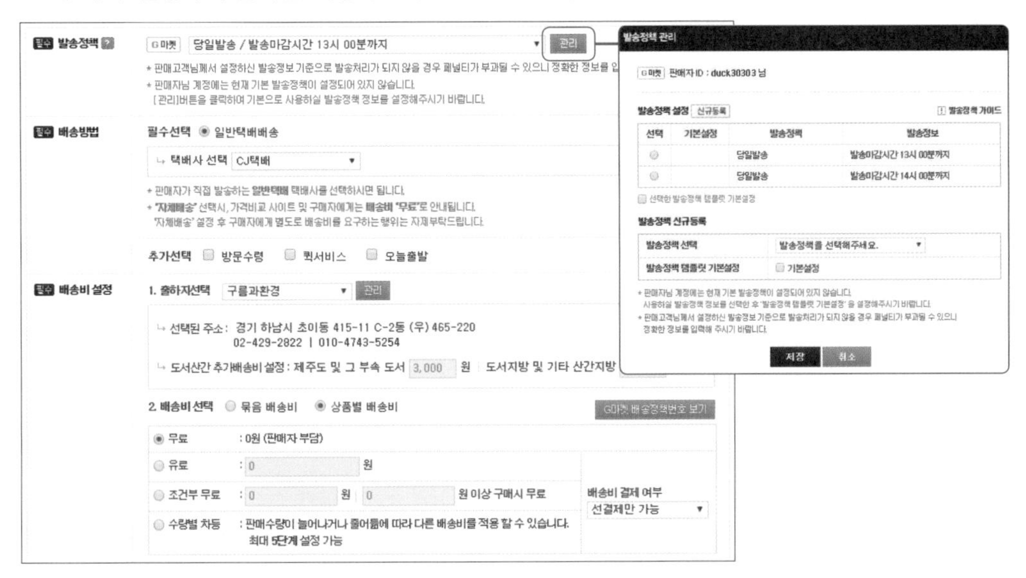

13 반품 정보 설정은 계약을 맺은 택배사를 선택하고 반품/교환 배송비(편도기준) 2,500원을 기입한다.

반품 정보 설정	
반품/교환주소	135 - 080 판매자 주소록 □ 교환 주소 개별 등록 (G마켓 만 적용) 서울 강남구 역삼동 826-24 화인타워9층
반품/교환연락처	: 휴대전화 010 - 4743 - 5254 | 일반전화 02 - 4743 - 5254
반품교환설정	: 택배사 선택 선택하세요 | 반품/교환 배송비 (편도기준) 원
	*반품/교환배송비를 0원으로 입력하는 경우 무료반품/교환으로 설정되니 금액을 정확히 확인하시기 바랍니다.

14 상품정보고시 항목은 상품과 사업체의 상세정보를 기입하는 영역이다. 제품의 원산지, 소재, 색상, 치수, 배송기간, A/S여부 등 고객과 판매자와의 관계에서 분쟁을 줄이기 위한 정확한 정보의 기재를 원칙으로 한다. 해당 내용을 상세페이지 내에 기입하였다면 "모든 상품정보'상세정보 별도표기'선택" 체크 박스를 클릭하여 적용하고 그렇지 않다면 해당 항목에 체크박스를 해제하여 기입해 줘야 한다.

상품의 상품군 * 필수입력 의류

모든 상품정보 '상세정보 별도표기' 선택

제품소재 상세정보 별도표기

* 섬유의 조성 또는 혼용률을 백분율로 입력, 기능성인 경우 성적서 또는 허가서 입력

주문후 예상 배송기간 상세정보 별도표기

색상 상세정보 별도표기

치수 상세정보 별도표기

15 유효일/제조일자는 유아동, 식품, 화장품의 경우 필수 입력사항이며, 유효일자 또는 제조일자 중 하나를 입력해야 한다. 원산지는 세부 지역까지 설정하여 선택해야 하며, A/S 정보 영역에는 상세페이지 참조한다. 고객혜택제공 서비스는 이전 장에서 설명하였으므로 생략하기로 하고 해당 영역까지 설정했다면 페이지 우측의 [등록하기] 버튼을 클릭하여 상품등록을 완료한다.

유효일 년 월 일 제조일자 년 월 일

원산지 선택 선택 선택 복수원산지일 경우 체크해주세요.

원재료 성분 원재료성분 등록하기

용량/규격 단위선택 주문 선택별로 용량이 다른 상품을 등록합니다.

* 옥션 상품만 등록 가능합니다.

A/S 정보

■ G마켓 · 옥션 상품등록 2.0으로 상품등록하기

상품등록 2.0은 1.0과 거의 흡사하지만 정책 상 변경되는 부분은 상품명, 이미지, 옵션이다. 앞서 설명에서 중복되는 부분은 생략하고 변경되는 가이드 안에서 설명하고자 한다.

❶ 상품명

- **변경 전 :** 검색명 25자 띄어쓰기, 수정 무제한 가능
- **변경 후 :** 검색명+프로모션명 25자 띄어쓰기, 1개 물건이 판매되거나 상품등록 후 10일이 경과하면 상품명 수정 불가

검색명과 프로모션명을 합쳐서 25자 내에 작성이 가능하다. 하지만 검색명은 G마켓 옥션 내에서 검색이 되지만 프로모션명의 경우 G마켓 · 옥션 내에서 검색이 되지 않는다. 상품의 노출을 위해서는 프로모션명을 비워두고 검색용으로만 25자 띄어쓰기로 작성하는 것이 판매에 이로운 장점을 가져갈 수 있다.

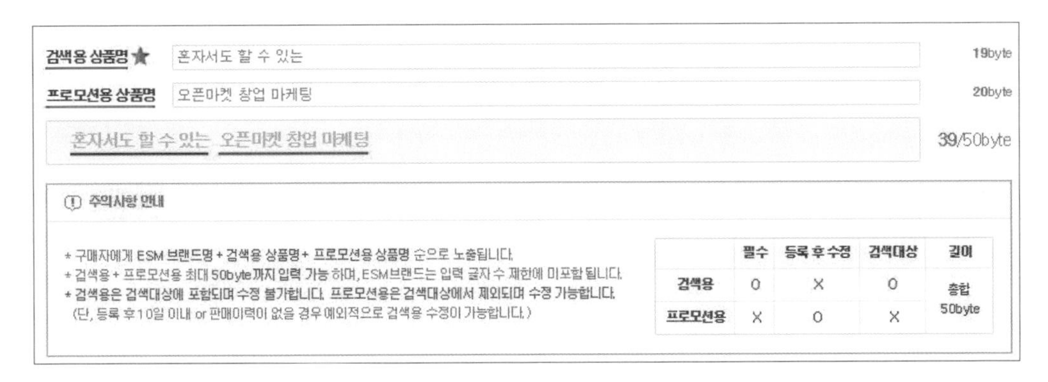

	필수	등록 후 수정	검색대상	길이
검색용	O	X	O	총합 50byte
프로모션용	X	O	X	

❷ 이미지

- 변경 전 : 600×600px
- 변경 후 : 1,000×1,000px

상품이미지는 기존 사이즈에서 좀 더 커진 1,000px의 정사각형 이미지를 적용해야 한다. 고객이 사이트로 접속하여 구매하는 기기의 다양화 때문에 큰이미지를 적용하여 어떤 기기로 접속을 하던 G마켓 옥션에서 최적화된 이미지를 제공하기 위한 정책이다.
상품이미지에는 단 1개의 상품이 들어가야 하며 기존처럼 2개, 3개 이미지 적용 시 정책 위반이 된다.

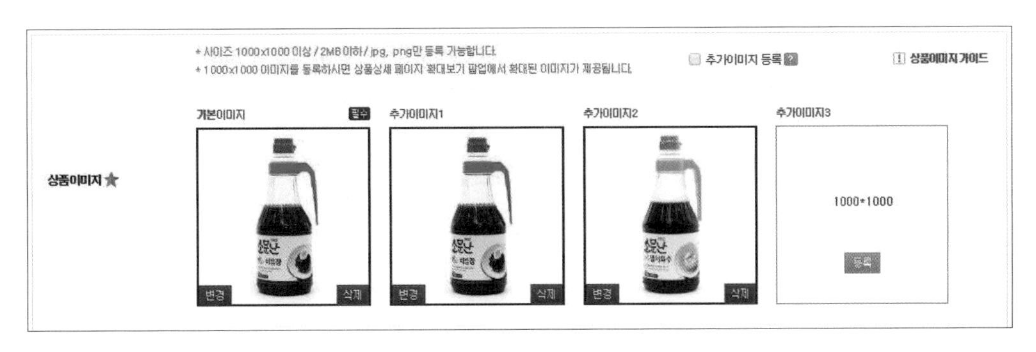

상품상세설명 영역은 이미지 호스팅을 활용해 소스를 집어넣는 방식에서 이베이 에디터 2.0을 활용하여 제작 후 등록하는 방식이다.
다음 그림의 파랑색 이베이 에디터로 상세설명 편집을 클릭하게 되면 활성화가 되며, 그 안에서 작업 한 후 등록을 마치면 다음과 같이 소스가 출력되고 그 이미지 소스 주소(URL)를 타 마켓에서도 사용할 수 있게 제작되었다.

에디터는 스마트스토어의 스마트에디터 3.0 & ONE 에디터와 거의 흡사하다고 보면 되지만 G마켓 옥션 만의 정책이 존재한다.
가로 860px, 세로 40,000px 이 규격을 벗어나서 제작할 경우 등록이 되지 않는다.
예전의 방식을 고수 한다면 포토샵에서 이미지를 작업해 에디터에서 사진을 클릭 후 불러올 수 있다. 하지만 그런 방식으로 상세페이지를 작성 할 경우 전체 길이가 40,000px을 넘지 않는다 하더라도 1개의 이미지가 세로 2,500px을 넘어가서는 안된다.(2017년 10월 30일기준)

에디터 내에는 본고딕, 본명조, Open sans, Lora, 고딕 5개의 폰트가 있으며 5종류의 폰트 크기를 설정 할 수 있다. 보통 한글이나 워드에서 사용하는 기본체에 굵게, 기울이기, 밑줄, 폰트색, 폰트배경색 등을 적용할 수 있으며 오른쪽 영역에서는 사진, 도형, 표, 줄, 동영상등을 삽입 할 수 있는 기능들을 탑재하고 있다.
상세설명의 고퀄리티를 원한다면 포토샵에서 작업한 인트로와 중간에 보여질 함축적인 특장점과 같은 설명 등은 미리 제작을 해두고 2.0 기능과 같이 적용한다면 좀 더 좋은 상세페이지를 작성할 수 있을 거라 생각한다.
에디터의 자세한 활용 방법은 "상세페이지 제작(앤써북 출간)" 도서를 참고한다.

❸ 옵션

- **변경 전** : 판매가의 −50%~+50% 적용, 추가구성 적용, 선택형/조합형 설정가능
- **변경 후** : 옵션 적용불가

특정 카테고리는 옵션을 설정할 수 있으나 설정할 수 있는 범위는 추가금액에 발생하지 않는 색상과 사이즈 수준이다. 하지만 가이드에 명시한 등록 가능한 카테고리 마저 옵션을 설정할 수 없게 제한하고 있다.

단품을 목적으로 한 정책이기에 옵션은 허용되지 않는다. 다음 그림처럼 주문옵션을 사용해야 합니다. 라디오 버튼이 처음부터 비활성화 되어 있다.

주문옵션	◉ 주문옵션을 사용하지 않습니다. ○ 주문옵션을 사용해야합니다. * 선택된 카테고리는 주문옵션을 사용할 수 없습니다. 주문옵션 사용 가능한 카테고리 보기	[!] 주문옵션 가이드

상품등록 2.0의 정책은 상품 갈아껴기 방지, 단품 상품등록 등 고객에게 정확한 상품 정보를 제공하기 위해 생겨났다. 그 정보를 기반으로 고객의 패턴을 분석하고 적합한 검색결과를 제공하여 좀 더 투명한 쇼핑환경을 제공하기 위한 정책이다.

판매자들은 타 마켓의 정책과는 다른 상품기획과 페이지를 준비해야 하기 때문에 이중고를 겪어야 하지만 앞으로 IT 기기의 발전과 고객 쇼핑 패턴 변화를 생각해보면 맞는 정책이라는 생각이 든다. 미리 준비하여 선점을 한다면 G마켓 옥션 내에서 판매하는데 이점을 가져갈 수 있다는 필자의 생각이다.

■ 11번가에서 상품등록하기

11번가에서 상품을 등록하는 방법에 대해서 알아보자.

01 11번가(http://www.11st.co.kr)에서 로그인한 후 우측 상단에 '셀러오피스 – 셀러오피스' 메뉴를 클릭한다.

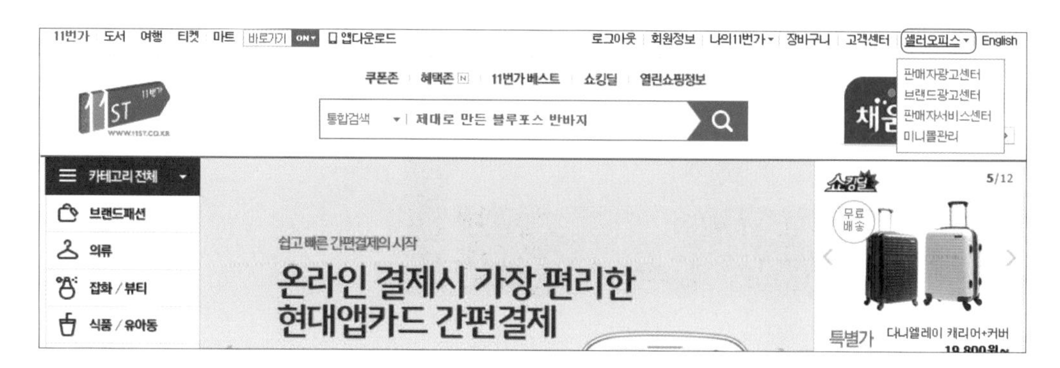

02 셀러오피스 메인화면에서 '상품관리 – 상품등록' 메뉴를 클릭하면 11번가 상품등록 페이지가 활성화된다.

03 닉네임은 셀러 전환 시 설정한 11번가 미니샵명이 선택되어져 있다. 세 가지 판매방식 중 고정가 판매를 클릭하여 상품등록을 진행한다. 카테고리는 정확도를 적용하여 선택하고 카테고리 수수료를 반드시 확인한다.

■ 판매방식/카테고리 선택

[필수] 닉네임	21st버기
[필수] 판매방식	◉ 고정가판매 ○ 예약판매 ○ 중고판매
[필수] 카테고리	최근 등록한 카테고리 [카테고리 찾기] 대분류 / 중분류 / 소분류 / 세분류 브랜드 여성의류, 브랜드 남성의류, 브랜드 캐주얼의류, 브랜드 신발/가방, 브랜드 시계/쥬얼리, 수입명품, 여성의류, 남성/캐주얼의류 ▶ 카테고리 선택결과 : · 상품 등록 후에는 카테고리 변경이 불가능합니다. · 상품과 등록 카테고리가 일치하지 않는 경우, 강제 이동되거나 판매금지 될 수 있습니다.
[필수] 판매기간	○ 설정안함 ◉ 설정함 선택하세요
[필수] 상품상태	◉ 새상품 ○ 재고상품 ○ 주문제작상품 ○ 중고상품 ○ 리퍼상품 ○ 전시(진열)상품 ○ 반품상품 ○ 스크래치상품 ○ 희귀소장품 ○ PIN(정보입력)상품 · 주문제작상품으로 등록하시면 구매자의 취소/반품/교환이 불가능하여 클레임이 발생할 수 있으니 신중하게 선택해주세요.

04 상품명은 50자를 띄어쓰기 포함하여 작성하고, 원산지의 경우 '상세지역' 선택박스를 체크한 후 설정한다.

■ 상품기본정보 입력

[필수] 상품명	(0/100) [미리보기] · 스팸성 키워드 사용시 관리자에 의해 조기종료 되거나 아이디가 정지될 수 있습니다.
영문 상품명	☑ 11번가 영문사이트 노출 [카테고리별 영문번역파일 다운로드] (0/100) · 11번가 영문사이트는 국내/해외 거주 외국인을 대상으로 운영되는 11번가 글로벌 쇼핑몰로서, 전세계배송과는 별개의 서비스입니다.
상품홍보문구	(0/40)
가격비교 사이트 등록	◉ 등록함 ○ 등록안함 · 11번가의 이용정책에 위반되거나 금지행위를 유발한 셀러의 경우 '등록함'을 선택하여도 노출되지 않을 수 있습니다.
[필수] 원산지	◉ 국내 ○ 해외 ○ 기타 (☐ 원산지가 다른 상품 같이 등록) 상세지역 선택 ☐ 선택하세요 선택하세요 · 농수산물의 원산지 상세지역은 국내는 선택, 해외는 필수입력 항목입니다. 또한, 기타는 추가설명을 입력해 주십시오. [원산지 등록방법 자세히 보기] · 농수산물 가공품의 경우, 제조국이 아닌 원료의 원산지를 표기하여야만 합니다. [자세히 보기]

05 대표이미지로 사용할 600X600px 크기의 상품 이미지를 미리 만들어 놓는다. [찾아보기] 버튼을 클릭한 후 내컴퓨터에 저장해 둔 상품 이미지를 적용한다.

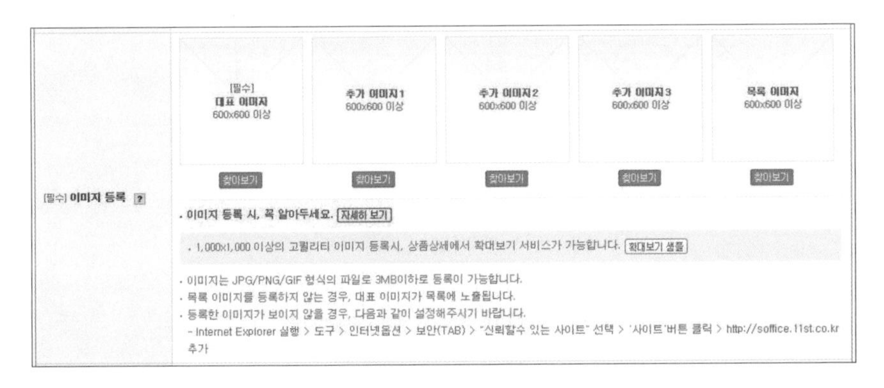

06 상세설명은 상세페이지를 넣는 공간이다. 이베이코리아 이미지호스팅을 활용하여 HTML 소스를 복사해 붙여넣기 한다.

○ New 스마트 옵션 ○ 디자인 편집기 ◉ HTML 입력 ○ 편집기 상품정보제공 가이드라인

· 스마트 옵션을 적용하려면 [스마트 옵션 사용] 을 선택하세요.
· 상품옵션 팝업에서 이미지를 등록 하더라도 [스마트 옵션 사용] 을 선택하지 않으면, 스마트 옵션이 적용되지 않습니다.

<P></P>
<P></P>

[필수] 상세설명

미리보기 저장하기 삭제

07 제조일자/유효일자는 유아동, 식품, 화장품의 경우 필수 항목이므로 해당 상품 판매 시 제조일자 또는 유효일자 중 한 가지를 기입해야 한다. 판매기간은 '설정안함' 선택 시 무기한으로 적용가능하며, 판매가는 소비자가를 기입하도록 한다.

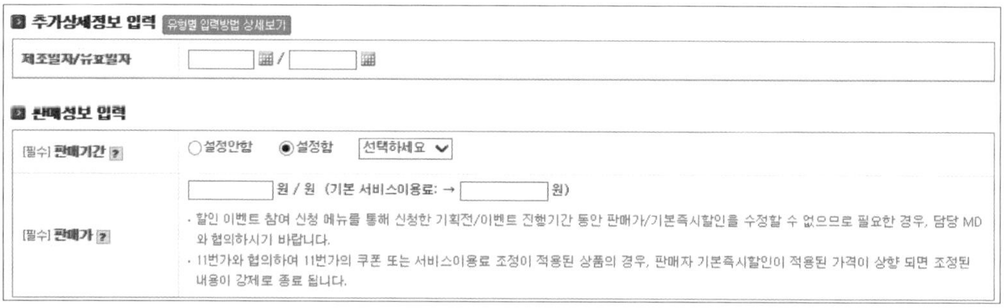

추가상세정보 입력 유형별 입력방법 상세보기

제조일자/유효일자 /

판매정보 입력

[필수] 판매기간 ○ 설정안함 ◉ 설정함 선택하세요

[필수] 판매가 원 / 원 (기본 서비스이용료: → 원)

· 할인 이벤트 참여 신청 메뉴를 통해 신청한 기획전/이벤트 진행기간 동안 판매가/기본즉시할인을 수정할 수 없으므로 필요한 경우, 담당 MD와 협의하시기 바랍니다.
· 11번가와 협의하여 11번가의 쿠폰 또는 서비스이용료 조정이 적용된 상품의 경우, 판매자 기본즉시할인이 적용된 가격이 상향 되면 조정된 내용이 강제로 종료 됩니다.

08 상품옵션은 G마켓, 옥션과 동일하므로 여기서는 생략한다. 단, 11번가에서 다른 점은 –50%~+100% 구간대로 가격을 설정할 수 있다는 점이다.

예 – 판매가 10,000원

5,000~20,000원 설정가능

5,000 = –5,000원 기입

20,000원 = 10,000원 기입

재고수량은 9,999를 입력하고 사은품 정보는 실제 사은품을 기입하도록 한다.

상품옵션 ?	등록/수정하기
추가구성상품 ?	등록/수정하기
[필수] 재고수량	개 (최대 1억 개 미만) · 재고가 0이 되면 판매상태가 '품절'로 변경되며, 전시대상에서 제외됩니다. · 옵션정보를 설정한 경우, 옵션 별 재고수량이 합산됩니다.
최소구매수량	◉제한 안함 : 최소구매수량을 제한하지 않습니다. ○1회 제한 : 개 · 1회 구매 시, 최소 구매할 수 있는 수량을 제한합니다.
최대구매수량	◉제한 안함 : 최대구매수량을 제한하지 않습니다. ○1회 제한 : 개 · 1회 구매 시, 최대 구매할 수 있는 수량을 제한합니다. ○1인 제한 : 개 · 한 ID당 구매 가능한 수량을 제한하며, 비회원은 구매할 수 없습니다. (구매 후 30일간 제한됩니다.)
사은품 정보 ?	◉사용 안함 ○사용함

09 배송가능지역은 전국(제주 도서산간지방 제외)을 선택하고 출고지수와 반품/교환지 주소는 셀러오피스 메인화면에서 회원정보관리 탭으로 이동하여 설정하도록 한다.

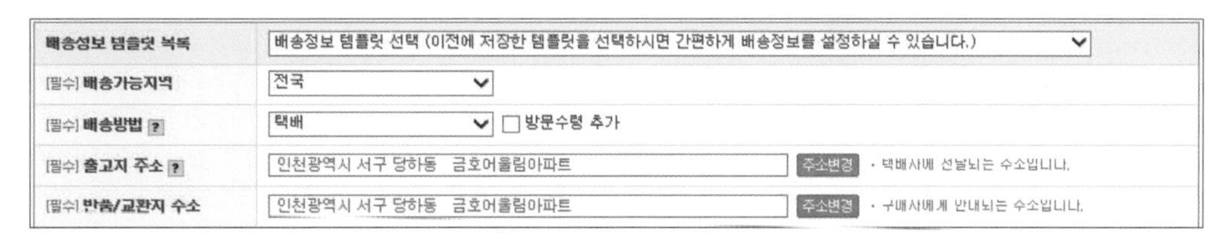

배송정보 템플릿 복록	배송정보 템플릿 선택 (이전에 저장한 템플릿을 선택하시면 간편하게 배송정보를 설정하실 수 있습니다.)
[필수] 배송가능지역	전국
[필수] 배송방법 ?	택배 □ 방문수령 추가
[필수] 출고지 주소 ?	인천광역시 서구 당하동 금호어울림아파트 주소변경 · 택배사에 전달되는 주소입니다.
[필수] 반품/교환지 주소	인천광역시 서구 당하동 금호어울림아파트 주소변경 · 구매자에게 안내되는 주소입니다.

10 배송비 설정은 무료배송 또는 상품 조건부 무료에서 설정하도록 하고 제주 5,000원, 도서산간 10,000원을 기입하도록 한다.

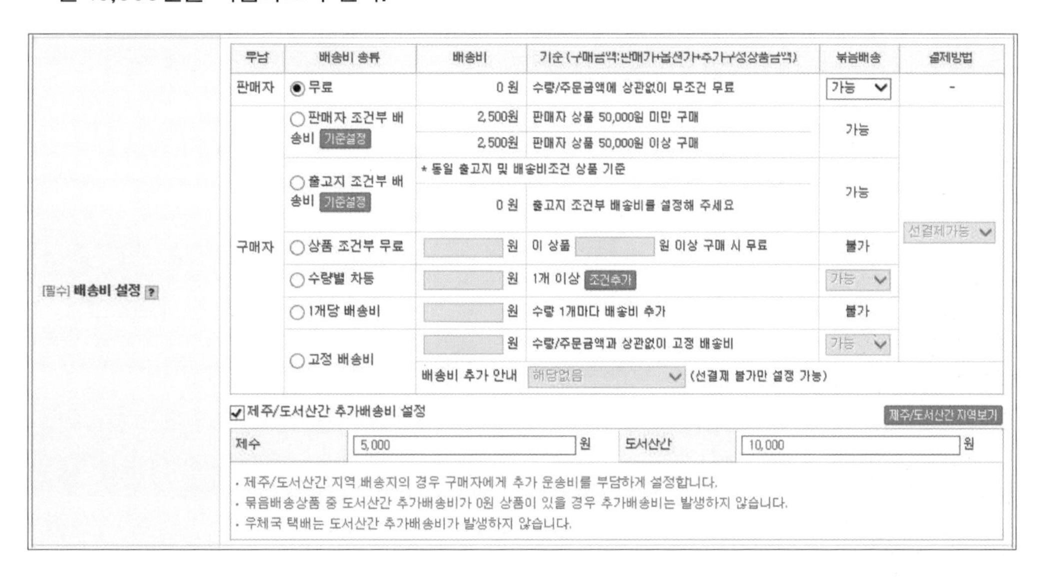

[필수] 배송비 설정 ?

부담	배송비 종류	배송비	기준 (구매금액:판매가+옵션가+추가구성상품금액)	묶음배송	결제방법
판매자	◉ 무료	0 원	수량/주문금액에 상관없이 무조건 무료	가능	-
구매자	○판매자 조건부 배송비 기준설정	2,500원	판매자 상품 50,000원 미만 구매	가능	선결제가능
		2,500원	판매자 상품 50,000원 이상 구매		
	○출고지 조건부 배송비 기준설정	* 동일 출고지 및 배송비조건 상품 기준		가능	
		0 원	출고지 조건부 배송비를 설정해 주세요		
	○상품 조건부 무료	원	이 상품 원 이상 구매 시 무료	불가	
	○수량별 차등	원	1개 이상 조건추가	가능	
	○1개당 배송비	원	수량 1개마다 배송비 추가	불가	
	○고정 배송비	원	수량/주문금액과 상관없이 고정 배송비	가능	
		배송비 추가 안내	해당없음 (선결제 불가만 설정 가능)		

☑제주/도서산간 추가배송비 설정 제주/도서산간 지역보기

제주	5,000 원	도서산간	10,000 원

· 제주/도서산간 지역 배송지의 경우 구매자에게 추가 운송비를 부담하게 설정합니다.
· 묶음배송상품 중 도서산간 추가배송비가 0원 상품이 있을 경우 추가배송비는 발생하지 않습니다.
· 우체국 택배는 도서산간 추가배송비가 발생하지 않습니다.

11 반품 교환 배송비 편도기준 2,500원, A/S안내 및 반품/교환안내는 상품페이지 참조를 기입한다. 고객혜택과 리스팅 광고는 이전 장을 참고하여 적용하도록 하고 완료되었다면 [상품등록] 버튼을 클릭하여 상품을 등록한다.

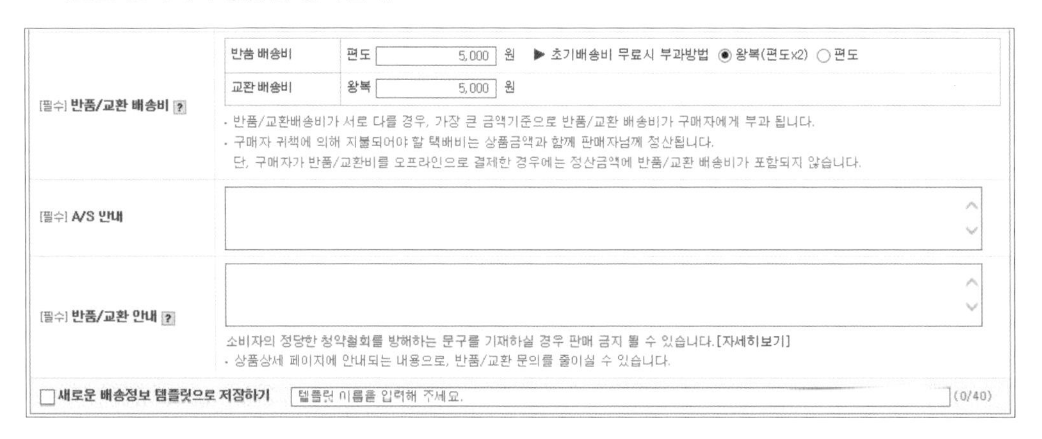

■ 스마트스토어에서 상품등록하기

스마트스토어에서 상품을 등록하는 방법에 대해서 알아보자.

01 스마트스토어(http://sell.smartstore.naver.com)에서 로그인한 후 '상품관리 – 상품등록' 메뉴를 클릭한다.

02 카테고리를 선택하고 상품명을 작성한다. 상품명은 앞서 설명한 것과 같이 네이버 랭크순에 맞는 적합성, 인기도, 신뢰도 등을 적용하여 작성해야 한다.

판매가격은 실제 판매가격을 기입하고, 즉시할인의 경우 [설정함] 버튼을 클릭하여 적용한다. 스마트스토어는 수수료를 최종 결제가에서 제외하므로 즉시할인에 따른 수수료 변동을 생각하지 않아도 된다.

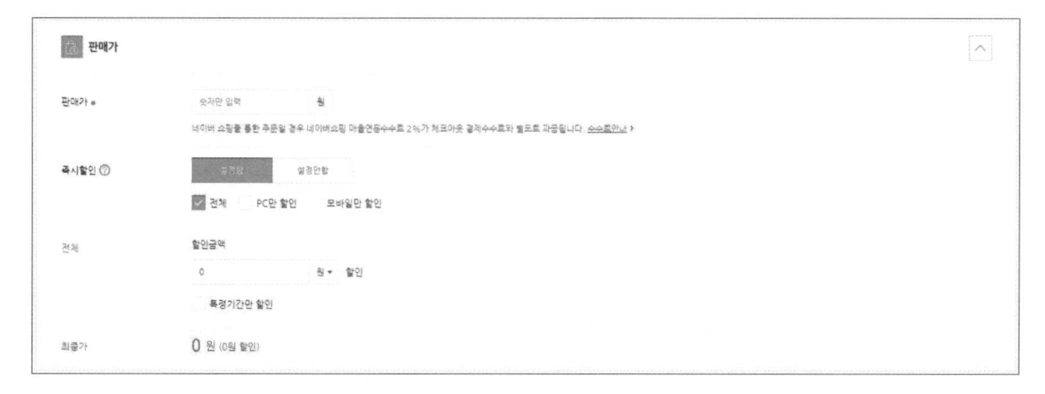

03 상품상세의 3.0 에디터는 이베이코리아의 2.0 에디터와 거의 흡사하기 때문에 [SmartEditor 3.0] 버튼을 클릭하여 에디터를 활성화 한 후 작성하면 된다.

HTML영역이 있으나 다음 내용을 보면 네이버 이외의 외부링크, 일부 스크립트 및 태그는 자동 삭제될 수 있기에 사용을 고려해 봐야 하며, 모바일에서 미리보기를 지원하지 않기 때문에 에디터 자체 내에서 작업할 것을 권장한다.

04 상품이미지는 640×640px로 제작하여 [이미지 찾기] 버튼을 클릭한 후 업로드 한다. 판매가는 상품의 가격을 기입하고 재고수량은 최대 99.999까지 입력할 수 있다. 배송과 반품/교환은 [변경]을 클릭하여 주소지를 생성하고 적용하고 A/S는 판매자의 연락처를 기입해 준다.

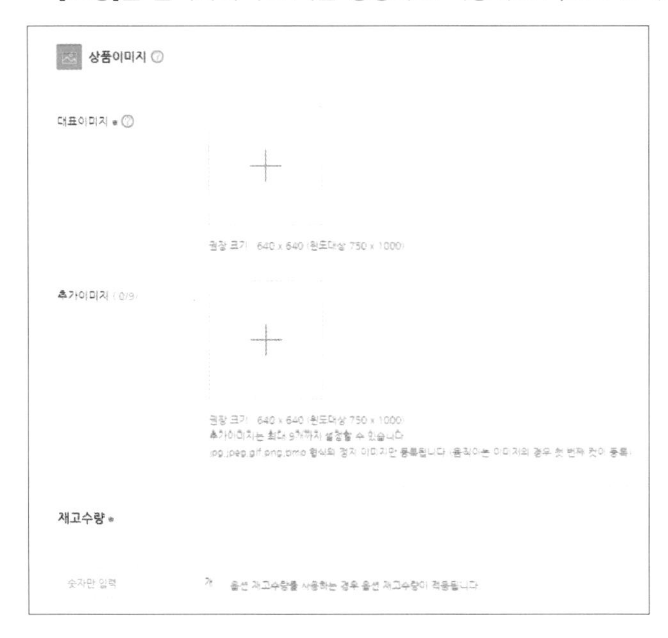

05 옵션은 '설정함'으로 되어 있는 상태에서 옵션 입력방식을 선택 후 단독형/조합형 중에 선택하여 적용한다.

조합형 옵션은 엑셀로 등록하는 편이 편하기 때문에 옵션 입력방식에서 엑셀 일괄등록을 선택 후 적용하는 것이 좋고 단독형의 경우는 직접 기입해도 무방하다.

- 단독형 적용예시

– 옵션명 : 색상선택 기입

– 옵션값 : 쉼표로 구분하여 색상기입

옵션입력 옵션명 옵션값

색상선택 | 빨강,노랑,파랑 | +

옵션목록으로 적용 ↓

옵션목록 (총 3개) 옵션은 최대 500개까지만 추가 가능합니다.

선택삭제 사용여부 Y 선택목록 일괄수정

옵션명	옵션값	사용여부	삭제
색상선택	빨강	Y	×
색상선택	노랑	Y	×
색상선택	파랑	Y	×

- 조합형 적용예시

상단에 엑셀 일괄등록 선택 〉 엑셀양식 다운(조합)

다음과 같이 기입 후 설명이 삽입되어 있는 2행을 삭제 후 저장한다.

선택 1	선택 2	옵션가	재고수량	관리코드	사용여부
색상 선택	빨강	0	999		Y
색상 선택	파랑	0	999		Y
색상선택	노랑	0	999		Y
사이즈	S	0	999		Y
사이즈	M	0	999		Y
사이즈	L	0	999		Y

[엑셀 일괄 등록하기] 버튼을 클릭하여 적용하면 2개 조합형 옵션을 설정할 수 있다.

06 상품속성에 기입하는 것 중에 가장 중요한 세부속성의 경우는 고객 프론트 페이지의 속성값과 동일하게 적용되는 부분이므로 반드시 정확하게 설정해 줘야한다.

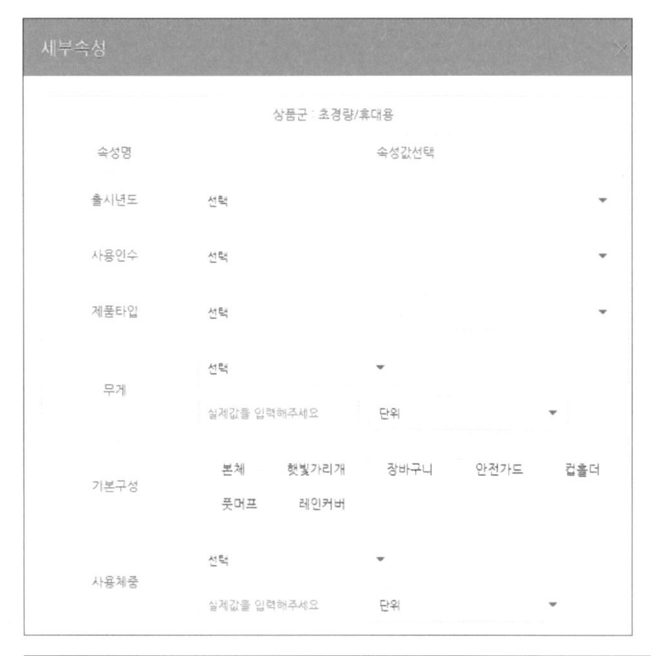

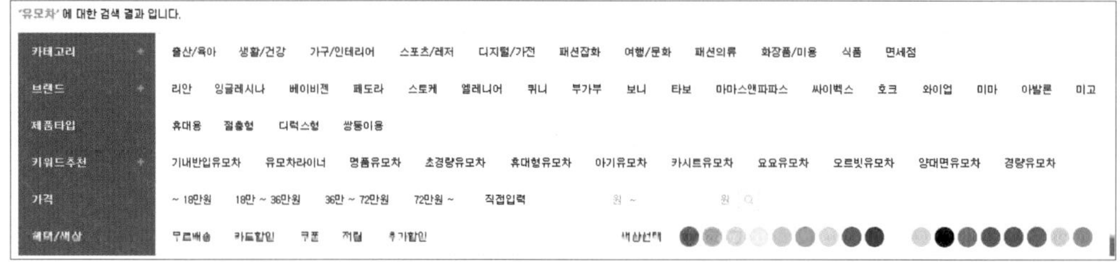

07 검색설정의 '태그'에는 10가지 키워드를 넣을 수 있으며 카테고리 기준에 맞는 키워드를 넣어 주는 것이 좋다. 입력을 완료했다면 [저장하기] 버튼을 클릭하여 상품등록을 완료한다.

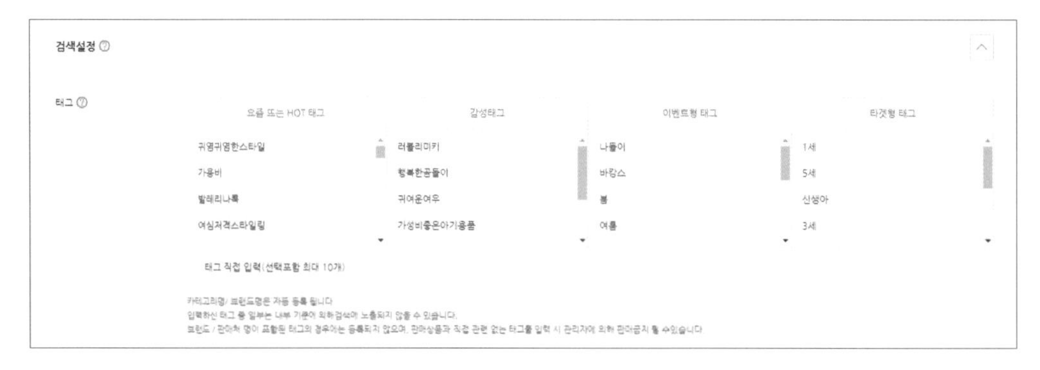

Lesson

04 오픈마켓 상품관리하기

모든 오픈마켓에는 등록한 나의 상품을 조회, 관리, 수정할 수 있는 상품관리 메뉴가 제공된다. 여기서는 ESM PLUS의 상품관리를 통해 통합적으로 설명한다.

01 ESM PLUS(www.esmplus.com) 메인화면의 좌측 '상품 등록/변경 – 상품관리' 메뉴를 클릭한다.

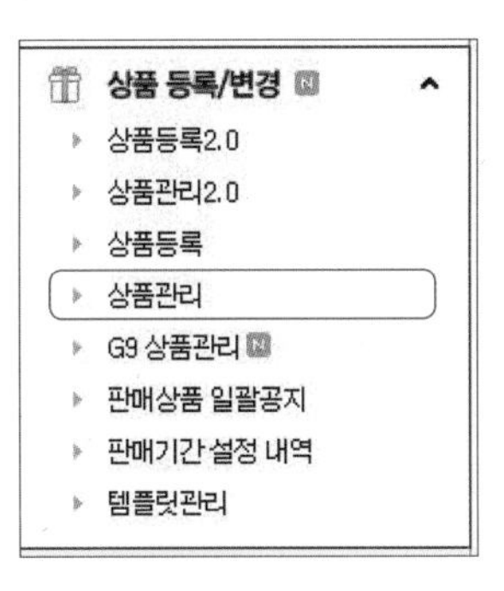

02 나의 상품 등록 정보란에 옥션과 G마켓으로 구분하여 상품 정보를 확인할 수 있다. 등록된 상품 검색은 상품번호 입력란(❶)에서 상품번호를 입력한 후 [검색하기] 버튼을 누르는 것이 가장 정확하며, 만약 상품번호를 모른다면 마켓별 판매가능에 표시된 숫자(❸)를 클릭하여 관리하는 것도 하나의 방법이다.

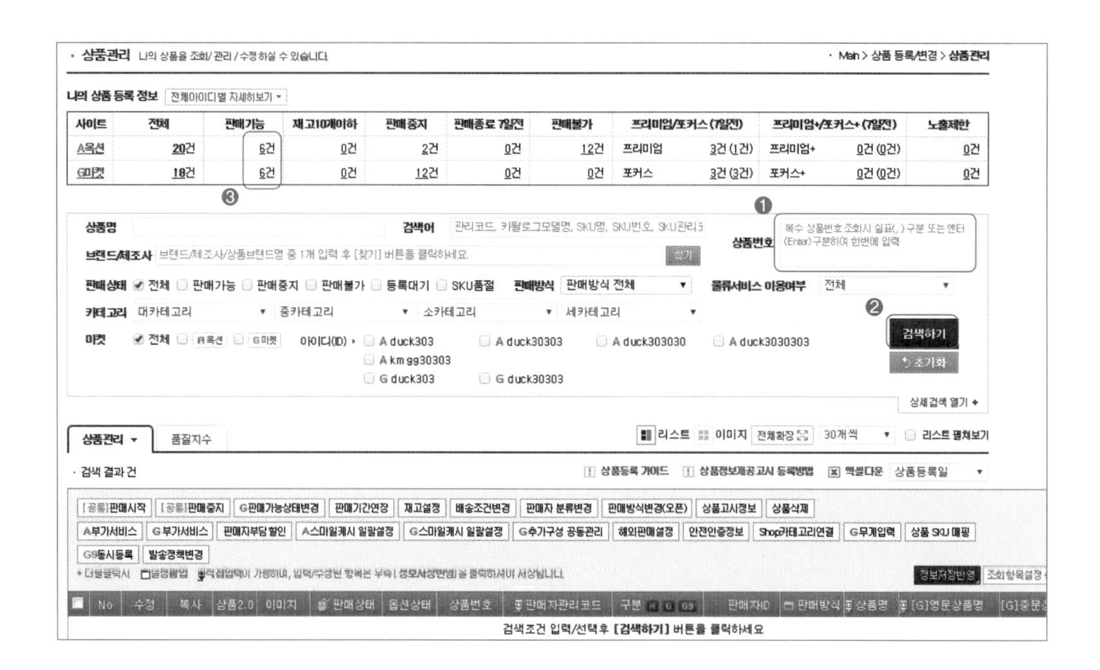

03 관리하고자 하는 상품 복록이 나열되면 수정과 복사 항목의 [수정], [복사] 버튼을 클릭하여 상품을 수정하고 복사할 수 있다. 또한 이미지 항목의 [수정] 버튼을 클릭하면 상품 이미지도 변경할 수 있다. 일반적으로 상품관리 시 [수정] 버튼을 많이 활용하게 되며, 상품의 주요정보는 물론 전체 상품정보 등 상세한 부분까지 수정이 가능하다. 단, 카테고리의 경우 G마켓만 소분류 변경이 가능하다.

04 상품 목록에서 수정할 상품의 [수정] 버튼을 클릭하면, 주요정보 수정과 전체 상품정보 수정이 활성화 된다. 전체 상품정보 수정은 상품등록 화면과 동일하게 활성화됨으로 클릭하여 수

정항목을 관리할 수 있다. 주요정보 수정은 주로 수정하는 영역만 활성화됨으로 수정항목을 빠르게 관리할 수 있다.

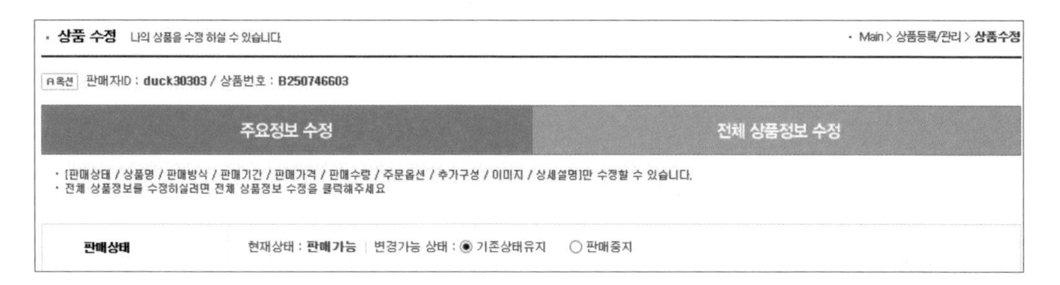

오픈마켓 별로 상품관리 메뉴를 선택하면 상단에 자주 사용하는 기능이 탭으로 활성화 되어 있다. 여러 상품을 한 번에 수정하고자 하는 이유도 있지만 [수정] 버튼을 클릭해서 찾아가지 않아도 관리할 수 있도록 하는 것이다.

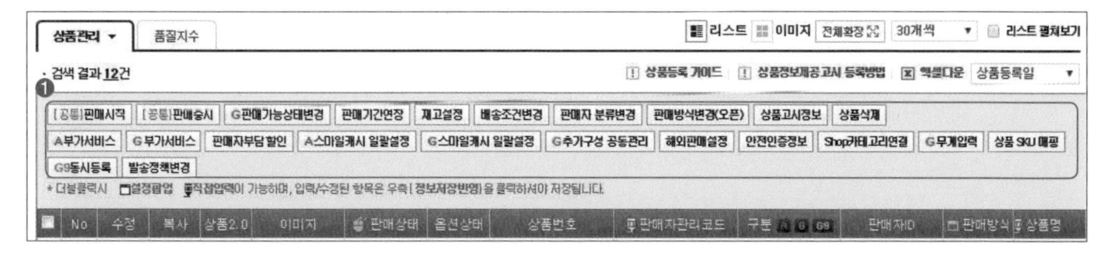

- [[공통]판매시작] 버튼 : 판매중지 상품을 판매가능으로 변경할 때
- [[공통]판매중지] 버튼 : 판매중인 상품을 판매중지로 변경할 때(품절 설정)
- [판매기간연장] 버튼 : 상품이 종료되지 않게 기간을 연장하는 기능
- [판매방식변경(오픈/특가)] 버튼 : 판매방식을 오픈마켓을 특가마켓으로, 특가마켓을 오픈마켓으로 변경하는 기능
- [상품삭제] 버튼 : 판매중지 설정한 상품을 삭제하는 기능
- [A 부가서비스] 버튼 : 옥션 상품 리스팅 광고 적용하는 기능
- [G 부가서비스] 버튼 : G마켓 상품 리스팅 광고 적용하는 기능

■ 상품관리 2.0

상품관리 2.0에서는 1.0과 동일하게 수정 적용하면 된다. 1.0과 비교했을 때 기능적인 부분에서 옵션을 설정할 수 없지만 그룹을 설정할 수 있는 기능이 추가 되었다.

01 [상품등록/변경]-[상품관리 2.0(BETA)] 메뉴 클릭 후 상품관리에서 판매가능 상품을 클릭하여 리스트를 하단에 활성화 시킨다.

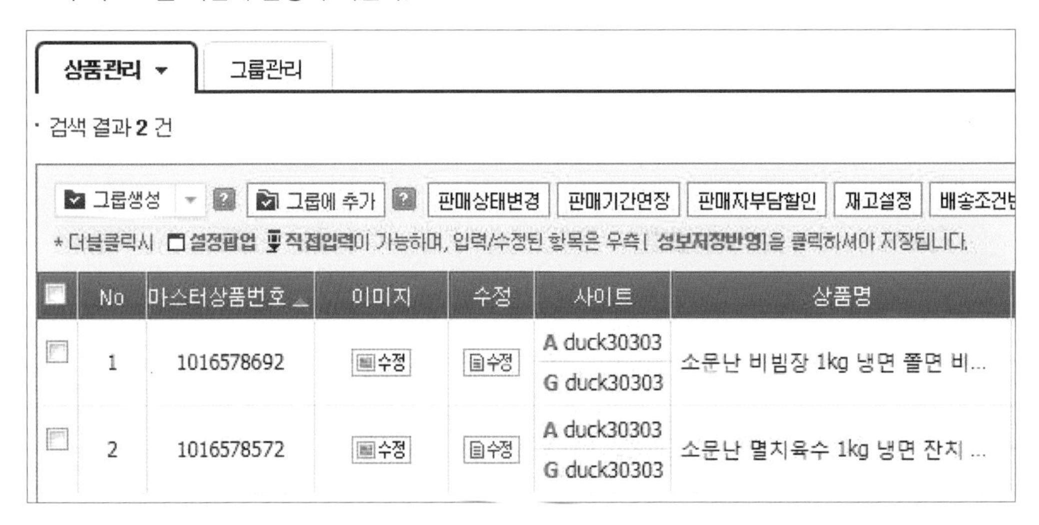

03 활성화된 상품을 1개만 클릭 후 좌측 상단에 그룹생성 화살표를 내려보면 옥션, G마켓 등 사이트를 선택할 수 있다.

03 사이트를 선택하면 그룹 설정할 수 있는 화면이 활성화 되고 그룹에 추가될 수 있는 상품리스트가 검색결과에 나타나게 된다. 나타난 상품을 선택하고 중단에 있는 [그룹에 추가하기] 버튼을 클릭하면 해당 상품이 그룹내로 들어가면서 그룹상품으로 고객페이지에 보여지게 된다.

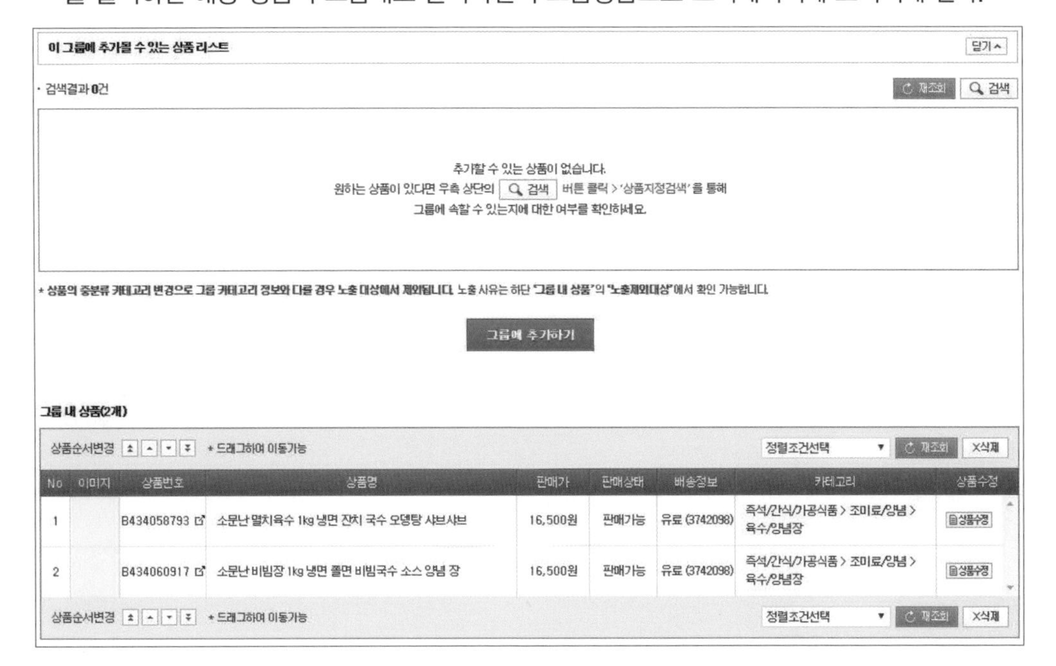

04 다음 그림은 상단에 노출형태를 이미지형으로 설정, 인트로 이미지를 적용하지 않은 결과 값이다.

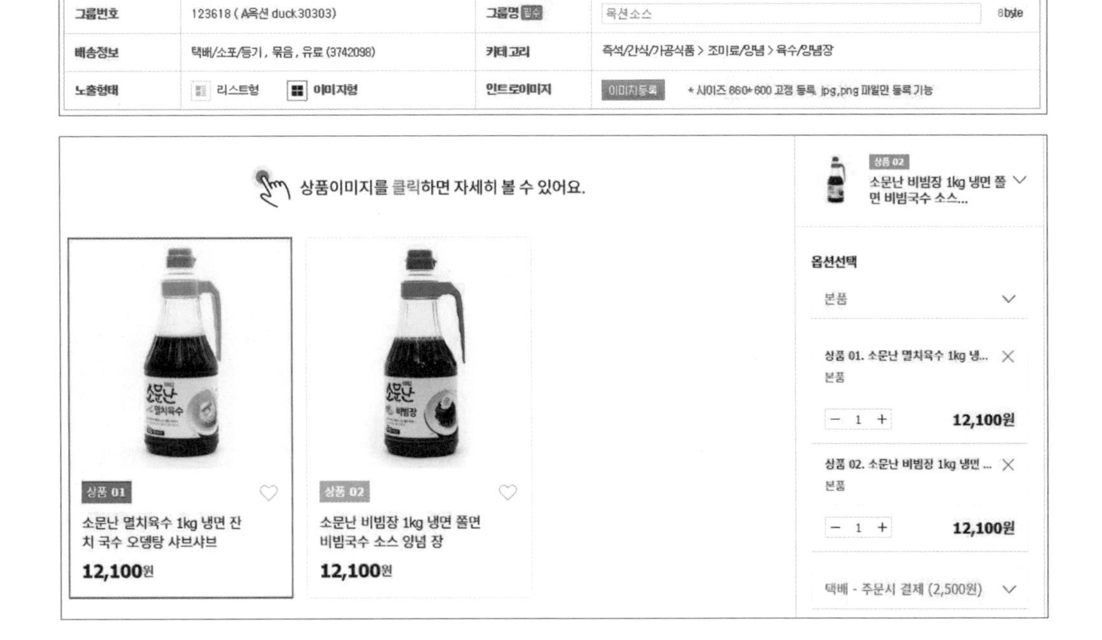

Lesson

05 오픈마켓 주문관리

G마켓, 옥션, 11번가, 스마트스토어에서의 주문처리는 다음과 같은 3단계 과정을 거친다.

신규주문 ➡ 발주확인 ➡ 발송처리

여기서는 위 과정을 ESM PLUS를 기준으로 설명한다.

- 신규주문 확인 후 주문확인
- 발송요청 ➡ 발송처리
- 상품 미 수령 ➡ 고객이 상품을 받지 못해 미수령 신고를 했을 경우
- 교환요청 ➡ 물품수령 여부 예/아니오 선택, 재발송 송장번호 입력
- 취소요청 ➡ 물품을 발송했다면 발송처리, 미발송 ➡ 취소승인
- 반품요청 ➡ 물품수령 여부 항목에서 '예' 또는 '아니오' 선택, 환불보류설정 항목에서 '예' 또는 '아니오' 선택, 활불승인 항목에서 '예' 또는 '아니오' 선택

01 G마켓과 옥션에서 신규주문이 발생하면 ESM PLUS의 '긴급처리 사항'의 신규주문에 숫자(❶)가 표시된다. 11번가의 셀러오피스는 주문건이 표시되고, 스마트스토어 판매 현황의 신규주문에 숫자가 표시된다. 해당 숫자를 클릭하면 주문내역을 확인할 수 있는 신규주문 페이지가 활성화 된다.

▲ ESM PLUS ▲ 셀러오피스 ▲ 스마트스토어

02 G마켓과 옥션의 ESM PLUS 메인화면 좌측의 '긴급처리 사항'의 메뉴에 대해서 살펴보자. 긴급처리 사항은 오픈마켓 운영 중 발생하는 주문, 배송, CS에 관련한 주요 사항을 바로 확인할 수 있다.

'긴급처리 사항'의 통합 메뉴에는 신규주문, 발송요청, 교환요청, 취소요청, 긴급/고객문의 등이 발생하면 해당 메뉴의 우측에 발생 건당 숫자가 표시되며, 숫자를 클릭하면 해당 내용을 확인할 수 있는 상세 페이지로 이동한다.

예를 들면 신규주문 숫자(❶)를 클릭하면 신규주문 페이지가 열리고 주문 상품의 상세 내역을 확인할 수 있다. 상품 체크 박스를 선택(❷)한 후 [주문확인] 버튼을 클릭하면 발송요청 단계로 넘어간다.

03 발송요청에서 숫자(❶)를 클릭하면 발송 상품을 확인할 수 있다. 발송처리할 상품의 체크 박스(❷)를 선택한 후 [발송처리] 버튼을 클릭하면 배송중 상태(❹)로 넘어가고 배송이 완료되면 배송완료 상태로 변경된다.

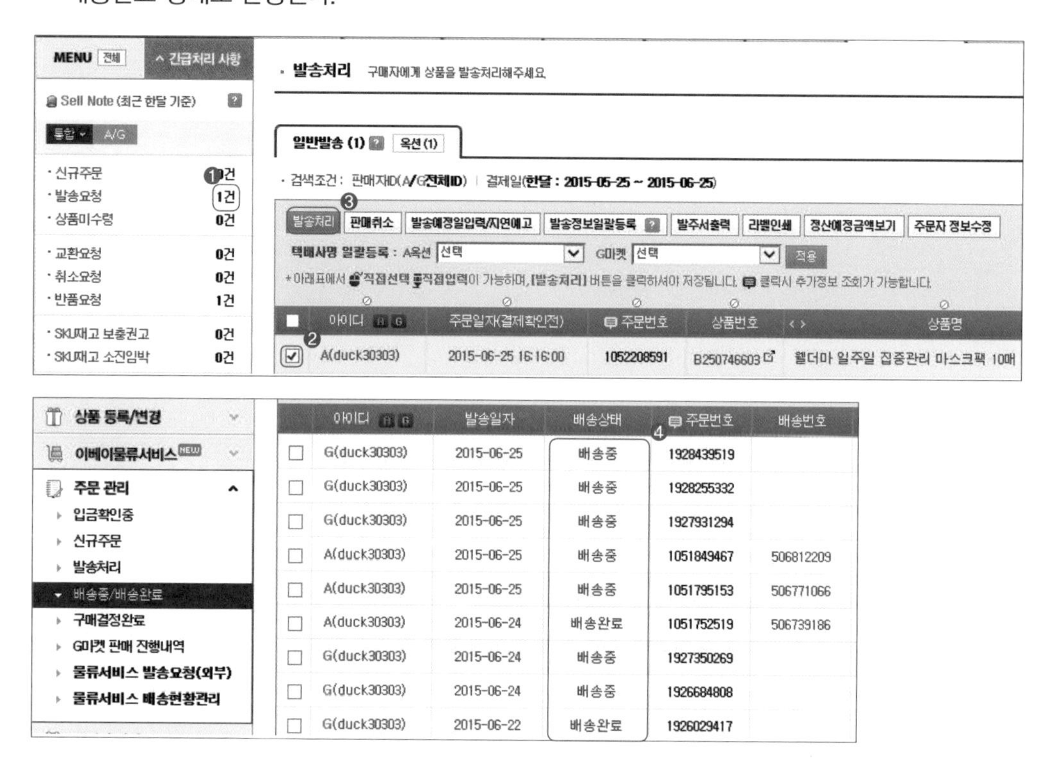

TIP

택배회사는 규모가 큰 회사를 선택하는 것이 좋으나 사무실과 가장 가까운 택배사를 선정해야 최소의 비용으로 계약을 맺을 수 있다. 발송 시 모든 택배사가 설정되어 있으므로 본인이 계약한 회사를 선택하고 송장번호를 기입한 후 발송 처리하면 배송 중 상태로 변경된다. 송장번호는 택배사와 계약이 이루어지면 송장을 수령하며 수기 송장은 우측상단, 전자송장은 출력 시 송장번호가 생성된다.

04 만약 고객이 반품을 요청할 경우 판매자는 '클레임 관리 – 반품관리' 메뉴를 선택하거나 '긴급처리 사항'의 '반품요청'에 표시된 숫자를 클릭한다. 반품요청 상품을 선택한 후 [반품처리] 또는 [교환처리] 버튼을 클릭하여 진행한다.

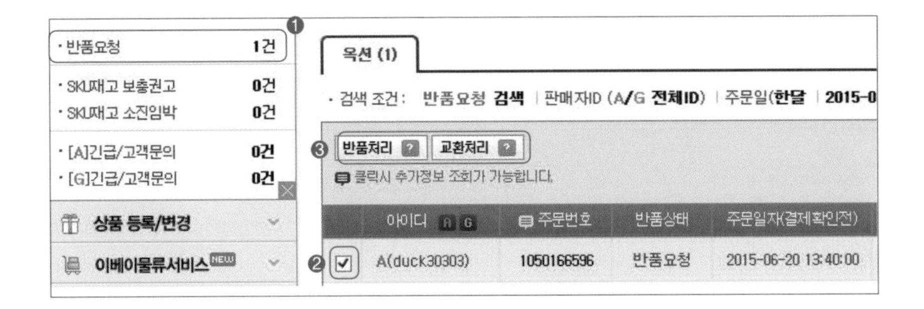

05 만약 주문을 취소한 경우 '클레임 관리 – 취소관리' 메뉴를 선택하거나 '긴급처리 사항'의 '취소요청'에 숫자로 표시된다. 취소요청 상품을 선택한 후 [발송처리] 또는 [취소처리] 버튼을 클릭하여 발송 또는 취소를 진행한다.

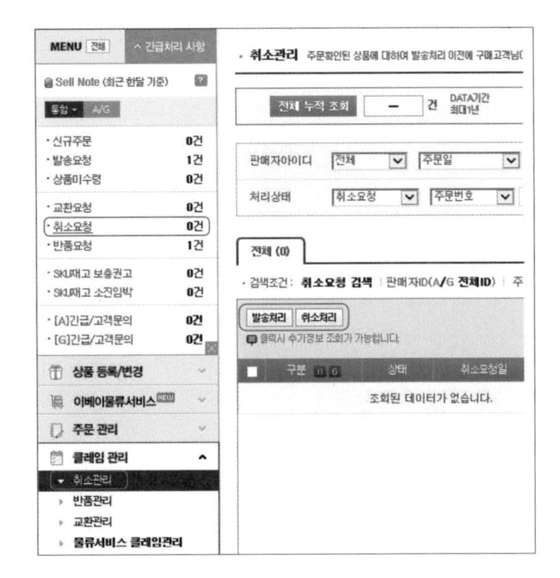

TIP 취소/반품처리와 택배비용

- 취소관리
  - 발송처리 : 고객이 취소요청을 넣었으나 선 발송된 경우. 예를 들어 송장은 나왔으나 포장 중일 때, 송장 기입 전 출고 되었을 때 등으로 발송방법은 발송처리 방법과 동일하다.
  - 취소처리 : 위 사항 이전에 취소요청을 확인 했을 때는 승인.

- 반품처리
  - 반품처리 원칙 : 반품처리 판매자의 귀책사유, 고객변심 등 교환사유가 적합하다고 판단되었을 때는 승인.
  - 교환건 반품처리 : 고객이 교환을 요청했으나 변심하여 반품을 원한다면 반품으로 처리할 수 있다.

- 택배비용
  - 무료배송/착불선결제 모두 반품 교환 배송비 5,000원
  - 무료배송은 고객혜택이므로 고객이 그 혜택을 포기한 것
  - 착불선결제는 물품가 : 10,000원, 택배비 : 2,500원

한불 시 물품가만 환불되는 게 아니고 택배비도 함께 환불됨

* 모든 클레임 처리건 '예' 또는 '아니오' 선택 수준

Lesson

06 오픈마켓 품질지수 이해하기

오픈마켓에서 상품을 판매할 때는 상품의 품질지수 항목을 반드시 지켜서 상품등록을 해야 판매를 하는데 용이하다. 여기서는 G마켓과 옥션의 품질지수를 중심으로 설명한다.

■ 품질지수란 무엇인가?

품질지수는 모바일 기기를 활용하는 구매고객이 증가하면서 PC 환경과 모바일 환경의 변화하는 트렌드에 적극적이고 실효성있게 대응하기 위해 만들어진 정책이다.
이 정책과 관련하여 판매자들의 부정적인 시각도 있었으나, 현재는 G마켓과 옥션뿐만 아니라 전체 온라인 시장의 트렌드라고 보는 게 가장 정확하다고 말할 수 있다.

ESM PLUS 메인화면 상단에는 상품명 가이드, 상품이미지 가이드, 주문옵션 가이드, 상품상세설명 가이드로 구분된 품질지수 평가 가이드가 제공된다. 각각의 가이드 버튼을 클릭하면 해당 내용의 자세한 가이드를 확인할 수 있다. 또한 품질지수 평가 가이드를 클릭하면 4가지 가이드로 손쉽게 접근하고 확인할 수 있다.

각각의 가이드에서 제시하는 정책과 기준에 맞게 상품 등록을 해야 품질지수 최고점을 획득할 수 있고, 그로 인한 구매고객 편의제공과 리스팅 상단 노출이 가능하다.

구분	항목
상품정보	• 정확한 카테고리(검색정확도지수/희망검색어), 정확한 상품명 25자 • 신규상품상세사용 : 70점 • 상품이미지 1,000×1,000px : 25점 • 추가이미지 2개 : 25점 • 상품상세설명 예상 총 세로 90,000px 이하 : 25점 • 추가구성상품, 광고/홍보 영역 5,000px 이하 : 60점 • 상품정보 페이지 용량 20MB, 5MB/개발이미지 용량 500KB/ebay 호스팅사용률 : 176점 • 합계 : 370점
주문옵션	• 단품상품과 옵션상품 구성에 따른 이미지 구성, 옵션 매칭(옵션 미설정 〉 0 〉 + 추가금액) • 옵션 미설정 : 300점 • 선택형 50개, 조합형 500개 : 100점 • 50% ~ +50% 추가금액이 0원인 상품 기준으로 한 판매가 설정 : 100점 • 추가구성상품 미설정 : 40점 • 추천 옵션 사용(추후 고객 선택에 따른 정확한 상품제공) : 30점 • 합계 : 370점

▲ 항목별 점수표

■ 이미지영역 품질지수 적용방법

품질지수는 크게 이미지와 주문옵션 2가지로 나뉜다. 각 항목별 점수가 존재하고 점수는 위 항목별 점수표와 같다.

먼저 신규상품상세는 없어진 폼이기에 누구나 70점을 획득할 수 있다. 신경 쓰지 않아도 받을 수 있는 점수이기에 설명은 하지 않기로 한다. 상품이미지 1,000×1,000px는 상품등록 시 목록이미지 필수 항목에 적용했을 시 획득할 수 있는 점수이다. 추가이미지 2개란 목록이미지 필수 바로 옆에 있는 2개의 이미지를 적용했을 때 획득 할 수 있는 점수이다.

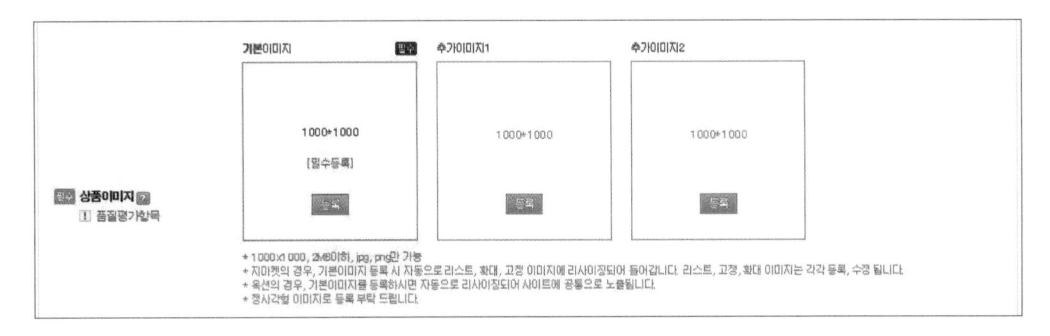

오픈마켓 이미지는 가로 860px 세로는 무한대로 알고 있지만, 모바일 시대로 넘어오면서 간결한 페이지가 트렌드로 자리 잡고 있다. G마켓과 옥션은 이미지 세로 사이즈를 제한하고 있다. 다음 그림을 보면 상품정보 영역은 90,000px 이하, 추가 구성정보는 5,000px 이하, 광고 홍보 영역은 5,000px 이하를 권장하고 있다. 상품정보 영역의 경우 90,000~160,000px까지 구간별 점수가 부여된다.
위 3가지 항목별 이미지의 길이를 기준 px 이하로 적용했을 때, 길이에 대한 품질지수는 25+25+25=75점을 획득 할 수 있다.
상품페이지가 짧아서 많은 것을 못 넣는다고 생각하겠지만, 고객이 궁금해 하는 사진과 이미지의 표현을 간소화 시켜본다면 충분히 가능한 길이의 픽셀이기에 앞으로의 이미지는 기획의 요소가 상당 수 반영되어야 한다고 보는 것이 바람직하다.

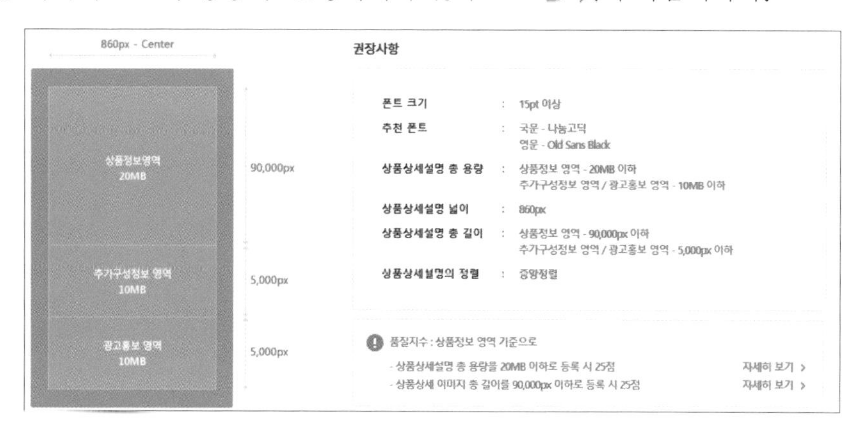

이미지의 용량은 상품정보영역 20MB, 추가구성정보 영역 5MB, 광고홍보 영역 5MB를 지키게 되면 75점을 받을 수 있다. 해당 용량을 초과하여 이미지를 제작하는 경우는 극히 드문 경우 이므로 대부분이 획득 할 수 있는 점수이다.
마지막으로 개별이미지 용량을 지키는 것이 중요한데, 모바일 기기에서 빠르게 이미지가 표현되려면 무게가 가벼워야 하기에 500KB 이하로 맞춰주는 것이 중요하다.
만약 상단 인트로의 이미지가 700KB라면 포토샵의 슬라이스 툴로 잘라서 500KB이하로 수정 후 적용해야 75점을 획득할 수 있다. 이베이 코리아 이미지 호스팅을 사용했을 때 25점을 추가 획득할 수 있다. 이미지 영역에서 받을 수 있는 총 점수는 340점이다. 보통의 판매자들이 340점을 획득하고 있으니, 내가 적용한 이미지 영역의 점수가 몇 점인지는 상품등록 후 반드시 확인해야 하는 필수 항목이다.

■ 옵션영역 품질지수 적용방법

주문옵션의 경우 선택형 50개, 조합형 500개까지 설정할 수 있다.

선택형 20개, 조합형 200개까지는 100점을 받을 수 있지만, 21~50개, 201~500개까지는 구간별 점수가 차감되어 반영된다.

옵션을 미적용 했을 경우 최고점인 300점을 받을 수 있지만, 옵션을 설정하게 되면 최대점수를 200점 밖에 받을 수 없기 때문에 옵션을 미설정한 상품보다 등록 점수를 조금 받게 된다.

옵션의 개수, 구간대, 매칭이라고 외워두는 것이 좋다.

옵션의 개수란 선택형 20개, 조합형 200개까지 설정하는 것을 의미하며, 구간대라는 것은 0원 옵션만 있는 즉, 추가금액이 발생하지 않는 것을 말한다. 매칭은 옵션 이미지 매칭을 이야기 하며, 옵션을 설정했다면 상품등록 후에 반드시 한번 거쳐야 하는 작업을 말한다.

다음 그림을 보면 선택형 20개, 조합형 200개까지는 점수 차감이 반영되지 않는다. 하지만 초과 되었을 경우에는 부분적으로 점수 차감이 반영된다.

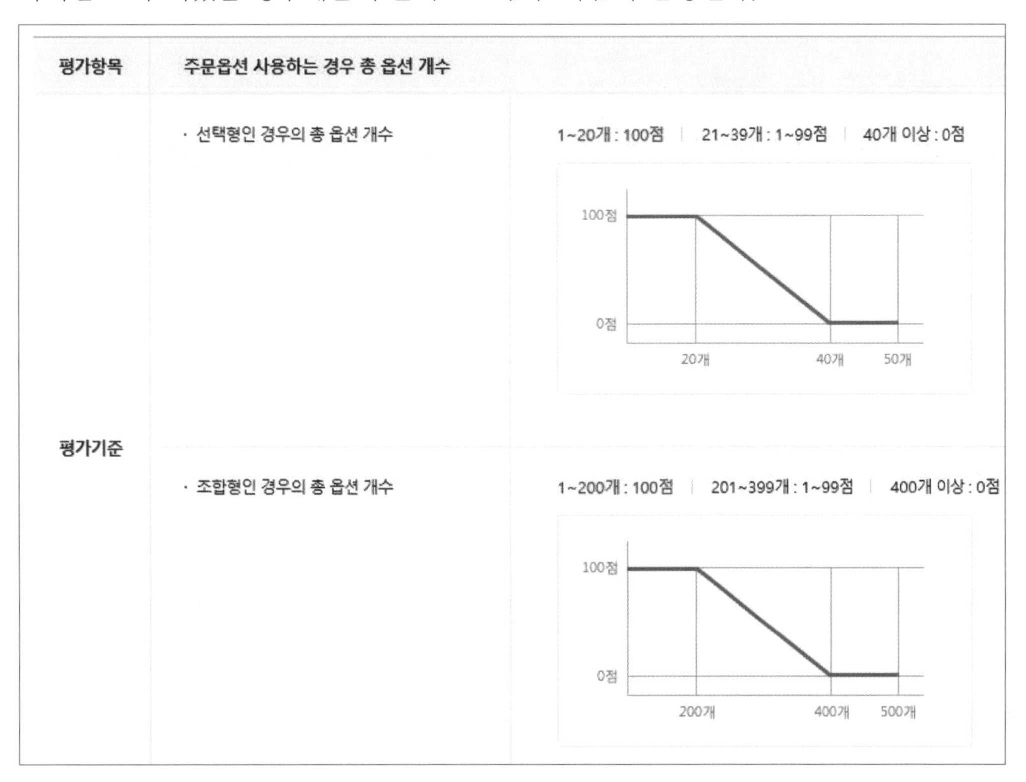

평가항목	주문옵션 사용하는 경우 총 옵션 개수	
평가기준	· 선택형인 경우의 총 옵션 개수	1~20개 : 100점 | 21~39개 : 1~99점 | 40개 이상 : 0점 100점 / 0점 / 20개 / 40개 / 50개
	· 조합형인 경우의 총 옵션 개수	1~200개 : 100점 | 201~399개 : 1~99점 | 400개 이상 : 0점 100점 / 0점 / 200개 / 400개 / 500개

금액 역시 0원짜리 옵션만 있을 때는 점수 차감이 되지 않지만, 1원이라도 발생 시 점수가 차감된다.

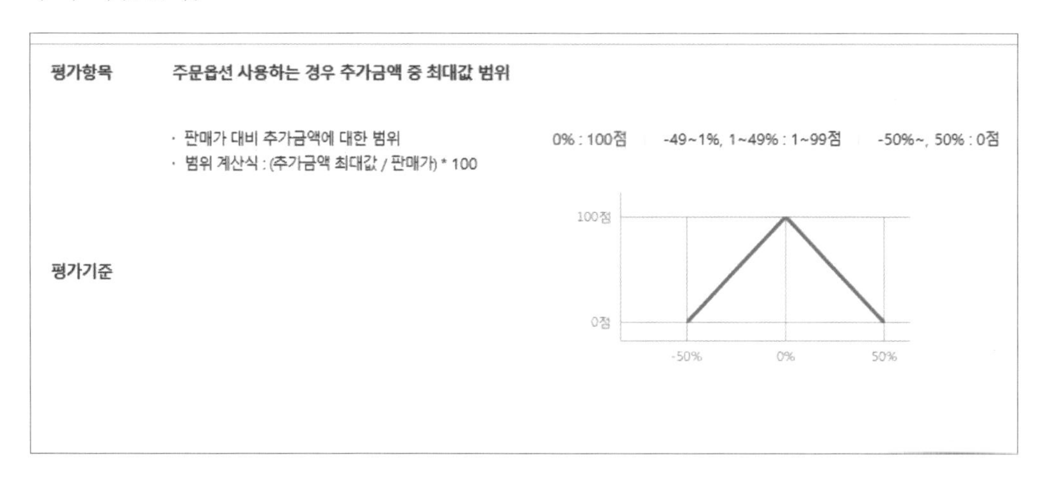

점수를 확인하는 방법은 상품등록 후 옵션이미지 매칭까지 완료한 후 '상품등록/변경 – 상품관리' 메뉴를 클릭한다. 상품을 검색하고 '품질지수' 탭을 클릭한 후 해당 상품의 항목점수 합계를 클릭하면 품질지수 팝업창이 나타나고 적용점수와 합계점수 요약내역을 확인할 수 있다. 모든 항목을 확인하기 위해서는 우측하단에 있는 [전체보기] 버튼을 클릭해야 한다.

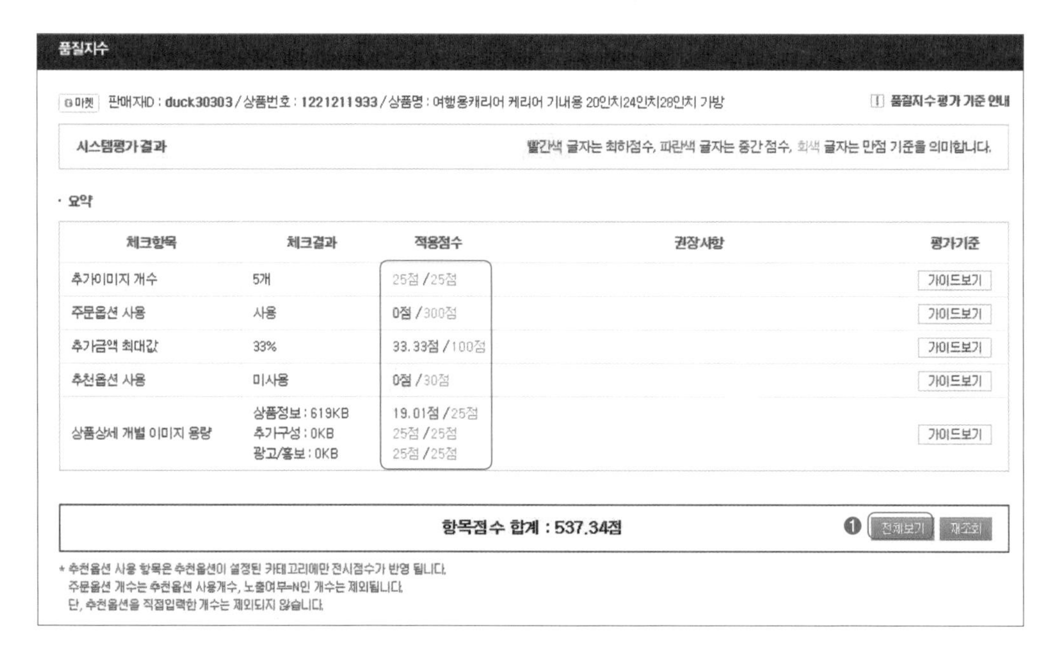
품질지수

G마켓 판매자ID : duck30303 / 상품번호 : 1221211933 / 상품명 : 여행용캐리어 케리어 기내용 20인치|24인치|28인치 가방 [!] 품질지수평가 기준 안내

시스템평가결과 빨간색 글자는 최하점수, 파란색 글자는 중간점수, 회색 글자는 만점 기준을 의미합니다.

· 요약

체크항목	체크결과	적용점수	권장사항	평가기준
추가이미지 개수	5개	25점 / 25점		가이드보기
주문옵션 사용	사용	0점 / 300점		가이드보기
추가금액 최대값	33%	33.33점 / 100점		가이드보기
추천옵션 사용	미사용	0점 / 30점		가이드보기
상품상세 개별 이미지 용량	상품정보 : 619KB 추가구성 : 0KB 광고/홍보 : 0KB	19.01점 / 25점 25점 / 25점 25점 / 25점		가이드보기

항목점수 합계 : 537.34점 ❶ 전체보기 재조회

* 추천옵션 사용 항목은 추천옵션이 설정된 카테고리에만 전시점수가 반영 됩니다.
주문옵션 개수는 추천옵션 사용개수, 노출여부=N인 개수는 제외됩니다.
단, 추천옵션을 직접입력한 개수는 제외되지 않습니다.

전체보기를 클릭하면 아래와 같이 팝업창이 길어지면서 전체 점수 내역을 확인할 수 있다. 이미지 영역과 옵션 항목별로 구분되어져 있으며, 앞서 설명한 것과 같이 내가 점수를 획득한 곳과 못한 곳을 확인할 수 있으며, 빨강으로 표기된 부분은 점수를 획득하지 못한 곳이므로 점수를 받을 수 있도록 내 상품정보를 수정해 주는 작업이 수행되어져야 한다.

품질지수

G마켓 판매자ID : duck30303 / 상품번호 : 1221211933 / 상품명 : 여행용캐리어 케리어 기내용 20인치24인치28인치 가방 | 품질지수 평가 기준 안내

시스템평가 결과 — 빨간색 글자는 최하점수, 파란색 글자는 중간 점수, 회색 글자는 만점 기준을 의미합니다.

· 요약

체크항목	체크결과	적용점수	권장사항	평가기준
추가이미지 개수	5개	25점 / 25점		가이드보기
주문옵션 사용	사용	0점 / 300점		가이드보기
추가금액 최대값	33%	33.33점 / 100점		가이드보기
추천옵션 사용	미사용	0점 / 30점		가이드보기
상품상세 개별 이미지 용량	상품정보 : 619KB 추가구성 : 0KB 광고/홍보 : 0KB	19.01점 / 25점 25점 / 25점 25점 / 25점		가이드보기

항목점수 합계 : 537.34점 | 전체보기 | 재조회

* 추천옵션 사용 항목은 추천옵션이 설정된 카테고리에만 전시점수가 반영 됩니다.
  주문옵션 개수는 추천옵션 사용개수, 노출여부=N인 개수는 제외됩니다.
  단, 추천옵션을 직접입력한 개수는 제외되지 않습니다.

품질지수는 리스팅 점수에서 약 30%가 적용된다. 그리고 각종 프로모션이나 행사에 들어가기 위해서는 필수적인 항목이기도 하다.

G마켓과 옥션뿐만 아니라 소셜커머스, 종합쇼핑몰에 입점하게 되면 템플릿화 되어 있는 상품페이지 파일(일반적으로 PSD 파일)을 전달받는다. 대부분 파일 형식은 유사하며 단지 이미지의 크기나 나열하는 방식 그리고 색상이 다를 뿐이다.

처음에는 어렵겠지만 다음과 같은 순서대로 상세페이지를 기획해 보면 G마켓, 옥션, 11번가뿐만 아니라 어느 마켓에 입점하든지 상세페이지를 쉽게 제작할 수 있게 될 것이다.

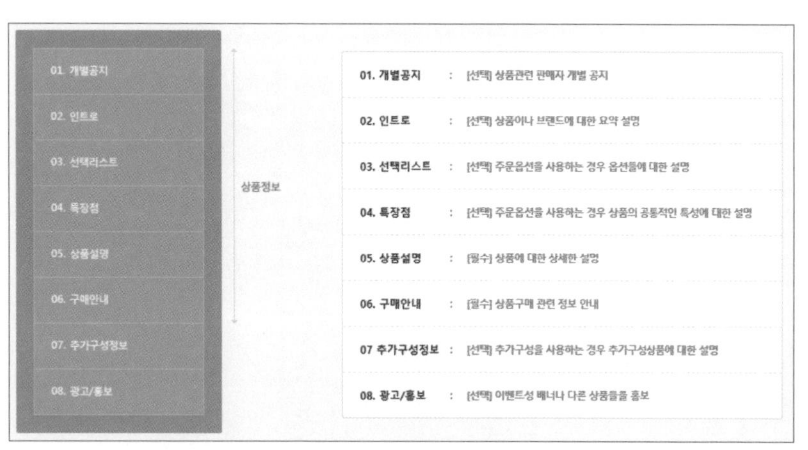

Chapter 03

Men
Women
Fashion
Accessories
Jewellery
Men
Women
Fashion
Accessories
Jewellery
Men
Women
Fashion
Accessories
Jewel

오픈마켓 마케팅 핵심 전략

Lesson 01 네이버가 만들어 놓은 세상에 내 상품 올려놓기
Lesson 02 판매량이 좋은 상품이 가지고 있는 비밀
Lesson 03 내 상품 노출을 위한 마케팅 믹스

Lesson

01 네이버가 만들어 놓은 세상에 내 상품 올려놓기

고객의 검색행위를 분석하다 "포털의 검색과 상거래의 검색은 똑같이 표현될까?"라는 의구심을 품게 됐었다. 하지만 네이버가 지식쇼핑을 네이버 쇼핑으로 명칭을 변경하고 샵N을 스토어팜에 이어 스마트스토어로 변경하면서 자리 잡은 이 상거래 시장은 짧은 기간 동안 꽤 많은 것들을 변화시켰고 판매자들의 인식 속에 강하게 자리잡게 되었다. 이렇게 짧은 시간에 급속히 성장과 변화는 포털과 상거래를 일원화 시켰나고 해도 과언이 아니게 되었다.

오픈마켓은 이제 G마켓, 옥션, 11번가, 인터파크, 스마트스토어가 아닌 네이버 쇼핑 안에 있는 모든 판매채널이라고 생각하면서 이번 Chapter를 이해해 보면 좋겠다.

■ 시장의 변화와 고객의 선호도

불과 1년이 안된 기간에 전자상거래 전체 시장의 흐름을 바꾼 2가지가 있다.

첫째는 네이버 쇼핑이고, 둘째는 G마켓 옥션의 단품 상품으로의 전환이다.

단품 상품이란 1개의 코드에 1개의 상품을 등록하는 것을 말하며 표면에 보이는 상품 이미지, 가격, 상품명이 정확하게 그 상품을 규격하는 것을 의미한다.

기존의 상품들은 1개의 상품코드에 최대 500개의 상품옵션을 넣고 판매하면서 다양한 상품을 고객에게 일방적으로 전달하는 판매방식이었다면, 앞서 말한 단품 상품은 정확한 상품을 전달하는 판매 방식이다.

서로 다른 이 판매방식의 공존은 판매자들에게 혼란을 야기했고 현재는 뒤섞여서 오히려 고객들이 쇼핑을 하는데 있어 혼동을 주고 있기도 하다.

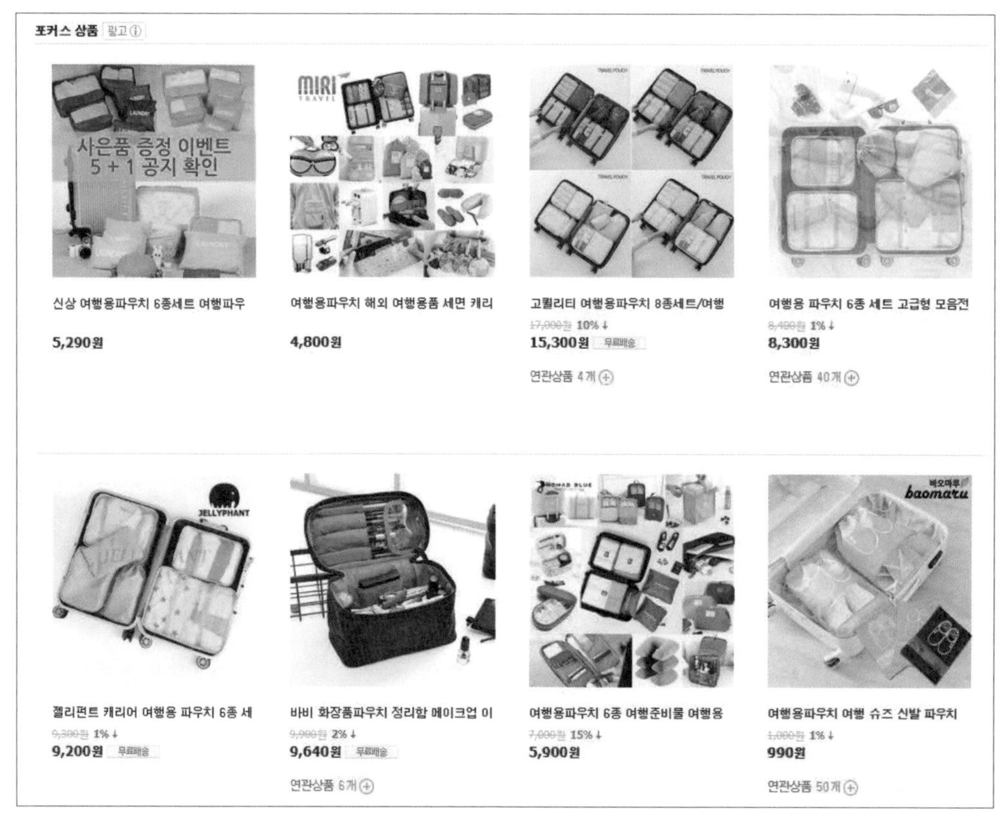

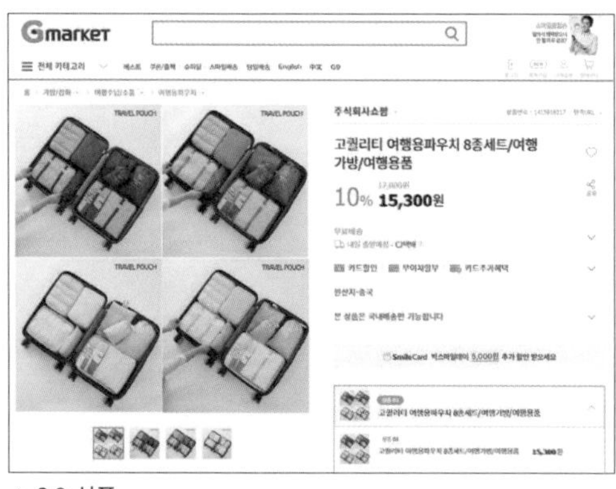

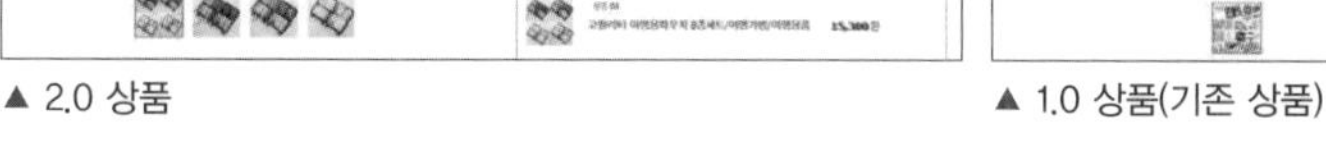

▲ 2.0 상품

▲ 1.0 상품(기존 상품)

각 마켓들은 단품상품을 상대적으로 더 선호하고 상위에 노출하는 형태를 지속적으로 강화해 나가고 있기 때문에 앞으로는 고객이 선호하는 상품이 무엇인지를 잘 파악하여 물량치기 보다는 유니크한 판매방식을 선택해야 한다.

■ 키워드 분석

오픈마켓 시장은 상품을 분류하는 범위가 매우 넓기 때문에 대부분의 소비자는 검색을 통해 원하는 상품을 찾는 경우가 많다. 이에, 소비자 분석을 기반으로 정한 목적 고객층이 많이 검색하는 키워드를 추출한다.
키워드를 추출하는 단계가 매우 중요한 이유는, 분석된 내용이 광고정책과 바로 연결되어 방문자를 증가시켜 매출이 발생하는 알고리즘 역할을 하기 때문이다.
키워드를 분석할 때는 아래와 같은 부분을 확인해봐야 한다.

- 검색 키워드 VS 구매 키워드
- 시즌 키워드 VS 사계절 키워드
- 고객의 키워드 VS 판메지의 키워드

고객은 상세 키워드에 강하지만 판매사는 대표 키워드를 집착한다.
예를 들어 아기를 위한 의자를 구매하는 고객은 '유아의자', '아기의자'라고 검색한다.
그러나 대부분의 판매자는 의자라는 대명사 단어에 매우 집착한다.
이유는 단 하나다. 대명사 단어의 조회수가 훨씬 높기 때문이다. 대명사 '의자'는 사무용, 인테리어, 개인용도 등 다양한 고객층이 섞여있다. 즉 조회수는 높지만 구매율은 낮다. 목적이 정확한 구매자는 자신에게 필요한 정확한 키워드를 입력하기 때문이다.

그렇다면 고객이 원하는 키워드는 어떻게 찾아갈 수 있을까?

내가 구매를 한다고 생각을 해보고, 가장 먼저 접속하는 사이트를 떠올려 보면 무조건적 이지는 않지만 보편적으로 네이버에서 접속할 것이다.
네이버는 정보 검색이 주가 되지만, 또한 키워드에 대한 다양한 정보를 얻기 위한 가장 좋은 곳이다.

01 네이버 메인화면 하단에 있는 '비즈니스 · 광고' 메뉴를 클릭한다.

02 네이버 비즈니스 페이지 우측의 '서비스 바로가기'–'검색 마케팅' 메뉴를 클릭한다.

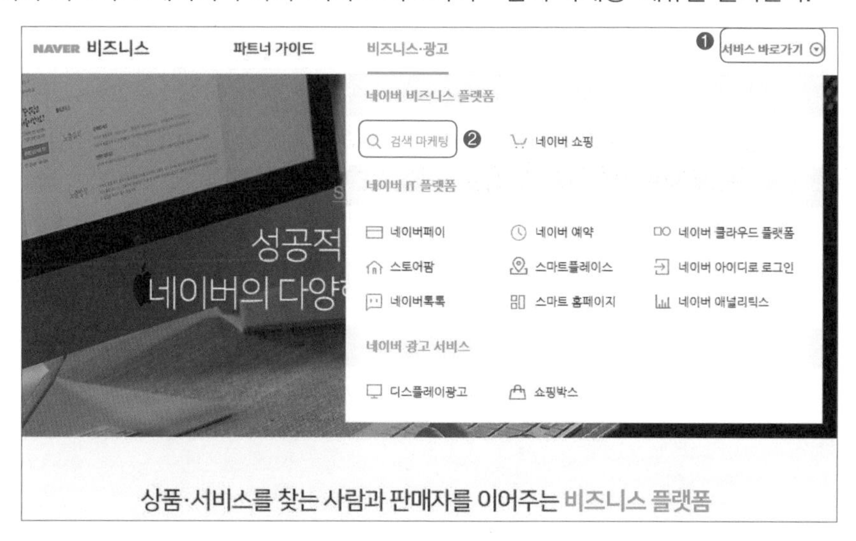

03 네이버 검색광고 페이지에서 '신규가입'을 클릭하여 광고주로 가입한다. 만약 가입한 상태라면 로그인한다.

04 네이버 광고 현황 페이지에서 [광고시스템] 버튼을 클릭하여 광고관리 페이지에 접속한다.

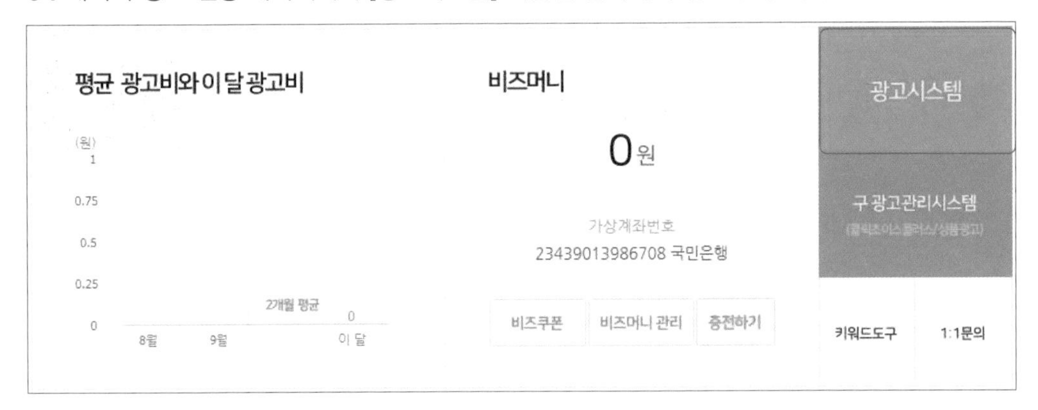

05 광고관리 페이지에 접속하면 상단 [도구]–[키워드 도구] 메뉴를 클릭한다.

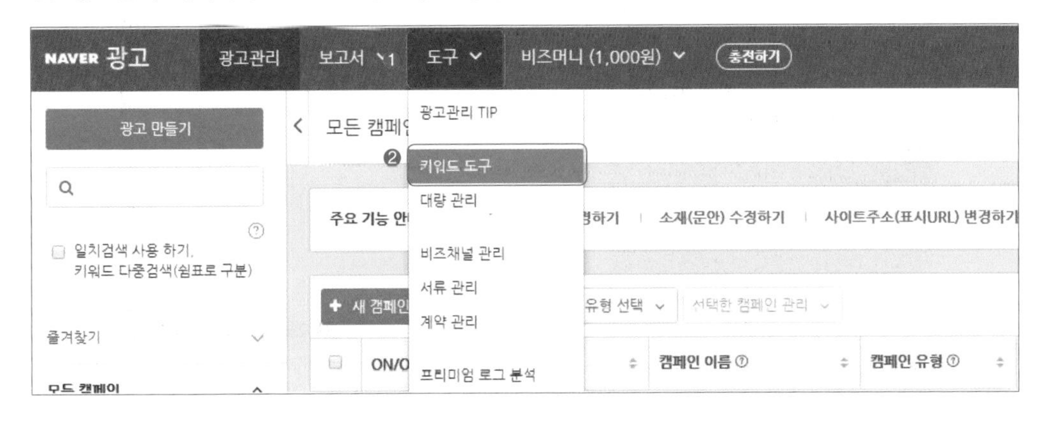

06 다음은 키워드 검색 박스에 '가구'라고 입력하고 키워드를 소회한 결과 값이다. 이 결과 값에서 보여주는 연관키워드, 검색수, 클릭수, 클릭률이다. 이 4가지가 중요한 지표이며, 이 중에서 특히 주의 깊게 살펴봐야 하는 것은 검색수와 클릭률이다. 만약 검색수는 많은데 클릭률이 낮다면 구매의사가 떨어지는 키워드라고 볼 수 있고, 결국 광고로 연관 지었을 때 조회수가 높아 비용 또한 높지만 구매율이 떨어진다는 결과를 가져올 수 있기 때문이다.

'가구' 키워드 검색 결과 중 조회수가 높은 상품은 '침대'와 '쇼파'라는 것을 수치상으로 확인할 수 있다. 약간 특이한 점은 '쇼파'와 '소파' 키워드의 검색 조회수가 모두 10,000 이상이고, 두 키워드의 조회수를 합하면 47,000 이상이 되어 '침대' 키워드 보다 더 많은 조회수를 나타낸 것이다.

조회수와 키워드의 패턴을 확인했다면, 바로 오픈마켓 채널에 접속하여 카테고리의 형태를 확인하고, 검색정확도와 연관키워드를 적용해 보면 상품구성을 어떻게 해야 하는지를 추가적으로 확인할 수 있다.

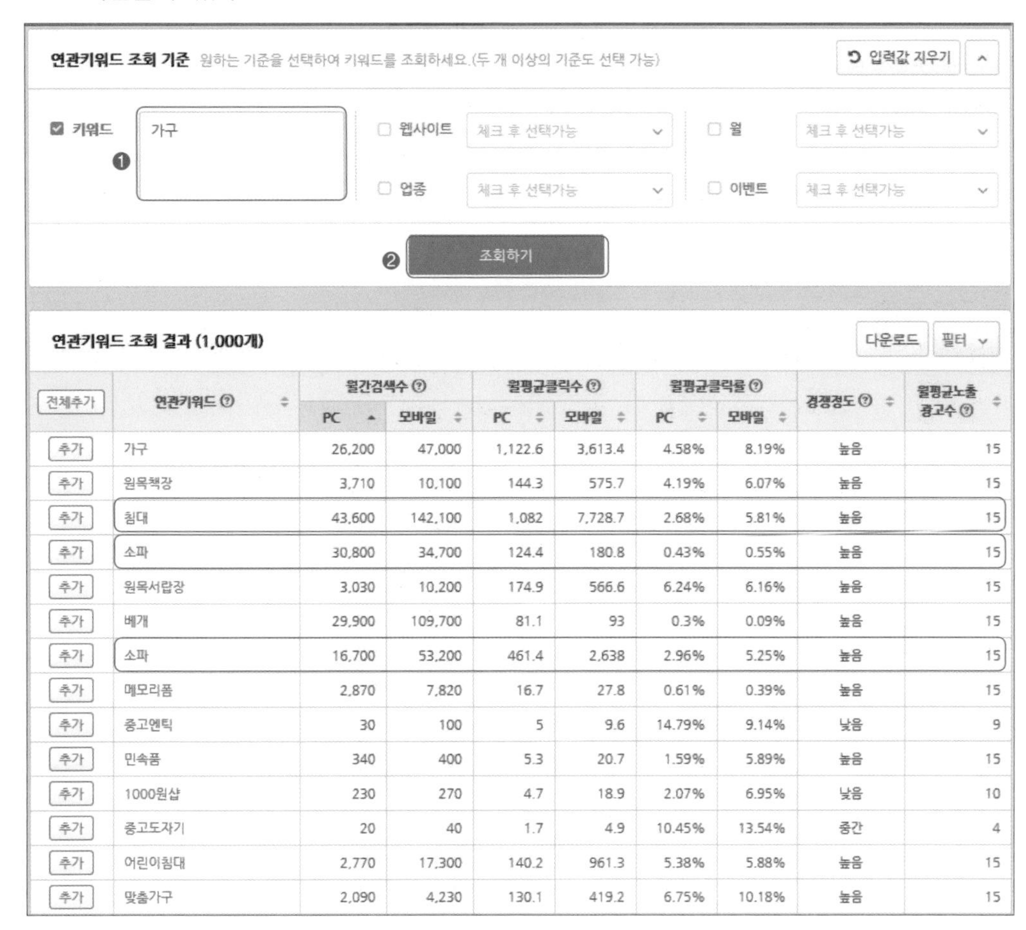

전체추가	연관키워드	월간검색수 PC	월간검색수 모바일	월평균클릭수 PC	월평균클릭수 모바일	월평균클릭률 PC	월평균클릭률 모바일	경쟁정도	월평균노출 광고수
추가	가구	26,200	47,000	1,122.6	3,613.4	4.58%	8.19%	높음	15
추가	원목책장	3,710	10,100	144.3	575.7	4.19%	6.07%	높음	15
추가	침대	43,600	142,100	1,082	7,728.7	2.68%	5.81%	높음	15
추가	소파	30,800	34,700	124.4	180.8	0.43%	0.55%	높음	15
추가	원목서랍장	3,030	10,200	174.9	566.6	6.24%	6.16%	높음	15
추가	베개	29,900	109,700	81.1	93	0.3%	0.09%	높음	15
추가	소파	16,700	53,200	461.4	2,638	2.96%	5.25%	높음	15
추가	메모리폼	2,870	7,820	16.7	27.8	0.61%	0.39%	높음	15
추가	중고엔틱	30	100	5	9.6	14.79%	9.14%	낮음	9
추가	민속품	340	400	5.3	20.7	1.59%	5.89%	높음	15
추가	1000원샵	230	270	4.7	18.9	2.07%	6.95%	낮음	10
추가	중고도자기	20	40	1.7	4.9	10.45%	13.54%	중간	4
추가	어린이침대	2,770	17,300	140.2	961.3	5.38%	5.88%	높음	15
추가	맞춤가구	2,090	4,230	130.1	419.2	6.75%	10.18%	높음	15

■ 선호도 분석방법

고객의 선호도는 네이버에서 쉽게 찾아 볼 수 있다.

네이버 쇼핑의 랭크순 중 적합도 지수는 검색어에 대한 상품 정보 연관도/카테고리 선호도에 의해 결정되어 진다.

상품 정보의 연관도란 고객이 검색하는 패턴안에서 특정 키워드에 A상품을 구매하는 패턴이 자주 반복되면 A상품이 가진 상품의 카테고리와 상품의 속성값으로 변경되는 것을 이야기 한다.

즉, 수많은 고객의 보편적인 검색과 구매 패턴이 선호도를 결정짓게 되며 그것을 연관검색어, 쇼핑연관검색어, 통합검색 내 쇼핑탭에서 확인할 수 있다.

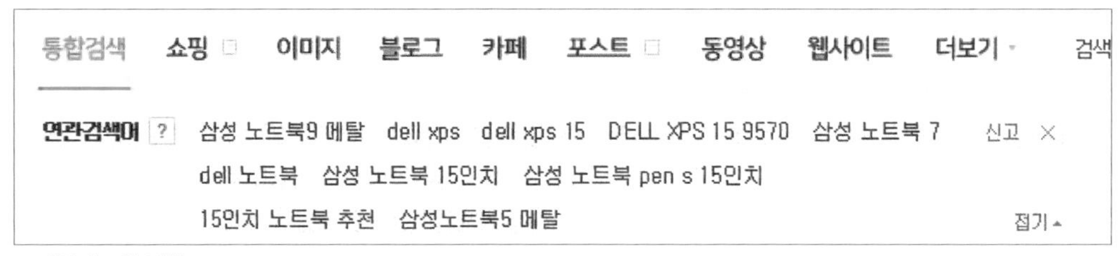

▲ 네이버 포털 검색

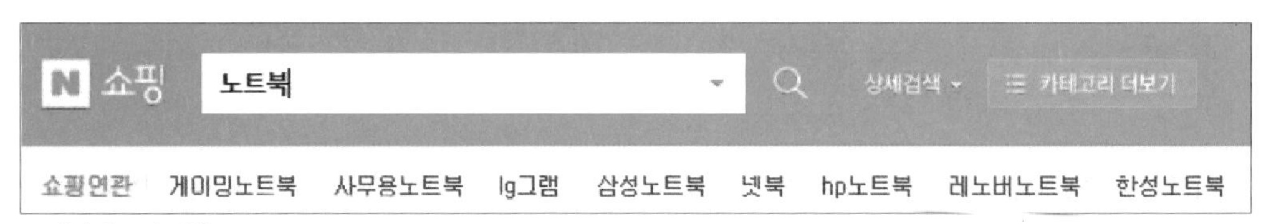

▲ 네이버 쇼핑 검색

다음 내용은 노트북을 검색한 검색결과에서 상단 탭을 우측으로 클릭하면서 확인하다 보면 최근 고객이 좋아하는 상품의 속성을 파악 할 수 있다.

노트북을 찾는 사람들이 최근 선호하는 것은 제조사, 화면크기, CPU의 성능이라고 표현하고 있다. 또한 각 항목을 세부적으로 보면 삼성전와 LG전자, 15.6인치와 15인치, i5와 i7인 것을 확인했으면 우측 하단의 '쇼핑더보기(❶)'를 클릭하여 현재 쇼핑순위에 신싸 이런 상품들이 니열되어 있는지를 확인해야 한다.

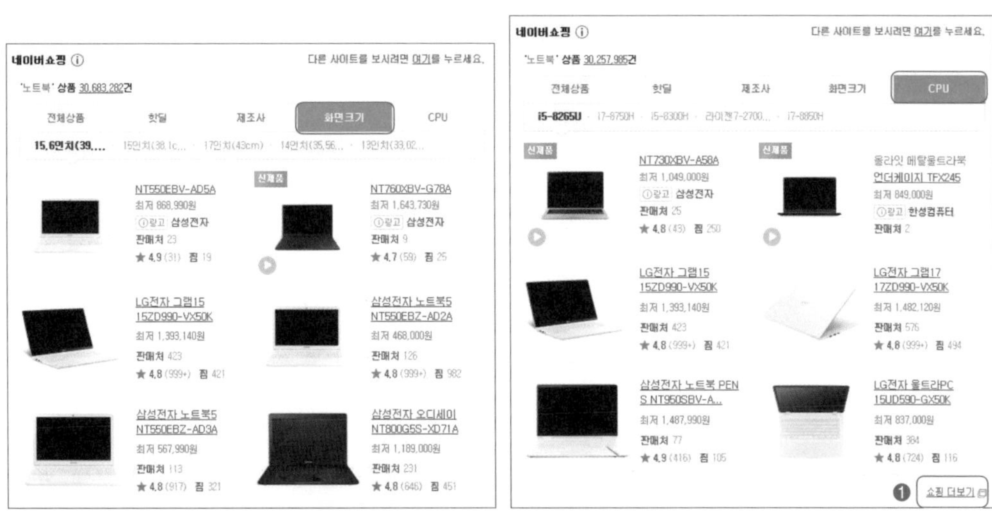

네이버쇼핑
다른 사이트를 보시려면 여기를 누르세요.
'노트북' 상품 30,683,282건
전체상품
핫딜
제조사
화면크기
CPU
NT550EBV-AD5A
NT760XBV-G78A
LG전자 그램15 15ZD990-VX50K
삼성전자 노트북5 NT550EBZ-AD2A
삼성전자 노트북5 NT550EBZ-AD3A
삼성전자 오디세이 NT800G5S-XD71A
'노트북' 상품 30,257,985건
i5-8265U
NT730XBV-A58A
LG전자 그램17 17ZD990-VX50K
LG전자 울트라PC 15UD590-GX50K
쇼핑 더보기

전체 30,695,170
가격비교 57,409
네이버페이 16,081,369
백화점/홈쇼핑 333,754
핫딜 4,618
쇼핑윈도 14,448
네이버쇼핑 랭킹순
낮은 가격순
높은 가격순
등록일순
리뷰 많은순
삼성전자 노트북5 NT550EBV-AD5A
최저 868,990원
판매처 23
화면크기 : 15.6인치(39.62cm) 운영체제 : 미포함 해상도 : 1920x1080 CPU : 코어i5-8250U
CPU속도 : 1.6GHz 인텔 GPU : UHD620 칩셋 제조사 : 인텔 코어종류 : 쿼드코어
삼성전자 노트북7 NT760XBV-G78A
최저 1,642,730원
판매처 9
화면크기 : 15.6인치(39.62cm) 운영체제 : 미포함 해상도 : 1920x1080 CPU : 코어i7-8565U
CPU속도 : 1.8GHz NVIDIA GPU : 지포스GTX1650 인텔 GPU : UHD620
LG전자 그램15 15ZD990-VX50K
최저 1,409,450원
판매처 423
화면크기 : 15.6인치(39.62cm) 운영체제 : 미포함 해상도 : 1920x1080 CPU : i5-8265U
CPU속도 : 1.6GHz 인텔 GPU : UHD620 칩셋 제조사 : 인텔 코어종류 : 쿼드코어
쇼핑몰별 최저가
기본구성 1,411,990원 127개
+SSD 128G 1,481,820원 25개
+SSD 256G 1,466,120원 19개
+SSD 512G 1,547,990원 18개
+SSD 1T 1,856,850원 15개
+SSD 2T 2,012,520원 2개
삼성전자 노트북5 NT550EBZ-AD2A
최저 468,000원
판매처 126
화면크기 : 15.6인치(39.62cm) 운영체제 : 리눅스 해상도 : 1920x1080 CPU : 4415U
CPU속도 : 2.3GHz 인텔 GPU : GMA HD 610 그래픽 메모리 : 시스템 메모리 공유

▲ 네이버 쇼핑 랭킹순 나열

네이버가 가지고 있는 속성과 그 외 오픈마켓 사이트들의 속성이 같은지를 확인하기 위해서는 각 마켓의 랭크순에 있는 상위 판매자들을 확인해보면 알 수 있는데 만약 네이버와 외 사이트들이 같은 속성을 가지고 있지 않다면 완전분리해서 판매해야 한다고 생각하면 된다.

다음 그림은 G마켓에서 '노트북'을 검색한 포커스 1~3등 판매자의 상품이다.
15인치 i5계열의 상품이 그대로 표현되는 것을 볼 수 있으며 그 중 눈에 띄는 것은 리스팅의 순서가 거의 비슷하다는 것과 그로 인해 유추할 수 있는 것은 판매채널별로 고객이 서로 다른것이 아니라 적어도 이 노트북이라는 검색결과 안에서는 동일한 고객이 쇼핑을 하고 있는 것을 확인 할 수 있게 된다.

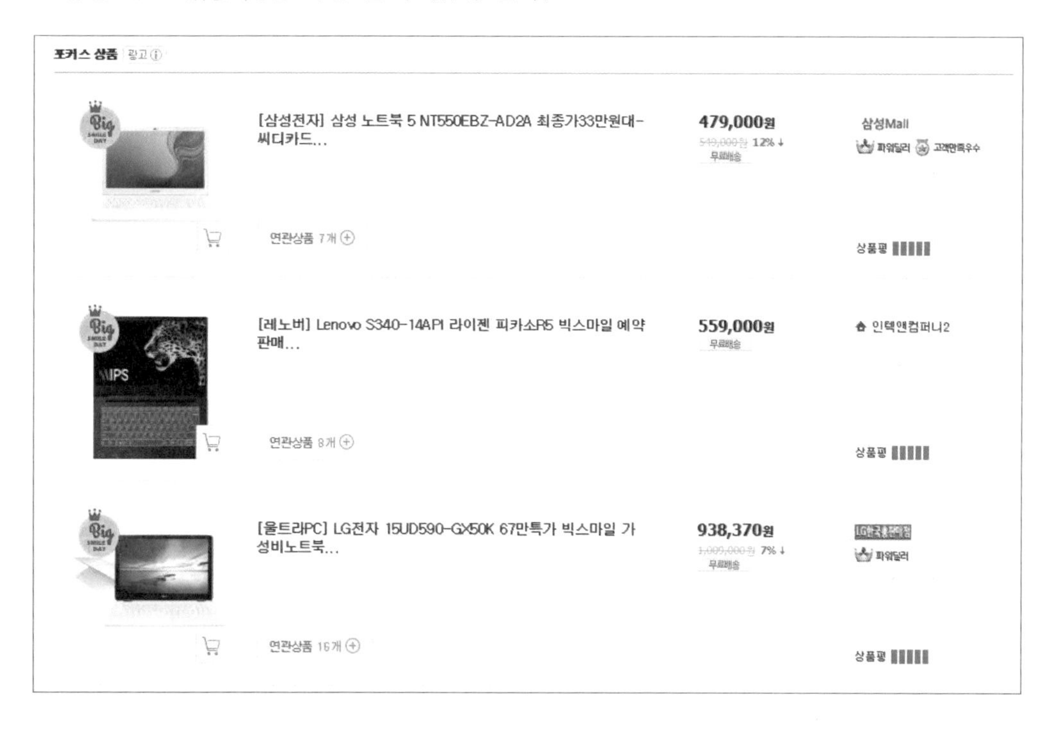

지금은 2017년도의 성장성은 아니지만 스마트스토어가 기회의 시장이 될 수 있었던 가장 큰 이유는 위의 설명한 선호도에 있다.
스마트스토어 출범 시 각 마켓의 상위판매자가 그대로 네이버에 진입했지만 성공하지 못하고 소셜쇼핑몰나 오픈마켓에 머물러야 했다.

가장 큰 이유는 앞에서 설명한 옵션의 변화와 대표상품 선정에 있을 수 있다고 생각한다. 굉장히 많은 상품을 한꺼번에 포함해서 판매하는 기존방식을 택할 것인가? 아니면 고객 선호도에 맞는 속성을 갖춘 상품을 우선적으로 보여주면서 그 상품을 중심으로 판매할 것인가? 는 결국 끝에 가면 같은 이야기가 될 수 있지만 시작의 바늘을 시스템적으로 어렵게 꼬아놓은 네이버의 특성이라고 생각하면 쉽게 이해할 수 있다.

■ 카달로그를 활용한 각 마켓의 활성화 방법

필자가 전해 듣기로는 100% 고객이 각 마켓으로 인입되었을 때 70%는 그대로 구매하고 30%는 카달로그(가격비교)에서 구매한다고 한다.

많은 분들이 이 얘기를 들으면 어?!! 하는 반응을 보이는데 실제 판매를 해보면 가전과 같은 가격비교가 치열한 카테고리를 제외하면 위에서 언급한 %를 실감할 수 있다. 나의 쇼핑방식이 모든 것을 대변한다고 생각하면 네이버 쇼핑의 카달로그를 통한 구매가 일반적이지 않을까라고 생각할 수는 있지만 전체로 놓고 보면 그냥 구매하거나 익숙한 구매를 하는 고객이 많다는 것을 꼭 염두 해 두면서 판매를 해야 한다. 그렇게 해야지만 광고를 접근하거나 마케팅을 하는데 적극성을 가질 수 있기 때문이기도 하다.

앞에서 30%의 카달로그를 언급하는 이유에 대해 설명해 보도록 하겠다.

장사를 하는데 있어서 오는 손님을 쉽게 나가지 못하게 하는 것과 이탈한 고객이 다시 방문할 수 있도록 하는 것은 마케팅 비용을 중복으로 사용하는 것을 방지하며 이윤을 남기는 가장 좋은 방법 중 하나이기도 하다.

“오프라인에서만 가능한 것 아닌가?”라고 생각할 수 있지만 반송된 고객을 다시 잡는 것은 온라인에서도 가능하다.

다음 그림을 보면 빅스마일 데이를 하고 있는 상품들을 볼 수 있다.

G마켓의 빅스마일 데이는 최저가를 기본으로 가지고 가면서 스마일클럽 회원들에게 추가로 제공되는 쿠폰할인이나 혜택들이 엄청 높은 행사 중 하나이다.

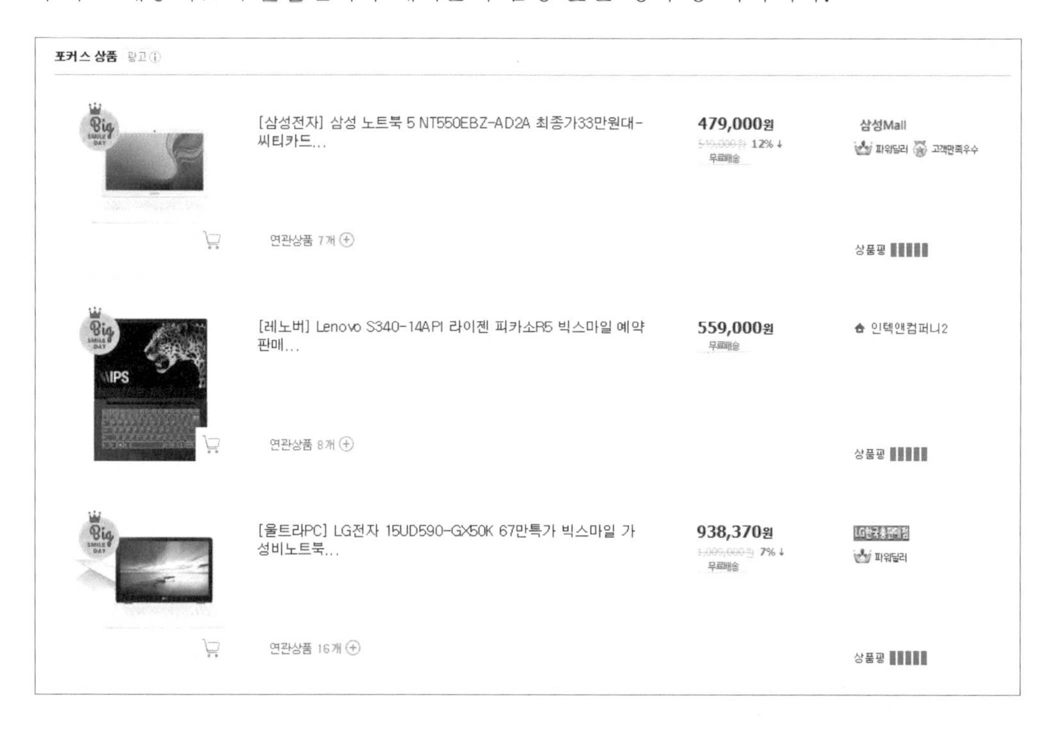

이 글을 읽고 있는 독자들에게 질문을 던져보면

“당신은 노트북을 바꿀 때가 되었다고 가정했을 때 위 3개 상품을 보고 바로 구매하시겠습니까?”

과연 몇%나 “네” 라고 답했을지 모르겠지만 일부의 독자는 “아니요” 라고 답했을 것이다.

그런 후 "구매하지 않는다면 어디로 이탈하시겠어요?" 라고 다시 물어보면 거의 100% 가깝게 "네이버요" 혹은 "가격비교요" 라고 답했을 것이다.

여기에서의 핵심은 네이버와 가격비교에 카달로그의 최저가를 유지하면서 기다리고 있었다면 30% 고객을 재방문 시킬 수 있고 그렇게 방문한 고객이 구매할 확률은 매우 높게 나타날 것이라는 것이다.

빅스마일 데이를 광고라고 가정하고 광고를 하면서 이탈하는 고객을 생각하고 계신가요? 라고 물어보면 거의 대부분의 판매자들은 놓치고 가는 경우가 대다수 일 것이다.
70% +@에서 @는 카달로그를 통해서 인입된 고객이 될 가능성이 매우 높고 잘 만들어 놓은 카달로그에 주력으로 가져가야 할 판매채널을 설정해 주면서 관리해 준다면 같은 비용으로도 최대의 효과를 낼 수 있게 된다는 것을 꼭 기억하면서 판매헤야 한다.

■ 분류의 중요성

시스템이 단순화되기 시작하면서 상품을 복잡하게 구성하는 것은 장기적으로 봤을 때 좋지 않은 판매방식 중의 하나가 될 것이라고 앞서 말한 적이 있다.
그런 이유 중에 하나는 판매채널들이 상품을 분류하는 기준을 만들어내고 있기 때문이다.

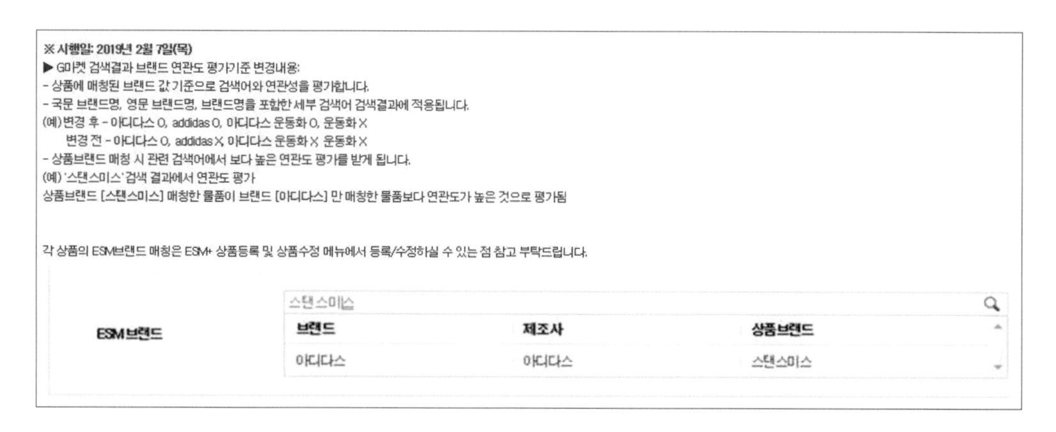
※ 시행일: 2019년 2월 7일(목)
▶ G마켓 검색결과 브랜드 연관도 평가기준 변경내용:
- 상품에 매칭된 브랜드 값 기준으로 검색어와 연관성을 평가합니다.
- 국문 브랜드명, 영문 브랜드명, 브랜드명을 포함한 세부 검색어 검색결과에 적용됩니다.
(예) 변경 후 - 아디다스 O, addidas O, 아디다스 운동화 O, 운동화 X
변경 전 - 아디다스 O, addidas X, 아디다스 운동화 X 운동화 X
- 상품브랜드 매칭 시 관련 검색어에서 보다 높은 연관도 평가를 받게 됩니다.
(예) '스탠스미스' 검색 결과에서 연관도 평가
상품브랜드 [스탠스미스] 매칭한 물품이 브랜드 [아디다스] 만 매칭한 물품보다 연관도가 높은 것으로 평가됨

각 상품의 ESM브랜드 매칭은 ESM+ 상품등록 및 상품수정 메뉴에서 등록/수정하실 수 있는 점 참고 부탁드립니다.

ESM브랜드

스탠스미스

브랜드	제조사	상품브랜드
아디다스	아디다스	스탠스미스

네이버쇼핑 ⓘ 다른 사이트를 보시려면 여기를 누르세요.

'유모차' 상품 459,586건

전체상품 핫딜 브랜드 제품타입 키워드추천

리안 잉글레시나 타보 페도라 부가부

2019 리안 솔로 절충형 유모차
410,000원
ⓘ광고 육아고수
N Pay 포인트 12,300원

2019 리안 솔로트래…
508,000원
ⓘ광고 육아고수
N Pay 포인트 15,240원
솔로+바구니카시트

리안 2018 그램 플러스 블랙에디션...
최저 169,000원
판매처 12
★ 4.0 (400) 찜 116

리안 그램 플러스 R 기내반입 휴대...
최저 220,000원
판매처 62
★ 4.8 (624) 찜 96

리안 2019 솔로 절충형 유모차
최저 389,940원
판매처 67
★ 4.9 (526) 찜 108

리안 2018 솔로 절충형 유모차
최저 410,000원
판매처 4
★ 4.8 (999+) 찜 268

쇼핑 더보기

현재까지는 제조사, 브랜드, 모델명, 속성으로 구분하고 있는데 브랜드를 판매하고 있는 회사를 제외하고는 보통 제조사와 브랜드가 없기 때문에 앞으로의 판매를 위해서는 미리미리 준비해 둘 필요성이 있다.

분류의 기준을 확인하기 위해서는 가장먼저 내가 판매하고자하는 상품의 대표명사를 검색해보고 그 시장의 분류기준을 확인해야 한다.

네이버 통합검색에 대표명사를 검색하면 다음과 같이 첫 번째 탭을 확인할 수 있고, 일반적으로 첫 번째 탭에는 브랜드, 제조사, 키워드가 자리하고 있다.

탭의 순서 배열이나 키워드별 탭 구분이 다르게 나타나는 이유는 고객의 검색과 구매에서 영향을 받는다고 생각하면 된다.

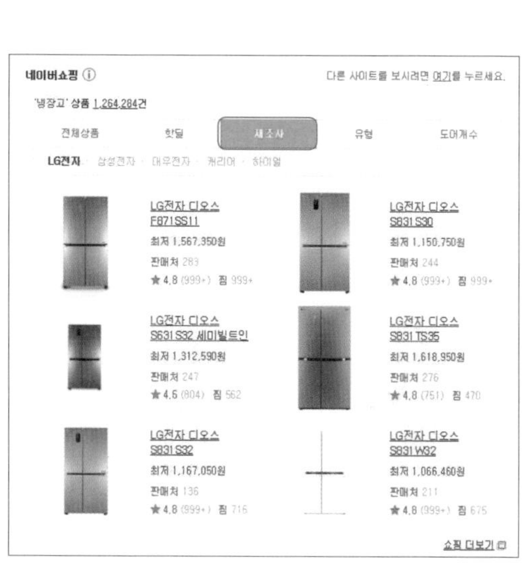

네이버는 연관성이라는 부분을 굉장히 많이 반영하고 있기 때문에 고객이 무엇을 검색해서 무엇을 선호하며 무엇을 구매하는지가 탭에서 표현된다고 보면 쉽게 이해가 될 것이고 만약 브랜드 탭이 가장먼저 위치했다면 브랜드 선호가 강한 검색어라고 생각하면 된다.

그렇다면 "브랜드를 규정하는 것은 어떤 기준일까?"가 중요해 진다. 일반적으로 삼성이나 나이키와 같은 누구나 쉽게 인지하는 것들로 생각할 수 있는데 네이버에서 브랜드라고 하는 것은 네이버 브랜드 사전에 등록이 되어 있는가를 중점으로 본다.

브랜드 사전에 등록하기 위해서는 먼저 상표권자여야 하고 그 상표의 권리증빙서류를 쇼핑파트너존에 등록한 후 승인되면 브랜드로 인정을 받게 된다.

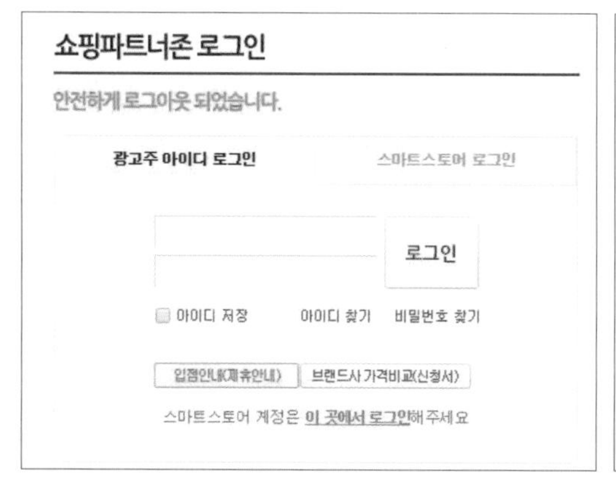

상품의 단순화에 이어 그 상품을 분류하고 속성을 적용하여 고객이 원하는 검색결과를 정확하게 제시하는 쇼핑의 패러다임은 생각보다는 오랜 시간이 걸릴 것이라 필자는 생각한다.

그 이유는 마켓의 시스템이 고객의 검색을 충족하지 못할 뿐 아니라 판매자들 역시 익숙하지 않은 판매방식에 거부감을 나타내고 있기 때문이다.

완벽한 시스템을 만들기 위해서는 기반시설과 같은 기본 시스템이 받침되어야 하는데 광고가 우선 노출되고 행사 상품이 리스팅 상단을 차지하고 있는 현 시점에서 도입되는 단품화는 과연 성공할 수 있을지 사실 의문이다.

하지만 미리미리 준비해서 변화하는 환경에 잘 맞추는 것 또한 셀러의 역량이지 않을까?'라고 생각하기에 판매사라면 노출의 기준에 좀 더 세밀한 관찰과 관심이 필요하다고 생각한다.

Lesson

02 판매량이 좋은 상품이 가지고 있는 비밀

필자가 오픈마켓 관련 강의 때 가장 많이 받는 질문 중 한 가지는 상위에 있는 상품들은 "그 판매자가 잘 판매하는 것인가? 아니면 고객이 선호하는 상품인가?"이다.
이 질문에는 의견이 분분하지만 필자는 적어도 G마켓, 옥션, 11번가와 같은 판매량을 기준으로 상위 리스팅되는 판매채널에서는 고객이 선호하는 상품이라고 생각한다.
그렇다면 고객이 선호하는 판매량이 좋은 상위판매자의 상품은 어떤 스팩을 갖추고 있는지 알아보고자 한다.

■ 클릭단가, 구매단가, 선호단가

필자는 가격을 책정할 때 3가지로 구분하는 것을 좋아한다.
오래된 판매방식과 최근에 판매채널의 정책으로 생겨난 판매방식에는 분명 차이점이 발생하지만 아직까지도 클릭단가, 구매단가, 선호단가는 분리해서 분석해 볼 필요는 있다.
3가지를 합쳐서 판매가라고 이야기 하지만 이 판매가에는 속성이 다르다고 생각한다.
분류를 하자면 클릭단가는 말 그대로 표면에 보이는 가격이기 때문에 고객을 끌어들이기 위한 호객단가라고하면 이해가 쉬울 것이다.
다음 그림에서 위쪽 판매자(❶)는 9,900원이 클릭단가이고, 아래 판매자(❷)는 14,900원이 클릭단가 인 것이다.

최초의 설정한 가격에서 수수료를 책정하기 때문에 대부분의 판매자들이 할인율을 적용하는 것을 꺼리지만 추가금액 옵션의 가격 범위를 넓히기 위해서 사용하는 경우가 종종 있다.

클릭단가가 클릭을 받기 위한 금액이었다고 한다면 구매단가는 클릭 후 일어나기 때문에 고객이 얼마까지 결제할 수 있는가를 확인해 볼 필요가 있다.

그 범위를 확인하기 위해서는 후기에서 무엇이 판매되었는가를 확인해야 하는네 적어도 10P(페이지)까지는 넘겨가면서 분석해 봐야 한다.

일반 상품평 286

상품평은 구매완료 후 수취확인에서 작성하실 수 있습니다.

적극추천
배송빠름
선택03 투포켓;15.6 형+블랙(4600원)[1개]
강의 하러 다닐때 노트북 가방이 없어서 에코백에 들고 다녔더니,,,가방들라, 노트북 들라,,, 이제는 가방하나에 들 수 있어서 좋고, LG17그램도 거뜬히 들어갑니다
작성자 : shf******
등록일 : 2019.06.27

적극추천
배송빠름
선택03 투포켓;14.1~15.4 형 블랙(4600원)[1개]
적극추천 합니다. 배송이 빠릅니다.
작성자 : umj*****
등록일 : 2019.06.26

적극추천
배송빠름
선택09 15.4 가방;15.4 형 블랙(10450원)[1개]
적극추천 합니다. 배송이 빠릅니다.
작성자 : foo****
등록일 : 2019.06.26

보통
배송빠름
선택03 투포켓;14.1~15.4 형+블랙(4600원)[1개]
보통 입니다. 배송이 빠릅니다.
작성자 : oh6***
등록일 : 2019.06.25

적극추천
배송빠름
선택06 NP1 가방;15.6 형 네이비(-7000원)[1개]
배송조회는 안뜨는데... 잘받았다고 합니다.
작성자 : hys****
등록일 : 2019.06.21

적극추천
배송빠름
선택01 라만도;15.6 형 블랙[1개]
적극추천 합니다. 배송이 빠릅니다.
작성자 : dev******
등록일 : 2019.06.10

1 2 3 4 5 6 7 8 9 10 › »　　1　29 Page

또한 한 고객이 여러 상품을 구매하는 것인지 하나만 구매하는지도 확인해야 한다.
그 구매의 내역을 선택하면서 금액이 얼마까지 올라갔을 때 고객의 구매량이 떨어지는지를 확인하면 최초 설정 금액에서 추가된 금액까지를 분석해 볼 수 있고 그것이 고객이 결제 할 수 있는 한도라고 생각하면 되겠다.

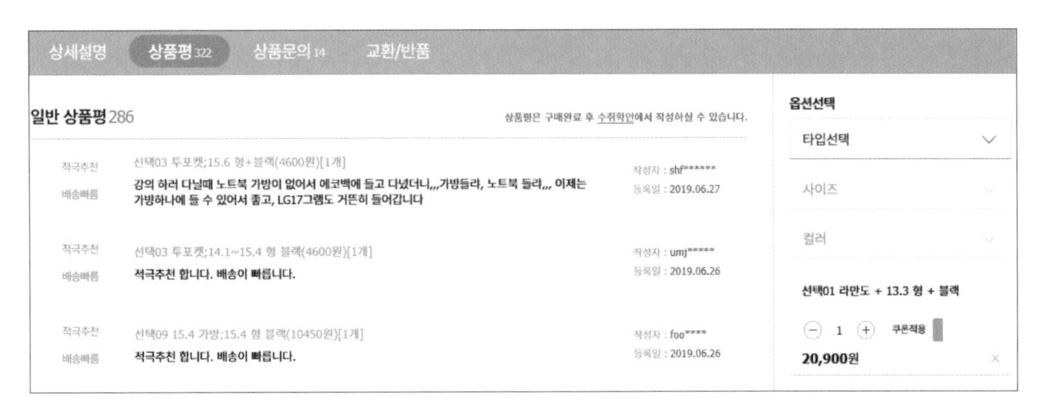

마지막으로 선호단가는 구매단가 범위 안에서 가장 많이 구매된 금액을 책정하면 되는데 베스트 상품을 발견했다면 네이버에 접속해서 똑같은 검색어를 넣고 검색결과에 그 베스트상품이 네이버에서도 동일하게 선호 상품인가를 확인하면 된다.
보통의 판매자들은 한 번 등록한 상품을 기준으로 전체 마켓을 동일하게 등록하는 경우가 대부분이다.
선호상품이 동일한 경우라면 문제없지만 만약 위에서 분석한 자료를 토대로 서로 다르다면 썸네일, 판매가격, 상품이미지의 배열 등이 모두 달라져야 한다는 것을 꼭 기억해야 한다.

나는 상품을 등록했는데 한 곳의 매출만 좋고 다른 곳은 별로야 하는 판매자들은 보통 앞서 말한 내용을 반영하지 않고 똑같이 등록했기 때문이라고 생각하면 된다.

■ 판매량 분석

판매가를 분석했으면 해당 상품코드에서는 몇 개의 상품이 판매되는지를 확인해야 한다. 카테고리 기준으로 보는 것도 좋지만 지금은 검색시대 이기 때문에 대표명사를 검색하고 나온 상단 리스팅 판매자를 선택해 보는 것이 좋다.

필자는 강의 현장에서 교육생들에게 '수량세기'라는 말을 자주한다. 이는 귀찮은 작업이지만 판매를 준비하고 진행해 나갈 때 답답함이 오는 순간 무조건 해야 하는 노가다라고도 표현한다.

수량세기는 G마켓 옥션에서만 확인이 가능하고 타 마켓의 경우는 후기의 작성률을 대입해서 근사치에 가깝게 확인하는 방식을 선택해야 한다.

먼저 간단한 엑셀 양식을 준비해야 하는데 샘플은 다음과 그림과 같다.

매일 같은 시간에 24시간 기준으로 확인하는 것을 추천한다.

어떤 판매자가 무엇을 얼마에 판매하는지를 기입하고 표면가, 구매자수, 후기갯수를 적어가면 된다.

가격을 기입하는 이유는 판매가를 갑자기 내려서 판매하는 경우의 판매량을 보기 위함이며 구매자수를 계속누적하게 되면 구매변동에 자동 계산되도록 수식을 만들어 두면 된다.

후기의 개수는 총 수량을 적는 것이 아니라 그날 하루에 받는 후기의 숫자만 기입한다.

일자	경쟁사명	상품	가격	배송방식	구매자수	구매변동	후기갯수	평균후기작성
2019.05.27	홍길동샵	백두산 천지물 500ml	159,000	무료배송	30			
2019.05.28	홍길동샵	백두산 천지물 500ml		무료배송	45	15	3	20%
2019.05.29	홍길동샵	백두산 천지물 500ml		무료배송	59	14	3	21%
2019.05.30	홍길동샵	백두산 천지물 500ml		무료배송	67	8	1	13%
2019.05.31	홍길동샵	백두산 천지물 500ml		무료배송	78	11	4	36%
평균					55.8	12.0	2.75	23%

계속해서 기입하게 되면 평균후기 작성률이 나오는데 20%가 나왔다고 하면 10명이 구매를 했을 때 2명이 후기를 작성해 주고 있다고 생각하고 그 수치를 타 마켓에 대입해 보면 판매량을 어림잡을 수 있다.

만약 11번가에서 후기가 매일 1개씩 누적되고 있다고 가정한다면 G마켓 옥션보다 판매량이 50% 정도 덜 나온다고 보는 것이다.

각 마켓에 접속하는 고객은 서로 다른 고객이 아니라 다 같은 고객이라고 생각해야 한다. 만약 한 곳으로 고객이 집중된다면 외부요인까지 다 따져봐야 하겠지만 나에게 접속해서 구매하는 고객은 다 같은 고객, 비슷한 성향을 가진 고객이라고 생각해야 한다.

앞서 언급했듯이 판매량은 G마켓 옥션에서만 확인이 가능하다.
G마켓은 모바일, 옥션은 모바일/PC 모두 가능하다.
네이버 웨일 브라우저를 사용하면 PC를 활용해 모바일, PC를 동시에 확인할 수 있으니 설치해 두고 매일 같은 시간 확인하는 습관을 기르면 "왜 나만 판매가 안 되는 거야?"라는 불안감에서 벗어날 수 있음을 기억해 두자.

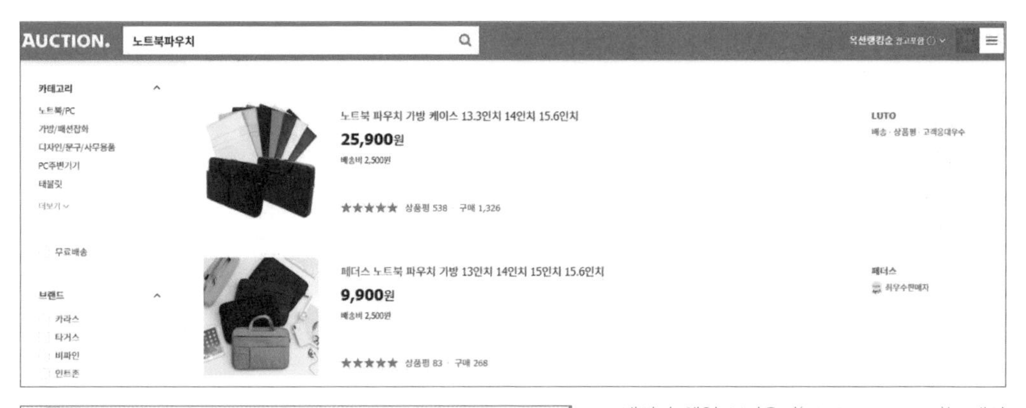

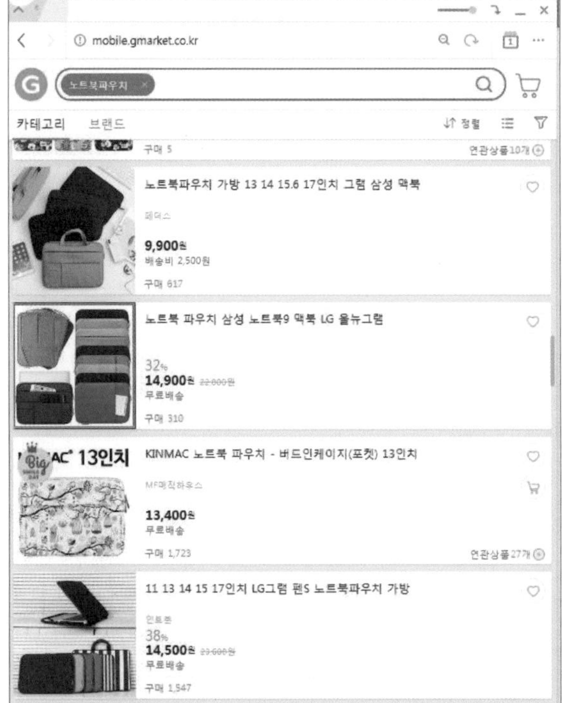

※ 네이버 웨일 브라우저(whale.naver.com)는 네이버에서 "네이버 웨일 브라우저"로 검색한 후 무료로 다운로드할 수 있다.

■ 상품의 구성과 개수

상품의 볼륨은 판매를 하는데 있어서 고객의 쇼핑 욕구를 충족 시켜줄 수 있는가에 핵심이 있다고 생각한다.

예를 들어 오프라인에 핸드폰케이스를 구매하러 간다고 가정해 보자. 매장을 방문하면 기종별 무수히 많은 케이스를 쇼핑할 수 있을 것이다.

이런 고객이 온라인에 접속해서 어떤 판매자의 상품을 쇼핑하려 하는데 케이스 종류가 다양하지도 않고 종류도 많지 않다면 고객의 쇼핑욕구를 채울 수 없다는 얘기이다.

그렇기 때문에 상품의 구성과 개수는 아이템 별 다른 유형을 가질 수는 있지만 무조건 유니크한 상품을 판매한다고 하여 해결될 수는 없는 부분이다.

그렇다면 구성을 하는데 있어서의 선택의 기준을 잡는데 있어 "단품으로 등록 후 그룹을 형성할 것인가?" 아니면 "하나의 코드에 많은 상품을 넣고 판매할 것인가?"는 가장 많이 받는 질문 중에 하나이다.

상품명이 시즌별로 또는 위에 말한 핸드폰 케이스 처럼 신상품이 자주 나오는 경우는 하나의 코드에 넣고 판매하는 것이 좋다.

이유는 단품 코드는 계속해서 상품명을 바꿀 수 없다는 단점이 있기 때문이다.(G마켓 옥션 2.0 기준)

또한 1명의 고객이 접속하여 2개 이상의 구매를 하는 경우에도 하나의 코드에 상품을 집약시켜서 판매하는 것이 좋다.

아쿠아슈즈는 1명이 1개를 구매하는 경우가 드물다.

가족단위나 연인이 여행을 가는 경우가 많기 때문에 구성을 할 때도 여성, 남성, 유아를 같이 구성해서 판매해야 1명의 고객이 여러개를 구매하게 되어 장바구니가 활성화되고 객단가를 높일 수 있다.

여행용 상품의 경우도 여행 용품을 다양하게 구성하여 쇼핑의 번거로움을 덜어주는 판매를 하는 것이 좋다.

그래서 여행용 상품을 판매하는 판매자들의 상단 인트로를 보면 얼마 이상 구매 시 무료배송을 설정해두고 판매하는 것이다.

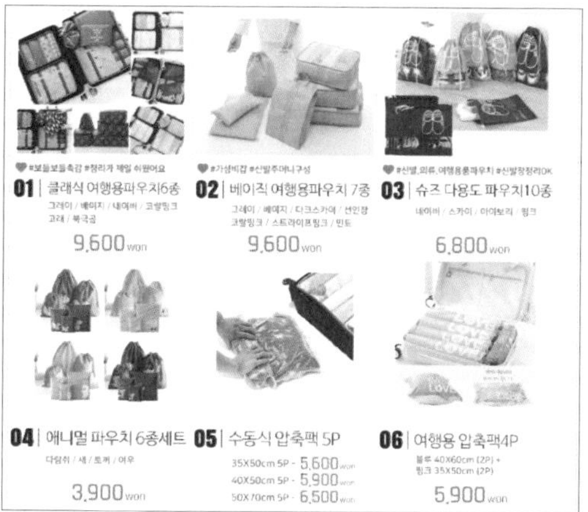

위의 예시만 보면 단품은 좋지 않은 판매인가? 라는 의문이 들 수 있는데 블루투스 이어폰, 노트북, 유모차 등은 1명의 고객이 접속하여 1개를 구매하는 경우가 대다수 이다.
이런 상품들은 단품으로 구성하여 좀 더 고객을 설득할 수 있는 퀄리티 좋은 상품페이지를 구성하는 것이 좋다.

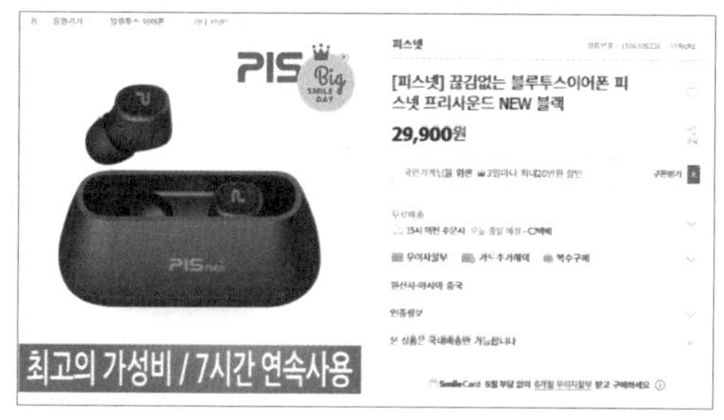

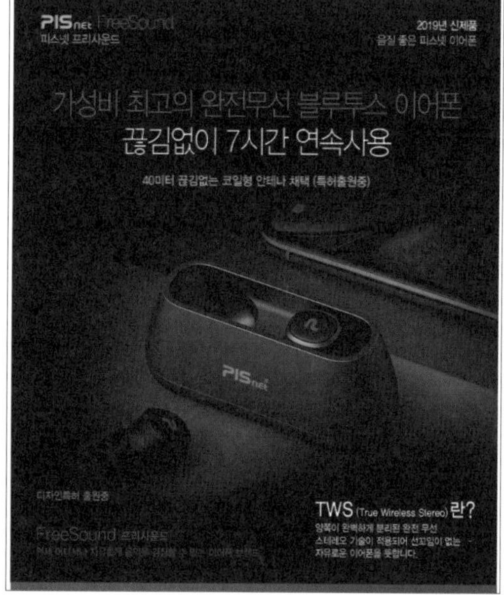

마켓의 랭크순은 대부분 1주일 평균의 판매량과 매출액을 기준으로 결정된다.
판매량보다 매출액을 우선 정렬하는 추세이기 때문에 객단가를 높이는 판매를 해야 상위 리스팅을 하기 좋아진다.

그렇기 때문에 아이템 별로 쇼핑을 충족시키는 구성과 개수, 그리고 고객의 소비패턴을 분석하여 내 상품에 맞는 등록의 기준을 만드는 것이 중요하다.
한번 잘 못 등록한 상품은 상세페이지부터 공급의 방식까지 많은 것들을 바꿔야 하는 어려움이 발생할 수밖에 없다.
Lesson3에서 언급한 내용들을 다시 한 번 읽어 보면서 리스크를 줄이는 방법에 대해 많은 고민을 하기를 권장한다.

■ 옵션의 구성

옵션을 구성할 때는 아래 3가지를 중심으로 적용해야 한다.

A) 고객이 쉽게 선택할 수 있을까?
B) 상세페이지와는 연계가 되어 있는가?
C) 내 상품을 잘 표현할 수 있도록 적용했는가?

옵션은 선택형 또는 1단, 2단, 3단 조합형으로 구성할 수 있다.
무엇을 먼저 선택시키는가는 검색의 기준과도 연결되지만 간결함에 더 목적을 둔다.
많은 교육생들에게 질문을 하는 것 중 "만약에 당신이 액정필름을 판매하는 사람이라면 기종을 먼저 선택시키겠습니까? 아니면 필름을 먼저 선택시키겠습니까?" 라고 물으면 거의 대다수는 기종이라고 답을 한다.
다음 그림을 보면 유리는 2개뿐인데 만약 기종을 먼저 선택하게 한다고 하면 옵션이 엄청나게 길어지고 고객은 나에게 맞는 기종을 찾기 위해 스크롤을 계속해서 내려야 하는 번거로움이 발생된다.
또 만약 옵션이 길어지기 시작했다면 상세페이지도 같이 길어지기 때문에 필름의 종류가 더 많은 판매자라면 정말 끝도 없이 길어지는 상세페이지를 구성할 수밖에 없어진다.
고객이 중요하게 생각하는 것이 무엇인지를 파악하고 그 이후에 선택의 자유를 주는 것인데 아래의 판매자도 만약 선택01과 선택02에 전기종이라고 표기하던가 아니면 맞는 기종을 나열해서 표현했을 때 판매에 좀 더 좋은 서비스를 제공할 수 있는 부분이 있을 것이다.

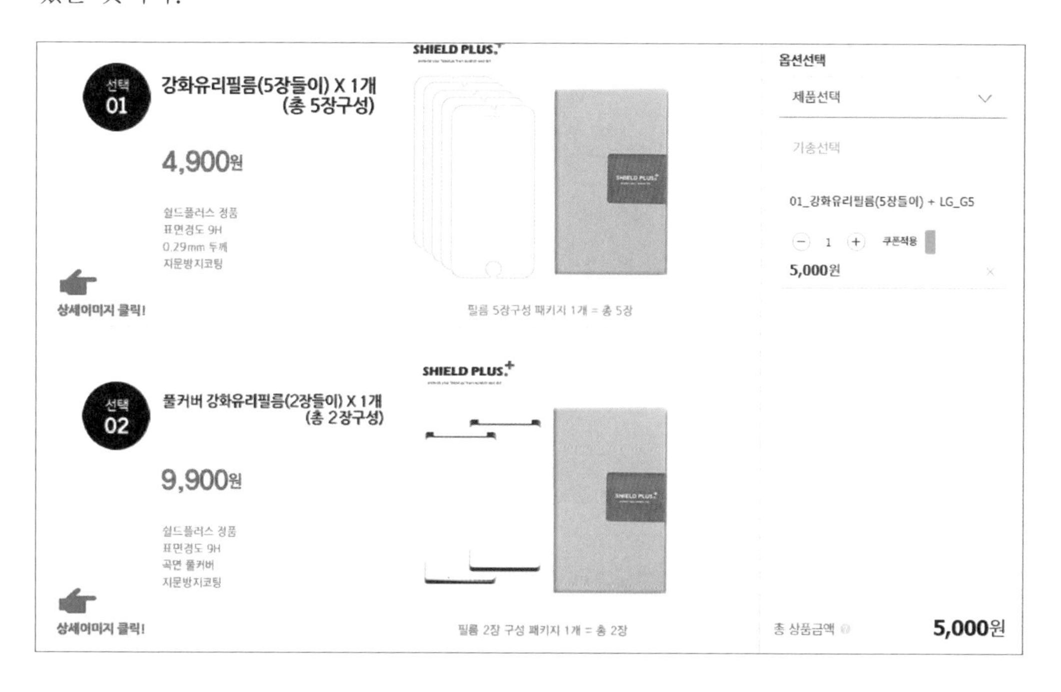

고객이 선택하고 구매한 내역이 그대로 표현되는 곳이 상품 후기이다.
여기서 말하고자 하는 것은 상품 패킹을 잘 표현해야 고객이 후기에서 봤을 때 또 한 번 인지하거나 구성에 대한 확신을 얻을 수 있다는 것이다.

다음 그림을 보고 예시를 들어보면 만약 이 판매자가 6종파우치와 전용커버를 옵션에 표현하지 않고 그대로 판매를 진행했다면 사은품을 제공함에도 불구하고 그 내용은 하나도 보이지 않게 되었을 것이다.
하지만 옵션에 잘 적용해 두었기 때문에 본품 + 사은품이 잘 표현되어 고객들에게 제공되는 서비스를 후기에서 확인할 수 있는 것이다.

일반 상품평 1,029　　상품평은 구매완료 후 수취확인에서 작성하실 수 있습니다.

적극추천 배송빠름	20인치;로즈골드 6종파우치 전용커버[1개] **좋아요**	작성자 : ji4*** 등록일 : 2019.05.27
적극추천 배송빠름	24인치;네이비 6종파우치 전용커버(10000원)[1개] **배송완전빠르네요?**	작성자 : dks***** 등록일 : 2019.05.27
보통 배송보통	24인치;로즈골드 6종파우치 전용커버(10000원)[1개] **보통 입니다. 배송이 보통입니다.**	작성자 : jir** 등록일 : 2019.05.27
적극추천 배송빠름	28인치;블랙 6종파우치 전용커버(19900원)[1개] **적극추천 합니다. 배송이 빠릅니다.**	작성자 : jjh***** 등록일 : 2019.05.27
적극추천 배송빠름	28인치;블랙 6종파우치 전용커버(16000원)[1개] **적극추천 합니다. 배송이 빠릅니다.**	작성자 : dlf******* 등록일 : 2019.05.26
적극추천 배송빠름	28인치;민트+6종파우치+전용커버(19900원)[1개] **좋아요좋아요좋아요좋아요좋아요좋아요좋아요좋아요좋아요좋아요좋아요좋아요좋아요좋아요**	작성자 : kim***** 등록일 : 2019.05.26
적극추천 배송빠름	28인치;네이비 6종파우치 전용커버(19900원)[1개] **적극추천 합니다. 배송이 빠릅니다.**	작성자 : kha***** 등록일 : 2019.05.25

마지막으로 고객은 생각보다 상세페이지를 세세하게 보면서 쇼핑을 하지 않는다고 생각해야 한다.

그렇기 때문에 놓치고 가는 부분을 옵션으로 표현해도 좋다.

구명조끼를 구매하는 고객이 제일 먼저 보는 것은 무엇일까? 를 고민하던 중 설마 디자인이야? 라는 생각을 하게 되었다.

물론 해변에서 남들과 다른 그리고 패셔너블한 구명조끼를 입고 사진을 촬영하는 모습은 구명조끼를 구매하는 고객에게는 당연한 논리가 될 수 있지만 판매자라면 고객의 안전을 더 우선시 하면서 판매해야 한다.

고객은 디자인 이후에 사이즈를 고민하게 될 것이고 구명조끼에 대한 적합한 착용 방식을 모르고 있기 때문에 그것을 상세페이지에 안내하고 있지만 고객은 세세하게 읽지 않기 때문에 놓치고 갈 확률이 높다는 것이다.

그래서 상세페이지와 옵션에 적용해 두고 고객이 선택하는 그 순간까지 잊지 말아야 하는 것을 표현해 주는 것도 구매 이후의 교환/반품을 줄이고 고객의 만족도를 높일 수 있다는 것을 꼭 기억해야 한다.

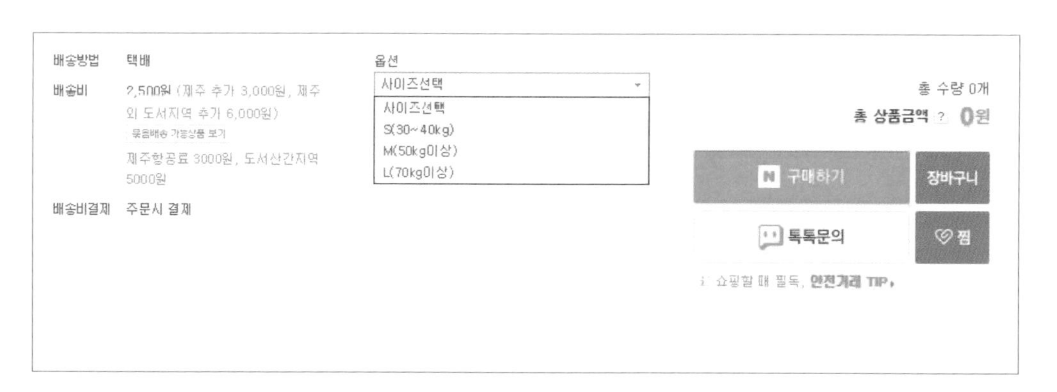

■ 고객 키워드 추출

상품을 판매하는데 있어서 조회수가 높은 키워드만 가지고 광고를 한다고 해서 전환이 많이 발생하는 것은 아니다.

아이템의 유니크함은 분명히 전환을 높이는데 매우 중요하지만 그것을 포장하는 것 또한 매우 중요한 부분이다.

포장이라고 하는 부분은 광고를 포함한 바이럴 마케팅, 컨텐츠의 내용, 상세페이지의 스토리와 구성을 이야기 하는데 이러한 짜임새를 단순히 상품의 스팩으로만 표현한다면 고객의 감성을 불러일으키기에는 역부족이라는 것이다.

고객이 이야기할 때 사용하는 단어와 그 단어를 사용하면서 고객이 가지고 있는 실생활의 감정, 기대심리와 불안심리를 잘 녹여 놓은 마케팅의 방식이 최근의 마케팅 트렌드이다. 페이스북, 인스타그램, 유튜브 채널을 들여다보면 왜 이런 부분이 중요한지를 쉽게 찾아볼 수 있을 것이다.

더 이상 상품의 나열이 아닌 고객이 원하는 것들을 간접체험할 수 있는 컨텐츠가 매우 중요한 시기가 되었다는 것이다.

그렇다면 고객의 생각을 찾아볼 수 있는 공간은 어디인가? 가 중요해 지는데 필자는 그런 표현이 잘 나타나는 곳을 후기, 문의, 블로그, 카페, 지식인이라고 생각한다.

고객이 어떤 생각을 가지고 이 상품을 접근할까를 먼저 알아야 대응할 수 있고 상품의 발전도 가져올 수 있기 때문에 반드시 이 작업은 해야 하는 것들 중 하나라는 것이다.

▲ 상품평 글

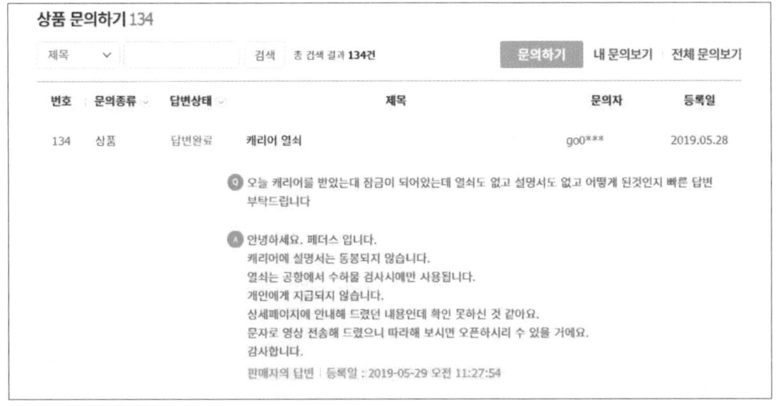

▲ 상품 문의하기 글

블로그 1-10 / 139건

20인치 **캐리어 페더스** 확장형 2박3일 여행에 굿굿! 2019.04.07.
^^ 여행용 확장형 캐리어 20인치 24인치 28인치 : **페더스캐리어** 가성비 좋은 여행용 캐리어 페더스 입니다. 한번 방문하셔서 푸짐한 사은품과 함께 좋은 혜택 받아가세요....
은하수네 알콩달콩 ... blog.naver.com/onhijini74/221507855739 블로그 내 검색

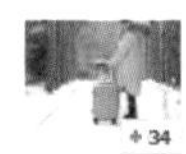

여행용**캐리어** 20인치 **페더스** 로즈골드 딱 내취향이야 2018.12.12.
여행용캐리어 20인치 페더스 로즈골드 처음 받을때부터 페더스 전용커버가 있어서... 측면에 다리가 있어서 **페더스 캐리어**를 옆으로 놓아 보관할 때도 스크래치가 나지...
밀크tea여사의꽁냥꽁... kyjin1126.blog.me/221417955118

페더스 여행용**캐리어** 28인치: 가볍고 튼튼해 2018.12.12.
큰 페더스 여행용캐리어 28인치를 장만했어요. 내년에는 둘째도 태어나니 짐이 더 늘어날 예정이니까요 ㅎㅎ feathers 아주 안전하게 도착한 **페더스 캐리어**. 전용 커버에...
U-vely의 연필통 2artshow.blog.me/221418074152

여행용**캐리어 페더스** 20인치 **캐리어** 낙점 2019.04.24.
20인치 24인치 28인치 : **페더스캐리어** 가성비 좋은 여행용 캐리어 페더스 입니다. 한번 방문하셔서 푸짐한 사은품과 함께 좋은 혜택 받아가세요. 감사합니다. smartstore.naver.com
웨인파파의 IT.자전... blog.naver.com/tenykim09/221521221287 블로그 내 검색

▲ 블로그에 등록된 글

전체글 1-10 / 75건

페더스 캐리어 28인치가볍고 핸들링 여행가방 2018.04.20.
가볍고 핸들링하기 **페더스 캐리어** 28인지 캐리정은 앞두고 있어요 하지만 아이가 둘 4인가족이 5일이상 여행에 28인치 캐리어 정도는 있어줘야 하지 않겠어요 그래서 준비한 캐리어 28인지 여행가방입니다...
▶ 정원모터스 ◀ 사업자 최초공개 100% 실... cafe.naver.com/b2233/212 카페 내 검색

에이수스 젠북 13.3인치 **페더스** 노트북 파우치 사용후기 2019.02.18.
모든 **페더스** 노트북 파우치에는 **캐리어** 걸이가 적용되어 있어요 여행을 다니시거나 외출시에 휴대성을 극대화하기 위하여 **캐리어** 걸이가 있어서 파우치처럼 들고다닐 때도 이 부분에 손을 넣고 들면 더...
미즈넷-체험단 임신 육아 임산부 홈스쿨 교... cafe.naver.com/miznett/18... 카페 내 검색

가성비 튼튼한 여행용 **페더스 캐리어** 예쁘네 2018.03.04.
여행용 **캐리어** 가성비 튼튼한 예쁘당 안녕하세요 만보입니다 봄이 해외나 국내로 많더라고요 저와... 바로 튼튼하고 **캐리어**가 싶어요 저희 해외는 다닐때도 항상 **캐리어**...
토토포럼[토토,프로토,스포츠분석... cafe.naver.com/picao... 카페 내 검색

베를린 1일차 - 에어프랑스, 추워 2018.02.27.
기존에 있던 **캐리어**는 너무 무겁고 무식하게 커서 24인치에 이어 새로 구입하게 되었는데 아주 마음에 드네요. Feathers. **페더스** 이름만큼이나 가볍습니다. 흔...
- 홍스돌[HONGSDOLL] cafe.naver.com/india... 카페 내 검색

▲ 카페에 등록된 글

지식iN 1-9 / 9건

Q 24인치 **캐리어** 2018.10.23.
샤오미 2세대 **캐리어** 사려고 했는데 무겁고, 기스가 잘난다는 평이 많고, 네이버에서 제이콥이랑 **페더스** 봤는데 첨 보는거라 어떤지 감이 안잡혀서요.. 네셔널...
A 안녕하세요 질문자님 **캐리어**가방 24인치 보시는군요 **캐리어** 소재는 pc소재가 튼튼하고 바퀴는 4개달린 우레탄바퀴 추천해요 그리고 as 무상으로...

Q **캐리어** 가방으로 튼튼한거 찾아요 2018.05.27.
캐리어가방 20인치 튼튼한거 찾습니다. 20만원 까지 봅니다.
A 21인치까지 괜찮다면 에이조 **캐리어**추천해요. 친구들은 **페더스** 캐리어도써요. 안녕하세요.^^ 질문자님에게 튼튼한 재질의 20인치 **캐리어**로 보여 드릴께요. 미치코런던...

Q 레조 튜닝에 대해서요.. 2005.09.01.
저한테 있는 차가 레조 은색 이거든요.. 살짝만 보기 좋게 튜닝 하려 해요.. 근데..은색은 괜찮을까요?? 글고 튜닝 하면 우째 해야 대나요.. 많이 말구 적당히 이쁘게요...
A 시스템**캐리어** 165,000 원 코니 코니 레조 레드 조절식쇼바 760,000 원 **페더스 페더스** 레조 3cm 다운스프링 400,000 원 카렉스 카렉스 레조 정품 프론트 범퍼가드 105...

Q 기내용 **캐리어** 사이즈? 2019.04.24.
기내용**캐리어** 사이즈가 궁금합니다 항공사마다 다르다는 사람도 있고 아니라는 사람도 있는데 어떤게 맞나요? 항공사마다 다르다면 모든항공사에서 다 가능한 사이즈는...
A **페더스 캐리어** 실장입니다. 국내 항공사는 20인치까지 가능합니다. 22인치 캐리어를 들고 탄 경험도 있는데 제재가 없었습니다. 시중에 22인치 캐리어는 그닥 많지도...

▲ 지식iN의 글

다음 그림은 필자가 상품을 연구할 때 주로 진행하는 키워드 추출 작업 중 하나의 예시를 들어놓은 것이다.
냉장고를 구매하는 사람들이 주로 이야기 하는 내용이며 키워드의 흐름은 다음과 같다.

냉장고 ➡ 양문형냉장고 ➡ 신혼냉장고 ➡ LG디오스냉장고 ➡ 혼수 ➡ 도어 ➡ 4도어의단점 ➡ 문의 두께 ➡ 분리냉각 ➡ 냉동칸의 깊이 ➡ 홈바 ➡ 정수기능의 단점 ➡ 글라스재질 ➡ 가격 ➡ LG베스트샵

위 키워드 흐름을 풀 스토리를 읽어보면 혼수 목적의 냉장고는 4도어의 양문형을 많이 선택하지만 실질적으로 사용을 하다보면 불편함이 있다는 내용이고 그럼에도 추천을 한다면 글라스 재질에 홈바 정도면 원하는 가격대에서 구매가 가능할 것이라는 내용이다.
그리고 마지막으로 LG 베스트샵을 홍보하고 마무리한 내용이지만 실제 쇼핑에 접속을 해도 이 게시글에서 얘기하고 있는 상품이 베스트 상품인 것은 고객의 생각하는 범주는 거의 비슷하다는 것을 알 수 있는 부분이기도 하다.

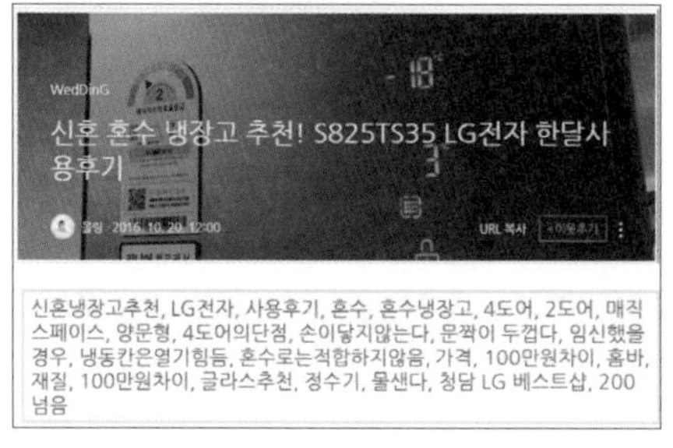

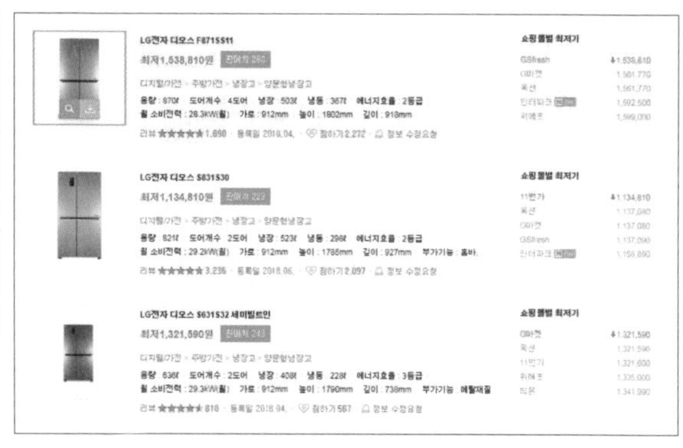

여러 키워드를 검색해보고 키워드를 추출하다보면 위의 예시뿐만 아니라 상품의 종류나 선호기준이 좀 더 확신있게 느낄 것이고, 한 곳에 내용을 정리하다보면 내 상품페이지에 담아야 하는 컨텐츠가 눈에 들어올 수밖에 없다.

다음 그림은 필자가 상품을 준비하면서 외주에 상세페이지 작업의뢰를 하기 전에 작성한 요청서 중 일부이다.

내 노트북에 맞는 페더스 노트북 파우치 & 가방 고르는 방법

1. 노트북 외관 사이즈 확인
검색사이트에서 가지고 계신 노트북 사이즈를 확인해 주세요. 모델명을 검색하시면 쉽고 정확하게 찾을 수 있습니다.

2. 페더스 노트북 파우치 피팅 방법
노트북 파우치와 가방의 내부/외부 사이즈를 확인하시고 **내부크기 기준 1cm 정도 여유**를 두고 선택해 주세요.
두께가 DT는 노트북의 경우는 좀 더 여유를 주시면 좋습니다.

3. 파우치 & 가방 포인트
페더스 노트북 파우치 & 가방 모든 상품에 캐리어 걸이가 있습니다.
가방에는 어깨끈이 포함되어 있고, 파우치에는 클러치를 들고 다는 것 처럼 밴딩 손잡이가 부착되어 있습니다.

페더스 노트북 파우치& 가방을 안전하게 받는 방법
페더스는 오후 3시 이전 주문에 한해 당일 배송 출발을 원칙으로 하고 있습니다.
CJ 대한통운 / 우체국 택배사와 계약되어 있으며 출고/교환/반품은 청주, AS 및 소비자 상담은 서울에서 진행하고 있습니다.
보통은 1박 2일로 상품이 배송완료 되지만, 월요일 출고 건의 경우 배송량이 많이 하루 정도 지연될 가능성이 있습니다.
넉넉하게 일정을 잡으셔서 주문해 주시면 감사하겠습니다.

구매전 **노트북 사이즈와 내부크기를 확인**해 주세요!!

파우치크기표		(단위:cm)
노트북사이즈	외부크기	내부크기
13	35x25x2.5	34x24x2
14~15	38x27x2.5	37x26x2
15.6	42x31x2.5	41x30x2

가방 크기표		(단위:cm)
노트북사이즈	외부크기	내부크기
13	36x25x5	34x24x4.5
14~15	40x29x5	38x28x4.5
15.6	43x32x6	41x30x5.5

선택리스트
01. 페더스 기본형 파우치
Black, Navy, Gray, Burgundy, Pink(블랙, 네이비, 그레이, 버건디, 연핑크)
구성 : 13인치, 14~15인치, 15.6인치
주요재질 : 폴리에스테르
특징 : 밴딩손잡이, 캐리어 걸이, 벨벳안감, 기본 수납포켓

02. 페더스 수납형 파우치
Black, Navy, Gray, Burgundy, Pink(블랙, 네이비, 그레이, 버건디, 연핑크)
구성 : 13인치, 14~15인치, 15.6인치
주요재질 : 폴리에스테르
특징 : 밴딩손잡이, 캐리어 걸이, 벨벳안감, 다용도 수납포켓

페더스 노트북 파우치 & 가방 특장점
Point.01
"점점 얇아지는 소중한 노트북을 안전하게 휴대하세요~"
페더스 노트북 파우치 & 가방은 옥스포드 패턴의 폴리에스테르 고급방수 소재를 사용하여 스크래치, 오염, 외부의 충격으로부터 노트북을 보호 합니다.
Point.02
"생활방수는 기본~ 실 생활의 작은 실수와 우천으로부터 노트북을 보호하세요!!"
페더스 노트북 파우치 & 가방은 생활방수 기능이 있어 우천 시 물기에 취약한 노트북을 보호 합니다.
Point.03
"이제 한번에 수납하세요~"
페더스 노트북 파우치 & 가방은 다양하고 넉넉한 수납으로 휴대가 용이하며, 수납형 파우치의 경우 다양한 분리공간를 사용하실 수 있습니다. 전면 우측 아래와 후면 벨크로는 내용물이 쏟아지는 것을 방지하여 분실의 위험성을 차단합니다.
수납 손잡이형 파우치는 숨겨진 손잡이가 있어 가방으로도 활용이 가능한 2in1 상품입니다.
Point.04
"가성비 좋은 페더스 노트북 파우치 & 가방"
사면이 라운딩 처리 되어 있어 노트북에 피팅 되도록 제작되었으며, 내부는 스웨이드(극세사) 안감을 사용하여 노트북을 안전하게 보호합니다.페더스 어깨끈가방은 파우치 상품에 적용 된 스웨이드가 아닌 파티션으로 구분된 보충재가 노트북을 더욱 안전하게 보호합니다.
Point.05
"공항으로 가는길 -> 공항검색대 -> 여행지에서 이동 시 이게 필요한 이유는 알만한 사람은 다 압니다."
페더스 노트북 파우치 & 가방 모든 상품에는 캐리어 걸이가 적용되어 있습니다. 여행을 다니시거나 비즈니스를 위한 이동 시 휴대성을 극대화 하기 위함이며 파우치 손잡이는 노트북 낙하의 위험을 줄일 수 있습니다.
Point.06
"손잡이가 필요한 이유를 노트북 1시간만 들고다니면 알게됩니다."
페더스 기본형, 수납형 파우치에는 클러치 백처럼 들고 다닐 수 있는 밴딩 손잡이가 달려 있습니다. 페더스 사장이 직접 사용해보고 경험한 내용를 그대로 적용하여 **"이건 필수야 무조건 달자."** 라고 하여 제작되었습니다.
경험해 보시면 왜 있어야 하는지를 공감하실 수 있습니다.
Point.07
"일상에 지친 고객님의 어깨를 보호합니다."
페더스 노트북 가방에 있는 어깨끈은 부담을 줄이기 위한 쿠션폼이 적용되어 있습니다.

단락 별로 고객이 상품에 대해 이야기 하는 부분을 대제목으로 구성하고 그 안의 내용을 그동안 분석한 자료를 토대로 설명한 내용이다.

글이 많으면 고객은 싫어하지 않을까? 생각할 수 있지만 글을 잘 읽는 고객과 그림만 보고 넘어가는 고객이 있다면 두 고객의 층을 모두 만족시키기 위해서는 자세한 상세페이지를 구성해야 한다는 결론이 나온다.
이렇게 작성해 놓은 상세페이지를 토대로 체험단이나 SNS 마케팅을 의뢰하게 되면 제휴사들은 결국 내 판매 페이지를 보고 컨텐츠를 작성해 나가기 때문에 상품의 스팩만을 남겨놓고 판매페이지를 구성하게 된다면 게시글이 고객에게 설득력을 발휘하는 데는 역부족일 수밖에 없을 것이다.
처음에는 어렵고 정리가 어수선 할 수 있지만 반복적으로 진행하다보면 어느새 상세페이지 스토리를 잘 잡아가는 본인을 발견할 수 있을 것이다.

■ 일 광고비용 책정

1)~6)까지를 상품의 대한 준비라고 하고 준비 과정을 잘 수행했다면, 그 이후에는 전환률이 어느 정도 갖춰진 상품을 구성했을 것이다.
그렇다면 이제 고객을 불러들어야 내 상품의 정확한 진단을 내릴 수 있게 되는데 가장 빠른 효과를 낼 수 있는 것이 광고이다.
광고에 대해서는 다음 Lesson에서 자세하게 이야기하겠지만 먼저 비용은 반드시 체크해야 함을 기억해두자.
판매를 하면서 가장 곤욕스러운 것이 광고비대비 이익이 발생되지 않을 때이기 때문이다.
리스크를 줄이기 위해서는 경쟁사의 광고구좌를 파악해 보는 것을 추천한다.
가장 빠른길이며 상단에 리스팅되어 있다는 것은 전환도 좋겠지만 클릭을 잘 유지하고 있다는 것이기 때문에 그 구좌와 금액을 파악해 둘 필요가 있다.

최근 광고는 검색광고 위주로 진행되며 모바일/PC에서 번갈아 검색한 후에 구좌 파악이 완료되면 그 금액을 산출하면 된다.
파워, 플러스, 모바일 플러스, 찬스쇼핑, 파워상품, 모바일 찬스쇼핑은 ESMPLUS에서 확인이 가능하고, 파워클릭의 경우는 이베이광고센터에서 월평균 조회수를 산출 할 수 있다.

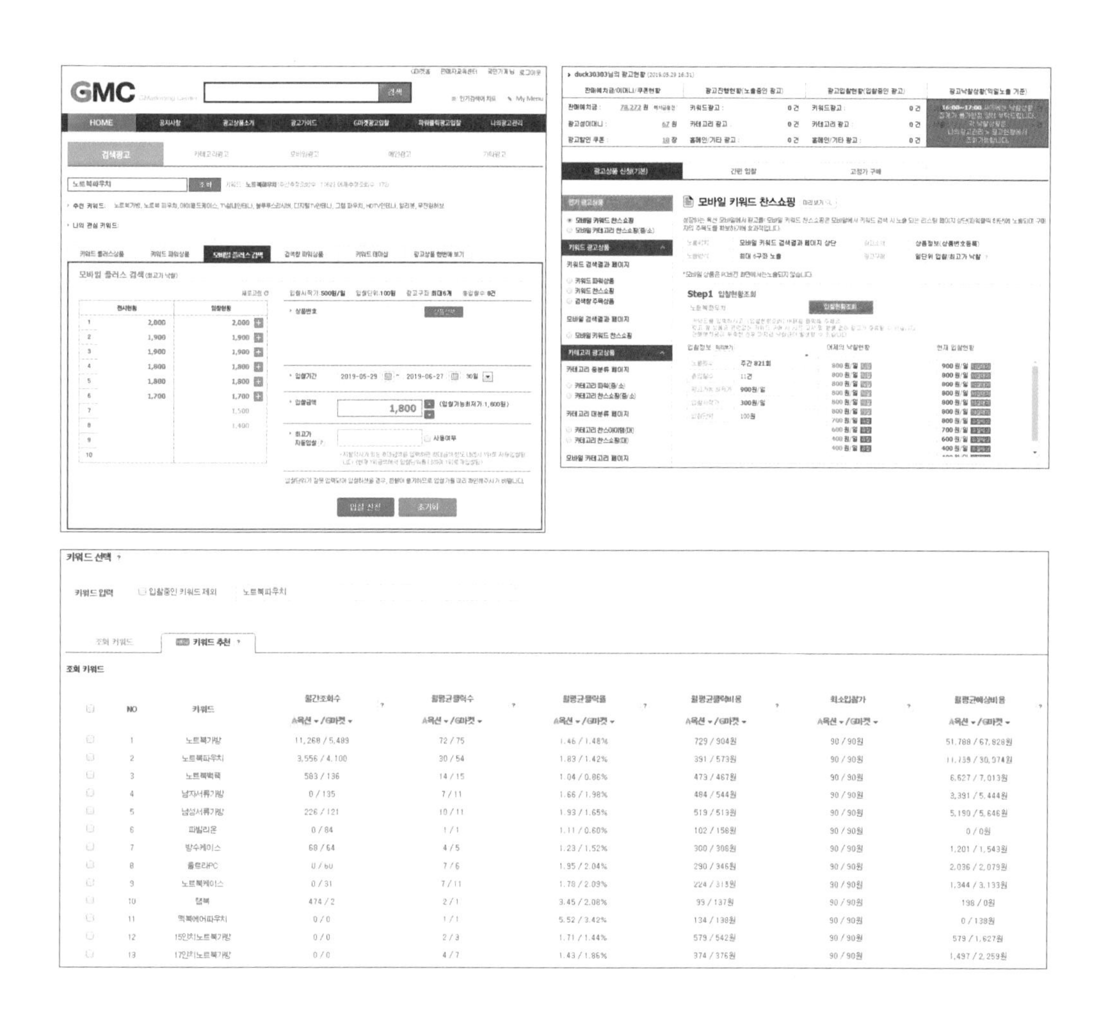

NO	키워드	월간조회수 A옥션 / G마켓	월평균클릭수 A옥션 / G마켓	월평균클릭률 A옥션 / G마켓	월평균클릭비용 A옥션 / G마켓	최소입찰가 A옥션 / G마켓	월평균예상비용 A옥션 / G마켓
1	노트북가방	11,268 / 5,489	72 / 75	1.46 / 1.48%	729 / 904원	90 / 90원	51,788 / 67,828원
2	노트북파우치	3,556 / 4,100	30 / 54	1.83 / 1.42%	391 / 573원	90 / 90원	11,739 / 30,574원
3	노트북백팩	583 / 136	14 / 15	1.04 / 0.86%	473 / 467원	90 / 90원	6,627 / 7,013원
4	남자서류가방	0 / 135	7 / 11	1.66 / 1.98%	484 / 544원	90 / 90원	3,391 / 5,444원
5	남성서류가방	226 / 121	10 / 11	1.93 / 1.65%	519 / 513원	90 / 90원	5,190 / 5,646원
6	파빌리온	0 / 84	1 / 1	1.11 / 0.60%	102 / 158원	90 / 90원	0 / 0원
7	방수케이스	68 / 64	4 / 5	1.23 / 1.52%	300 / 308원	90 / 90원	1,201 / 1,543원
8	울트라PC	0 / 60	7 / 6	1.95 / 2.04%	290 / 346원	90 / 90원	2,036 / 2,079원
9	노트북케이스	0 / 31	7 / 11	1.78 / 2.09%	224 / 313원	90 / 90원	1,344 / 3,133원
10	탭북	474 / 2	2 / 1	3.45 / 2.08%	99 / 137원	90 / 90원	198 / 0원
11	맥북에어파우치	0 / 0	1 / 1	5.52 / 3.42%	134 / 138원	90 / 90원	0 / 138원
12	15인치노트북가방	0 / 0	2 / 3	1.71 / 1.44%	579 / 542원	90 / 90원	579 / 1,627원
13	17인치노트북가방	0 / 0	4 / 7	1.43 / 1.86%	374 / 376원	90 / 90원	1,497 / 2,259원

다음 그림은 키워드별 광고구좌를 금액별로 산출한 내용이다.

광고분석표

경쟁사					자사				
구분	영역	키워드명	순위	비용	구분	영역	키워드명	순위	비용
키워드	플러스	캐리어	1	12,400					
키워드	파워	캐리어	1	5,300					
키워드	모.플러스	캐리어	1	45,200					
키워드	플러스	캐리어	1	10,000					
키워드	파워	캐리어	1	600					
키워드	모.플러스	캐리어	1	5,300					
키워드	플러스	여행용캐리어	1	3,100					
키워드	파워	여행용캐리어	1	500					
키워드	모.플러스	여행용캐리어	1	1,800					
키워드	파워	여행용 캐리어	1	900					
키워드	모.플러스	여행용 캐리어	1	6,000					
합계			일	**91,100**					
			주	**637,700**					
			월	**2,733,000**					
키워드	파워클릭	캐리어	1	112790/223425					
키워드	파워클릭	여행용캐리어	1	0/0					
계			옥션	**2,845,790**					
			G마켓	**2,956,425**					

파워클릭 광고의 경우는 월평균 예상비용보다 순위 변동에 따른 지출이 높아질 확률이 높지만 그래도 근사치를 책정해야 하기 때문에 적어두고 예상과 실제의 차이를 눈에 익혀두는 것도 다음 아이템을 준비하는데 도움이 될 수 있다.

■ 매출 집계표 작성

예상 판매량과 광고 금액을 분석했다면 이익구조가 될 수 있는지를 파악해야 한다.
사업체마다 주요지표가 다르기 때문에 일반적으로 생각하는 기준을 예로 들어 살펴보면 다음과 같다.

❶ 이익 산출(이익금액, 마진률)
❷ 광고 사용 금액(1명에게 투여된 광고 금액)
❸ 수수료 별 매출 / 매입
❹ 재고 / 회전률
❺ 택배비

ERP(재고관리프로그램)같은 재고관리 솔루션을 활용하면 좋겠지만 초기 창업자나 소규모의 창업자는 높은 비용을 지출하면서 사용하기에는 부담스러운 것이 사실이다.
그래서 엑셀로 작성하여 관리해 볼 것을 추천한다.
다음 그림은 매일 판매된 량을 그대로 집계해서 넣어주면 미리 책정해 놓은 재고에서 제외되고 택배비가 자동 계산된다.
판매비율을 넣어놓은 이유는 회전을 보기 위함이며 회전률에 따라 다음 입고수량을 조절하고 미리 선주문을 할 수 있는 장점이 있다.

다음 그림은 상품별 마진과 판매수량에 따른 매입 매출을 볼 수 있도록 짜놓은 엑셀표이며 광고비와 판매수량을 누적해 가면서 전환수량에 따른 1명에게 투여된 광고 비용을 책정할 수 있는 장점이 있다.

품목	가격(VAT포함)	1	2	3	4	5	6	7	8	9	10	11	12	13	14	15	16	17	18	19	20	21	22	23	24	25	26	27	28	29	30	31	수량합계	금액	입고수량	잔여수량	판매비율	비고
A01	2,500	1					10									1	1	1	1	1													16	40,000	1000	984	2%	
A02	2,500	1					10									1	1	1	1	1					5								21	52,500	1000	979	2%	
A03	2,500	1														1	1	1	1	1													6	15,000	1000	994	1%	
B01	2,500	1														1	1	1	1	1													6	15,000	1000	994	1%	
B02	2,500	1					10									1	1	1	1	1					5								21	52,500	1000	979	2%	
B03	2,500	1														1	1	1	1	1													6	15,000	1000	994	1%	
C01	2,500	1					10									1	1	1	1	1													16	40,000	1000	984	2%	
C02	2,500	1														1	1	1	1	1					5								11	27,500	1000	989	1%	
C03	2,500	1					10									1	1	1	1	1													16	40,000	1000	984	2%	
D01	2,500	1														1	1	1	1	1													6	15,000	1000	994	1%	
D02	2,500	1					10									1	1	1	1	1					5								21	52,500	1000	979	2%	
D03	2,500	1														1	1	1	1	1													6	15,000	1000	994	1%	
E01	2,500	1					10									1	1	1	1	1					5								21	52,500	1000	979	2%	
E02	2,500	1														1	1	1	1	1													6	15,000	1000	994	1%	
E03	2,500	1					10									1	1	1	1	1					5								21	52,500	1000	979	2%	
빈박스	2,500																																0	-	0	-		
합계		15	0	0	0	0	80	0	0	0	0	0	0	0	0	15	15	15	15	15	0	0	0	0	30	0	0	0	0	0	0	0	200	500,000	15,000	14,800	1%	

다음 표를 기준으로 설명하면 상품별 마진 최소금액이 5,940원인데 1명에게 투여된 광고 비용은 1,106원으로 순이익이 1,249,900원으로 마진률 30%를 유지하고 있기 때문에 현재는 어떤 상품을 판매해도 이익이 나는 구조임을 확인할 수 있다.

일반판매																
상품명	공급가	판매가	수수료	배송방법	상품별마진	판매수량	매입	매출	마진	광고비용	일인당광고비용	전환수	클릭수	전환률	순이익	마진률
A01	6,000	18,000	0.83	3,000	5,940	16	96,000	288,000	95,040	221,200						
A02	7,000	21,000	0.83	3,000	7,430	21	147,000	441,000	156,030							
A03	8,000	24,000	0.83	3,000	8,920	6	48,000	144,000	53,520							
B01	6,000	18,000	0.83	3,000	5,940	6	36,000	108,000	35,640							
B02	7,000	21,000	0.83	3,000	7,430	21	147,000	441,000	156,030							
B03	8,000	24,000	0.83	3,000	8,920	6	48,000	144,000	53,520							
C01	6,000	18,000	0.83	3,000	5,940	16	96,000	288,000	95,040							
C02	7,000	21,000	0.83	3,000	7,430	11	77,000	231,000	81,730							
C03	8,000	24,000	0.83	3,000	8,920	16	128,000	384,000	142,720							
D01	6,000	18,000	0.83	3,000	5,940	6	36,000	108,000	35,640							
D02	7,000	21,000	0.83	3,000	7,430	21	147,000	441,000	156,030							
D03	8,000	24,000	0.83	3,000	8,920	6	48,000	144,000	53,520							
E01	6,000	18,000	0.83	3,000	5,940	21	126,000	378,000	124,740							
E02	7,000	21,000	0.83	3,000	7,430	6	42,000	126,000	44,580							
E03	8,000	24,000	0.83	3,000	8,920	21	168,000	504,000	187,320							
계							1,390,000	4,170,000	1,471,100	221,200	1,106	200		#DIV/0!	1,249,900	30%

앞서 이야기 한 것처럼 각 회사마다 판매 구조가 다르기 때문에 주요지표를 설정하는 것은 자유이며 귀찮은 일일 수도 있다고 생각한다.
많은 판매자들이 내 판매의 구조가 어떤 흐름으로 진행되고 있는지를 파악하고 있지 않고 느낌으로만 움직이는 것을 목격해 왔다.
매출이 하락하는 원이에 대한 근본적인 원인을 파악하기 위해서는 위의 집계표를 작성해 볼 필요가 분명히 있다고 필자는 생각한다.
모든 상품을 적용하라는 것이 아니라 광고가 투여되고 있다면 반드시 작성하여 이익구조를 확인하고 매출이 어디서 어떻게 발생되고 있는지를 확인해야 한다는 이야기 이다.

■ 경쟁사 네이버 노출현황 확인

경쟁사의 네이버 노출을 확인하는 이유는 +@를 파악하기 위함이다.
가격비교(카달로그)는 네이버가 임의로 만들어 노출하는 경우가 많기 때문에 내가 비브랜드의 분리된 코드를 운영하고 있다고 할지라도 어느 순간에는 최저가의 상품으로 변경된다는 의미 이기도 하다.

'유입 – 전환 – 객단가'라는 3가지의 구조로 웹을 형성하는데 앞에서 언급한 항목들을 잘 반영하여 맞추면 상위 판매자들과 차이가 발생하는 전환가 객단가가 거의 비슷한 상태로 변해 있을 것이다.
그 이후에는 결국 누가 더 많은 고객을 불러올 수 있을까?라는 마케팅 싸움이 되기 시작한다. 그래서 판매자들은 리스팅, 광고 2가지 상위노출에 관심이 쏠리기 시작하고 그 싸움은 결국 광고비의 상승으로 이어지기 마련이다.
그렇다면 "내가 광고비용을 더 높게 사용하더라도 각 마켓의 고객 인입수가 늘어나는가?"라고 생각해 본다면 그 답은 아니다! 이기 때문에 결국 이익률만 낮아지는 현상이 발생 할 수밖에 없다.
이 문제를 해결할 방법은 외부에서 고객을 인입시켜야 하는데 우리나라는 외부라고 하는 채널이 결국 네이버 밖에 없는 것이 불편한 진실이다.

결론적으로 만약 경쟁사와00 내가 G마켓에서 순위 경쟁을 하고 있는 상황에 광고에서 승부를 판가름하기에는 매우 근소한 차이이기 때문에 경쟁사의 네이버 순위를 체크해 봐야 한다는 것이다.

다음 그림은 '노트북' 검색 결과 1등의 판매자가 G마켓에 최저가를 주고 G마켓에 접속하여 노트북을 다시 재검색하면 해당 판매자의 상품이 나오는 것을 확인할 수 있다.
이런 구조를 가지고 있다고 한다면 G마켓의 인입 숫자 + 네이버의 인입 숫자가 더해져 판매량이 높아질 수밖에 없게 된다.

그렇다면 나도 그렇게 구조를 만들어야 하는데 완전히 똑같은 상품이여서 가격비교에 매칭을 하지 않는 이상은 쇼핑의 상단을 구성한다는 것은 매우 어려운 일일 수밖에 없다.

네이버쇼핑 ⓘ　　　　다른 사이트를 보시려면 여기를 누르세요.

'노트북' 상품 3,984,566건

전체상품 | 핫딜 | 브랜드 | CPU | 그래픽카드

ⓘ 네이버 쇼핑은 쇼핑몰에서 받은 정보만을 제공하니, 구매 전 상품 정보를 반드시 확인하시기 바랍니다.

✓ 20대 여성들 찾음

레노버 i-SlimBook 100S
248,800원 최저
가격비교 7개
리뷰 1,153개

✓ 20대 남성들 찾음

애플 맥북프로 MF840KH/A
1,462,880원 최저
가격비교 169개
리뷰 693개

✓ 30대 남성들 찾음

삼성전자 노트북5 NT500R5L-Z77L
1,259,000원 최저
가격비교 113개
리뷰 41개

✓ 30대 남성들 찾음

LG전자 그램 PC 15ZD960-GX70K
1,321,030원 최저
가격비교 113개
리뷰 363개

✓ 많이 찾은 상품

삼성전자 노트북9 metal NT900X3L-...
1,283,900원 최저
가격비교 85개
리뷰 234개

✓ 20대 여성들 찾음

애플 맥북에어 MMGG2KH/A
1,187,500원 최저
가격비교 90개
리뷰 60개

쇼핑 더보기

✓네이버쇼핑 랭킹순 · 낮은 가격순 · 높은 가격순 · 등록일순 · 상품평 많은순 　☐해외 상품 제외 · 쇼핑몰선택 · 혜택/조건 · 40개씩 보기

✓20대 여성이 많이 찾음

레노버 i-SlimBook 100S

248,800원 ~ 269,000원 가격비교 7

디지털/가전 > 노트북

화면크기 : 29.46cm　칩셋 제조사 : 인텔　시리즈 : 쿼드 코어　CPU : Z3735F
운영체제 : 윈도우10　SSD : 32GB　메모리 용량 : 2GB　해상도 : 1366x768

상품평 ★★★★★ 1,153 · 매거진 1 · 등록일 2015.09. · 찜하기 2069

lenovo

G마켓	248,800
옥션	249,000
G9	249,000
조이전	262,000
아이코다	262,000

포커스 상품 광고ⓘ

[레노버] 판매1위 i-SlimBook 100s 노트북 쿼드코어/윈도우10

248,800원
9%↓
무료배송

lenovo공식판매점
파워딜러

상품평

[레노버] 수요일까지 68만원 GTX950 4G업글 레노버노트북 700-i5

729,000원
17%↓
무료배송

다우몰7
파워딜러 고객만족우수

상품평

Lesson

03 내 상품 노출을 위한 마케팅 믹스

■ 광고의 선택과 필수

광고 교육을 할 때 필자는 수강생들에 항상 묻는 질문이 있다.

"오픈마켓에서 광고는 선택일까요? 필수일까요?"

많은 교육생들은 광고가 선택적으로 가능할 것이라고 대답한다.
그렇게 생각하는 이유 중 하나는 고효율을 낼 수 있는 키워드를 발굴 할 수 있겠지? 또는 분명 그런 게 있을 거야라고 하는 막연한 생각 때문이라고 할 수 있겠다.
이미 정보가 넘쳐나고 판매자보다 지식이 위에 있는 고객들을 대상으로 신조어를 만들어낸다거나 트렌드를 몰고 가는 것은 굉장히 어려운 일이다.
적어도 일반적인 검색 패턴이 일어나는 오픈마켓 내에서는 광고는 필수가 될 수밖에 없다.

Lesson02에서 언급한 '유입 – 전환 – 객단가'라는 구조 안에서 유입을 형성하는 것은 마켓내에서는 광고, 외부채널에서는 카달로그 인입을 언급했었다.
마켓 내에서 광고싸움을 할 때 다음과 같은 구조를 띄고 있다고 가정한다면 100이라는 수치는 채워져야 하고 경쟁사가 그 100을 위해 광고를 집행하고 있다면 나 역시도 그 구좌를 비슷하게라도 확보를 해야 결국 100의 근사치에 도달 할 수 있다는 논리가 형성된다.

100 클릭 x 5% 전환 x 20,000원 객단가 = 상위판매자

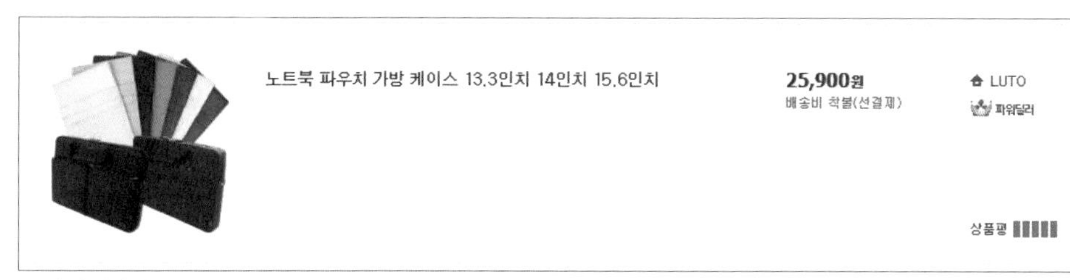

▲ 상위 판매자

▲ CPU 광고(파워클릭)

이런 광고를 집행하면서 여러 가지 수치를 점검해 봐야 하는데 기본은 다음과 같다. 조금은 낯설고 어려운 용어가 될 수 있지만 광고를 하기 전에 반드시 이해하고 집행해야만 리포트를 봤을 때 내 광고의 균형을 잘 맞춰 나갈 수 있다.

자세한 내용은 "로그를 활용한 광고 최적화"를 참조한다.

1) ROAS(광고효율)	2) PPC(클릭 당 비용)	3) switching cost(전환비용)
• 광고 1만원 지출 • 매출 10만원 발생 • 10배의 효율이 발생 • 10×100% = 1000%	• 광고 1만원 지출 • 10 클릭 발생 • 10000/10 = 1000원	• 전환률 20% • 10클릭 : 추정 10명 중 2명이 구매 • 10000/2 = 5000원

※ 광고효율은 500%이상, 클릭비용은 1,000원 이하, 마진은 5% 이상이여야 함

■ 마켓 별 검색광고

검색광고는 현 웹 시장에서 가장 깊고 넓게 자리 잡은 광고이다.

광고의 종류가 많지만 배너의 광고 시대를 이제 효과적인 측면에서 멀어졌다고 생각하면 된다.

모바일의 도입으로 접근성이 극대화되고 간편한 검색이 가능해진 시점에서 검색광고는 판매자들이 가장 선호하는 광고의 방식이다.

오픈마켓은 광고를 CPP(고정광고), CPC(클릭광고)로 구분하는데 장단점이 있지만 모든 마켓이 CPC를 주력으로 운영하고 있기 때문에 본서에서는 CPC 광고를 중점으로 설명하도록 하겠다.

1) 고정 광고	2) 클릭 광고
• G마켓 : 파워(5), 플러스(10, 모바일플러스(6) • 구좌를 구매하면 24시간 위치를 보장받는 광고 • 상품명 내에서만 광고가 가능	• G마켓 : 파워클릭(8)+@ • 실시간 순위 조정이 가능한 광고 • 상품과 관련한 모든 키워드에 광고가 가능

괄호(숫자)는 해당 광고의 구좌를 의미한다.

옥션의 경우 파워클릭 모바일 구좌가 8구좌 늘어난다. (파워클릭 라이트)

CPP를 아예 빼놓고 이야기 할 수는 없기 때문에 쉽게 찾아볼 수 있는 방법과 시간대 별 광고 마감시간을 설명하도록 하겠다.

먼저 마켓 별 광고 마감시간은 다음 그림과 같다.

10분단위로 일 광고를 낙찰받는 방식으로 그 전까지는 전부 입찰이라고 생각하면 된다.

주의사항은 광고 낙찰 마감 시간 1시간 전에는 수정, 하향 조정 불가이기 때문에 미리 미리 설정해 둘 것을 권장한다.

오픈마켓 별 광고 시간표(카 메 키)	
옥션	카테고리 : 16시 30분 메인 배너 : 16시 40분 키워드 ; 16시 50분
11번가	카테고리 : 17시 00분 메인 배너 : 17시 10분 키워드 ; 17시 20분
G마켓	카테고리 : 17시 30분 메인 배너 : 17시 40분 키워드 ; 17시 50분

※ 16시~20시 사이 광고 수정 불가, 하양조정불가, 삭제 불가 (원칙은 1시간 전
※ 해당 시간에 가장 가깝게 최고가 입찰자가 1등으로 낙찰 후 전시
※ G마켓 : 19시~20시 사이 노출 시작하여 익일 동 시간까지 노출
※ 옥션 : 00시 노출 시작하여 익일 동 시간까지 노출

G마켓의 광고 가이드는 ESMPLUS 〉 광고/부가서비스 〉 G마켓 광고관리 〉 광고상품 소개에서 확인이 가능하다.

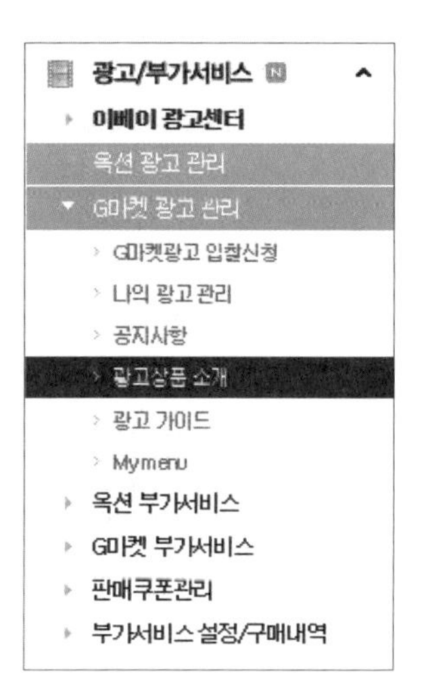

좌측의 광고 종류를 선택하고 상단에 구좌를 선택하면 해당 광고가 어디에 노출되는지와 노출방식, 입찰시작가, 입찰단위, 광고형식을 안내해 준다.

옥션은 G마켓과 같은 회사이기 때문에 광고의 방식이 유사하며, 광고의 구좌 명칭이 달라 헷갈릴 수 있지만 위치를 기억하면서 보면 쉽게 이해가 가능하다.

모바일플러스, 모바일찬스쇼핑이 어디에 위치하는지를 주의 깊게 봐야 한다.

11번가의 가이드는 셀러오피스 우측에 광고센터 〉 광고 가이드를 클릭한다.

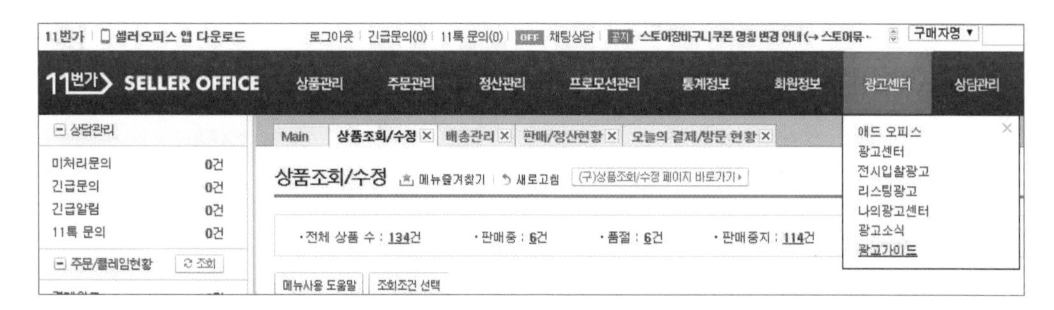

좌측에 노출영역을 클릭하고 검색광고 〉 추천상품, 파워상품을 클릭하면 영역으로 이동하여 광고의 구좌를 확인시켜주고 노출위치, 노출방식, 선정방식, 입찰시작가 등을 안내해 준다.

11번가 역시 G마켓 옥션과 비슷한 광고의 형태를 띄고 있기 때문에 용어가 익숙해 질 수 있도록 여러 번 반복해서 확인해 볼 것을 권장한다.

CPP(고정광고)의 장점은 24시간 노출을 보장받는 것에 있지만 단점은 낙찰 받는 방식이기 때문에 시간을 놓치거나 입찰금액이 상대적으로 낮아 광고가 유찰 되었을 경우 노출의 공백기가 생기기 때문에 관리 측면에서 어려운 광고가 될 수 있다.

ESMPLUS 〉 광고/부가서비스 〉 G마켓광고관리 〉 G마켓 광고 입찰신청을 클릭하면 GSM 이라는 광고 설정 플랫폼이 활성화 되는데 상단에 광고의 종류를 선택하고 키워드를 입력하게 되면 전날 전시현황과 오늘 입찰현황을 볼 수 있다.

최저가보다 100원 비싸게 광고를 입찰 할 수 있으니 일단 설정을 완료하고 [입찰 신청] 버튼을 클릭한다.

검색광고 카테고리광고 모바일광고 메인광고 기타광고

노트북파우치 조회 키워드: 노트북파우치(주간추정조회수: 1162 | 어제추정조회수: 137)

▸ 추천 키워드: 노트북가방, 노트북 파우치, 아이패드케이스, TV실내안테나, 블루투스리시버, 디지털TV안테나, 그램 파우치, HDTV안테나, 열리봇, 무전원허브

▸ 나의 관심 키워드:

키워드 플러스상품 | 키워드 파워상품 | 모바일 플러스 검색 | 검색창 파워상품 | 키워드 테마샵 | 광고상품 한번에 보기

모바일 플러스 검색(최고가 낙찰)

새로고침

	전시현황	입찰현황
1	2,000	2,000
2	1,900	1,900
3	1,900	1,900
4	1,800	1,800
5	1,700	1,700
6	1,600	1,600
7		1,500
8		1,400
9		
10		

입찰시작가:500원/일 입찰단위:100원 광고구좌:최대6개 총입찰수:8건

▸ 상품번호 상품선택

▸ 입찰기간 2019-05-30 ~ 2019-06-28 30일

▸ 입찰금액 1,700 (입찰가능최저가:1,700원)

▸ 최고가 자동입찰 ? 사용여부

*지불의사가 있는 최대금액을 입력하면 최대금액 한도 내에서 1위로 자동입찰됩니다.(현재 1위금액에서 입찰단위를 더하여 1위로 재입찰됨)

입찰단위가 잘못 입력되어 입찰하셨을 경우, 환불이 불가하므로 입찰가를 미리 확인해주시기 바랍니다.

입찰 신청 초기화

입찰신청을 완료 한 후 ESMPLUS 〉 광고/부가서비스 〉 G마켓광고관리 〉 나의 광고 관리에 접속하여 입찰중 광고 옆의 확인을 클릭 후 좌측하단에 최저가 입찰 또는 최고가 입찰을 선택하고 G마켓 광고 마감시간인 17:50에 가깝게 일괄변경을 클릭하면 광고의 낙찰과 유찰이 결정되어 진다.

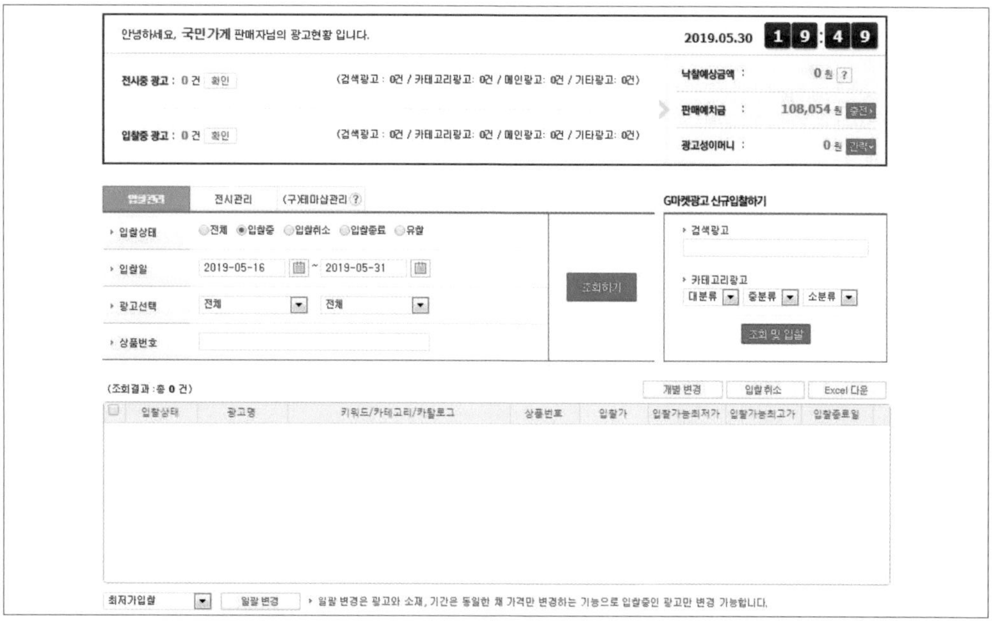

안녕하세요, 국민가게 판매자님의 광고현황 입니다. 2019.05.30 19:49

전시중 광고 : 0 건 확인 (검색광고 : 0건 / 카테고리광고: 0건 / 메인광고: 0건 / 기타광고: 0건)

입찰중 광고 : 0 건 확인 (검색광고 : 0건 / 카테고리광고: 0건 / 메인광고: 0건 / 기타광고: 0건)

낙찰예상금액 : 0 원 ?

판매예치금 : 108,054 원 충전

광고성이머니 : 0 원 간략

입찰관리 전시관리 (구)테마샵관리 ?

▸ 입찰상태 전체 입찰중 입찰취소 입찰종료 유찰

▸ 입찰일 2019-05-16 ~ 2019-05-31

▸ 광고선택 전체 전체

▸ 상품번호

조회하기

G마켓광고 신규입찰하기

▸ 검색광고

▸ 카테고리광고 대분류 중분류 소분류

조회 및 입찰

(조회결과 : 총 0 건) 개별 변경 입찰취소 Excel 다운

입찰상태	광고명	키워드/카테고리/카탈로그	상품번호	입찰가	입찰가능최저가	입찰가능최고가	입찰종료일

최저가입찰 일괄 변경 ▸ 일괄 변경은 광고와 소재, 기간은 동일한 채 가격만 변경하는 기능으로 입찰중인 광고만 변경 가능합니다.

옥션, 11번가 역시 동일한 방식으로 입찰을 하게 되고 낙찰을 받는 방식이다. 상품을 선택하고 광고의 종류를 선택한 후 키워드를 입력하고 우측하단에 [입찰하기] 버튼을 클릭하면 된다.

광고센터 〉 전시입찰광고 〉 광고관리에서 가능하다.

일괄변경 〉 입찰금액을 클릭해서 최저가보다 +100원 또는 최고가보다 +100을 11번가 키워드 마감시간인 17:20분에 가깝게 버튼을 클릭하면 된다.

11번가 판매자 광고센터
전시입찰광고
HOT클릭광고
리스팅광고
나의 광고센터
광고소식
광고가이드
메뉴전체
광고신청
광고관리
리포트
즉시할인구매
대량입찰
고관리
전시입찰광고 상품이란?
광고입찰 따라하기
입찰현황
전시현황
검색키워드
카테고리
메인
코너
나의 입찰관리
광고 낙찰관리
조회기간
광고상품
상품번호
입찰상태
입찰마감
검색
초기화

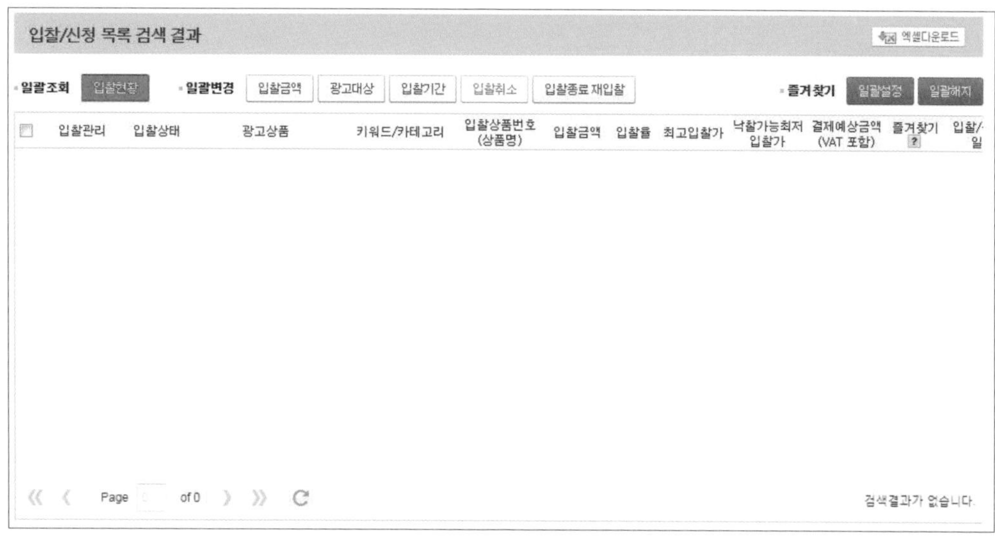
입찰/신청 목록 검색 결과
엑셀다운로드
일괄조회
일괄변경
입찰금액
광고대상
입찰기간
입찰종료 재입찰
즐겨찾기
입찰관리
입찰상태
광고상품
키워드/카테고리
입찰금액
입찰율
최고입찰가
검색결과가 없습니다.

각 마켓별 CPC(클릭광고)광고의 명칭은 다음과 같다.

- 네이버 : 쇼핑검색
- G마켓 옥션 : 파워클릭
- 11번가 : 포커스클릭

CPC 광고는 클릭하면 금액이 지출되는 광고로 1클릭당 비용이 높고 조회수가 많은 키워드의 경우 금액이 많이 소진 될 수 있기 때문에 조심스럽게 접근해야 하는 광고 방식이다.
단, 관리 측면에서 좋고 키워드의 파생력이 좋기 때문에 많은 판매자들이 CPC 광고를 선호하고 있다.
대행사도 많기 때문에 직접광고를 관리하지 않아도 대행사를 통해 광고를 설정하고 집행이 가능하다.
주의할 점은 대행사를 이용하기 전 반드시 광고주인 내가 광고에 대한 이해가 있어야 하고 지표를 관리할 줄 알아야하며 적극적인 의견반영으로 인해 주객이 전도되는 일은 있어서는 안된다 라는 것을 꼭 명심해야 한다.

먼저 CPC 광고의 형태는 아래의 2가지로 구분된다.
하지만 네이버와 11번가는 최초 설정 시에 2번의 설정이 불가능하다.
굉장히 불합리한 광고의 설정방식이기에 네이버와 11번가 최초 광고 집행 시 한도금액을 설정하거나 충전금액을 5만 원정도로 시작할 것은 권장한다.

❶ 상품명을 기반으로 한 마켓의 자동설정
❷ 개인이 추출한 키워드를 기반으로 한 수동 설정

1번의 설정방식은 간편한 설정이기 때문에 네이버와 11번가의 광고 기초 교육 동영상을 수강하거나 가이드를 다운로드 받아 보기를 권장한다.
광고 설정 시 주의해야 할 사항만 설명하도록 하겠다.

간편등록(자동설정)의 단점은 키워를 내가 선정할 수 없기 때문에 고비용의 키워드를 제외할 수 있는 권한이 없어 지출이 크게 될 수 있음을 앞에서 설명했다.

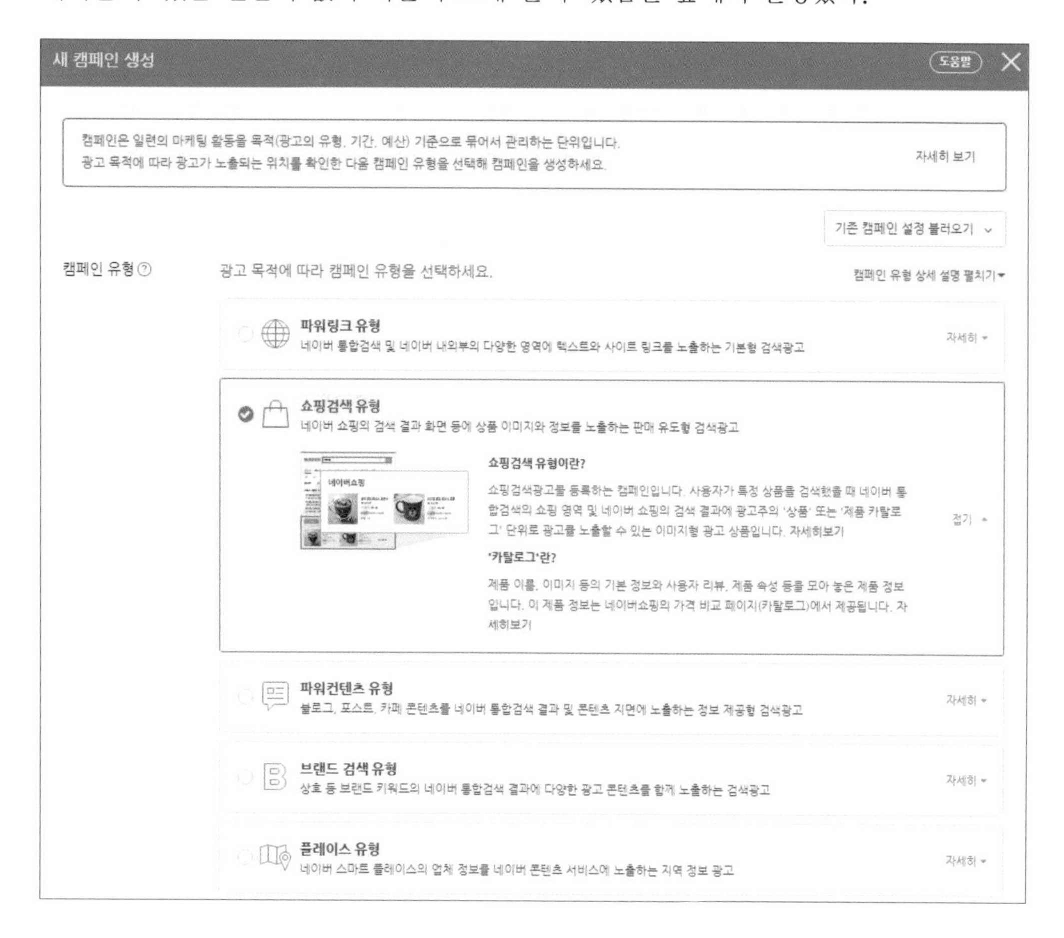

그 외에도 아래에서 보는 것처럼 고급옵션을 클릭하지 않으면 모바일과 PC를 구분해서 광고가 불가능하고 검색결과가 아닌 다른 제휴지면까지 노출이 되기 때문에 반드시 클릭해서 제외해 주는 작업을 해줘야 한다.

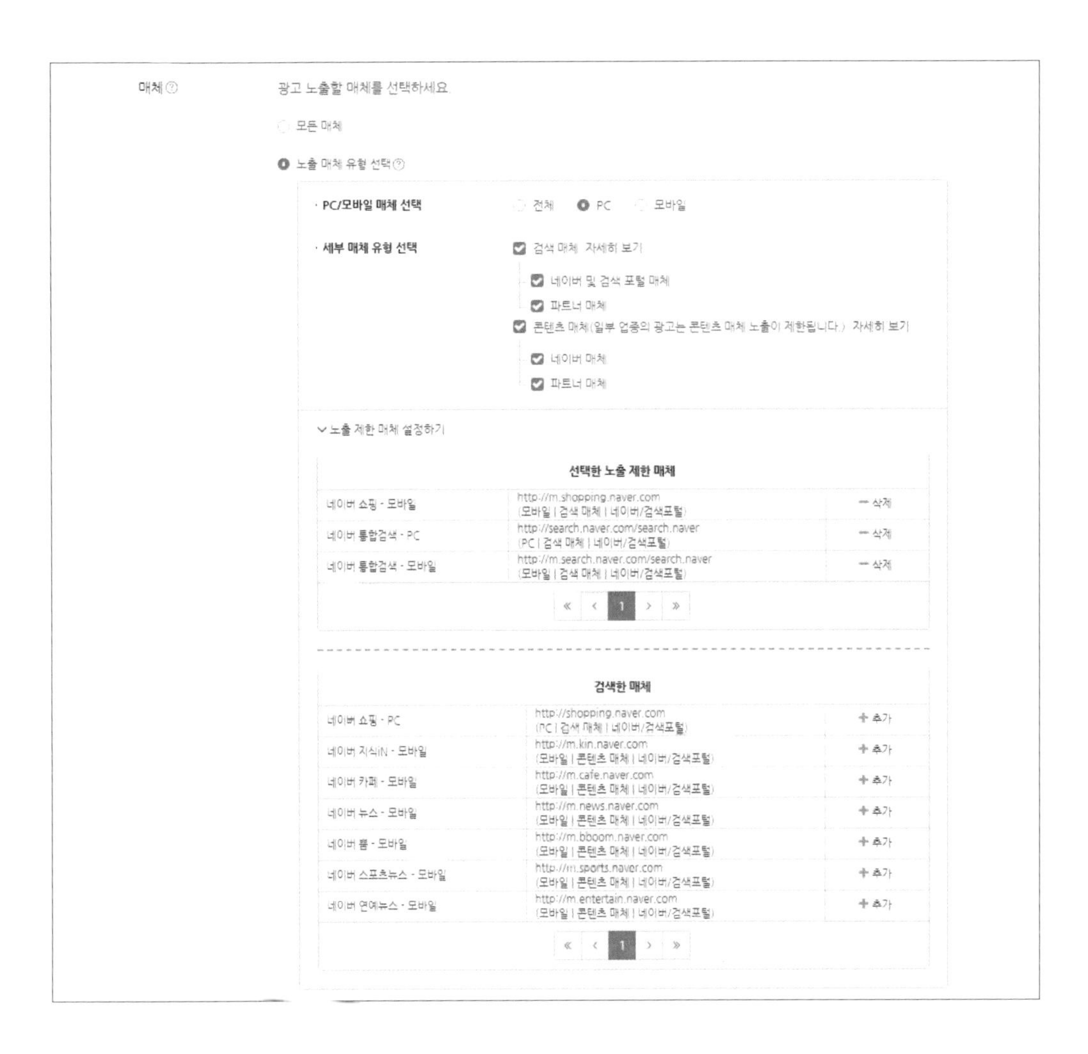

광고가 집행이되고 하루가 지나면 반드시 제외키워드 〉 [제외키워드 추가] 버튼을 클릭하여 클릭이 많이 나온 키워드와 전환 %를 확인하고 클릭만 일어나고 전환이 없는 키워드를 제외시켜줘야 한다.

11번가는 광고센터 〉 애드오피스 〉 광고만들기를 클릭하여 접속한다.

주의할 점은 노출영역 개별 설정을 활성화 하여 네이버 쇼핑광고의 매체를 제외하듯이 선택을 해제해 줘야 한다는 것이다.

광고만들기
셀러 아이디 duck303 충전액 991,926 충전
캠페인
캠페인명 03_캠페인 6/15
캠페인전략 캠페인 일 예산 및 노출기간을 추가로 선택할 수 있습니다.
캠페인 일 예산 설정
노출기간 개별 설정
그룹
그룹명 01_그룹 5/15
그룹 입찰가 200 원
그룹전략 그룹 일 예산, 노출 요일/시간, 노출 영역을 추가로 선택할 수 있습니다.
그룹 일 예산 설정
요일/시간 개별 설정
노출 영역 개별 설정
노출 지면 검색결과 지면 / 카테고리 지면 / 유저개인화 지면
노출 매체 전체 / 11번가 내부 / 11번가 파트너

광고할 상품을 선택하고 추가를 클릭해주면 다음과 같이 상품이 추가되고 [광고 만들기 완료] 버튼을 클릭하게 되면 자동으로 광고가 진행된다.

광고 설정이 완료되면 우측에 있는 상품전략 변경을 클릭하여 광고의 진행방식을 직접 설정으로 변경하고 아래에 대표명사를 기입 후 전환이 잘 나오는 키워드를 기반으로 [추가] 버튼을 클릭하여 광고를 직접 설정해 주는 것이 좋다.

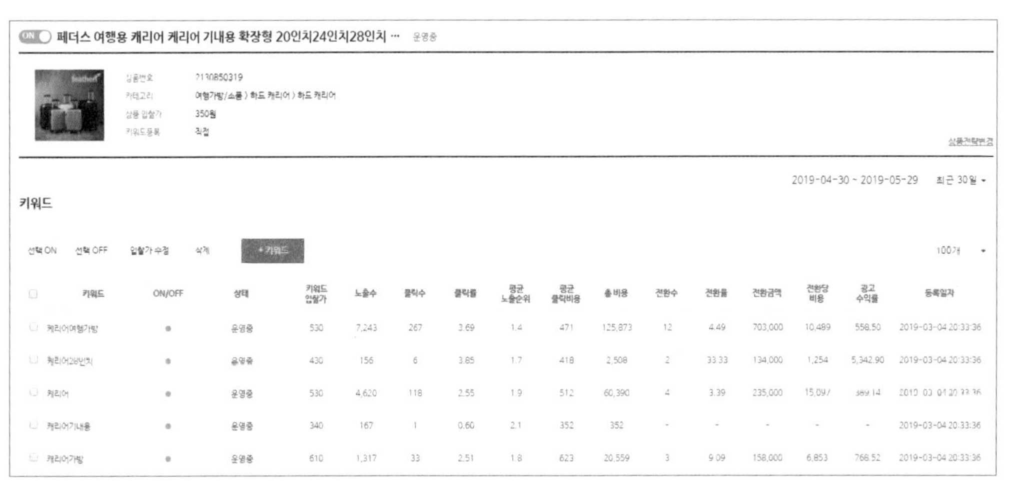

키워드	ON/OFF	상태	키워드 입찰가	노출수	클릭수	클릭률	평균 노출순위	평균 클릭비용	총 비용	전환수	전환율	전환금액	전환당 비용	광고 수익률	등록일자
캐리어여행가방	●	운영중	530	7,243	267	3.69	1.4	471	125,873	12	4.49	703,000	10,489	558.50	2019-03-04 20:33:36
캐리어28인치	●	운영중	430	156	6	3.85	1.7	418	2,508	2	33.33	134,000	1,254	5,342.90	2019-03-04 20:33:36
캐리어	●	운영중	530	4,620	118	2.55	1.9	512	60,390	4	3.39	235,000	15,097	389.14	2019-03-04 20:33:36
캐리어기내용	●	운영중	340	167	1	0.60	2.1	352	352	-	-	-	-	-	2019-03-04 20:33:36
캐리어가방	●	운영중	610	1,317	33	2.51	1.8	623	20,559	3	9.09	158,000	6,853	766.52	2019-03-04 20:33:36

키워드	노출수	클릭수	전환수	+ 전체추가
캐리어	348,541	8,673	552	추가
여행용캐리어	125,720	2,668	177	추가
기내용캐리어20인치	57,953	929	61	추가
기내용캐리어	34,624	690	40	추가
여행용캐리어24인치	23,870	382	21	추가
여행용캐리어28인치	20,148	334	17	추가
20인치캐리어	16,809	292	16	추가
캐리어가방	12,750	213	8	추가
캐리어20인치	12,520	219	16	추가
여행용캐리어20인치	12,058	187	16	추가

CPC 광고를 고전적으로 표현하자면 조회수가 적은 키워드의 힘이 주요 키워드의 힘을 넘어선다는 광고 방식이다. 하지만 방식은 판매자들에게 유명해진 웹에만 존재하는 광고 방식이다.

고객의 검색 패턴이나 상품을 검색하는 기준을 100% 이렇게 검색할거야 라고 규정지을 수 없기 때문에 확률이 있는 모든 키워드에 파생력을 적용하여 넓게 광고하는 방식을 롱테일 광고 방식이라고 하고 CPC는 예전부터 그 방식에 적합한 광고라고 생각해왔다.

이런 광고를 설정하기 위해서는 키워드의 흐름을 잘 표현해 줄 수 있는 툴이 필요한데 네이버 광고 관리 시스템이 그것이다.

다음은 대표명사를 입력하고 [조회하기] 버튼을 클릭한 화면이다.

우측에 있는 다운로드를 클릭하여 엑셀화 시키면 다음과 같이 키워드가 추출되고 내 상품과 적절성이 떨어진다고 생각되는 키워드와 브랜드가 포함된 키워드를 행 삭제를 통해 지워주는 작업을 진행해줘야 한다.

	연관키워드	월간검색수 PC	월간검색수 모바일	월평균클릭수 PC	월평균클릭수 모바일	월평균클릭률 PC	월평균클릭률 모바일	경쟁정도	월평균노출 광고수
추가	노트북파우치	13,500	43,500	106.2	725.8	0.85%	1.81%	높음	15
추가	아이폰X케이스	8,670	23,000	156.8	1,083	1.9%	5.15%	높음	15
추가	아이폰8케이스	6,180	26,500	114.2	1,087.5	2%	4.41%	높음	15
추가	아이폰케이스	32,000	39,100	962.2	1,893	3.28%	5.18%	높음	15
추가	차량용품	6,870	18,500	140.9	689.8	2.27%	4.01%	높음	15
추가	노트북가방	8,740	21,700	51.3	269.9	0.64%	1.33%	높음	15

연관키워드	월간검색수(PC)	월간검색수(모바일)	월평균클릭률(PC)	월평균클릭률(모바일)
노트북파우치	13,500	43,500	0.85%	1.81%
아이폰X케이스	8,670	23,000	1.9%	5.15%
아이폰8케이스	6,180	26,500	2%	4.41%
아이폰케이스	32,000	39,100	3.28%	5.18%
차량용품	6,870	18,500	2.27%	4.01%
노트북가방	8,740	21,700	0.64%	1.33%
15인치노트북파우치	3,960	9,550	1.52%	2.67%
아이폰8플러스케이스	1,890	10,700	1.95%	5.3%
파우치	11,000	51,700	0.57%	1.05%
파우치제작	1,410	2,030	7.29%	11.95%
아이폰7케이스	7,080	31,400	2.13%	4.57%
13인치노트북파우치	1,970	4,970	2.75%	4.59%
아이폰6케이스	2,880	14,600	1.57%	4.4%
화장품파우치	6,020	33,600	0.99%	1.81%
특이한아이폰케이스	2,500	19,100	5.71%	10.45%
15.6인치노트북파우치	1,940	3,900	1.61%	1.82%
카메라백팩	1,920	3,420	1.09%	0.04%
노트북백팩	3,060	6,870	0.94%	1.21%
맥북프로파우치	610	1,020	1.16%	1.07%
15인치노트북가방	1,150	2,820	1.27%	0.4%
여성로퍼	7,010	35,500	1.83%	2.25%
여성가방쇼핑몰	3,490	11,500	5.28%	13.99%
예쁜아이폰케이스	50	450	4.94%	12.53%
가방쇼핑몰	4,010	10,800	3.07%	7.05%
여성지갑	6,530	20,200	0.98%	1.25%
예쁜노트북파우치	110	260	6.02%	10.35%
크로스백	26,800	118,200	0.44%	0.91%
여성클러치백	6,850	46,500	1.35%	0.61%
여성가방	6,610	35,300	2.01%	1.99%
맥북에어파우치	550	960	1.96%	1.52%
여행용파우치	4,910	14,600	0.57%	1.46%
투명파우치	1,380	4,800	1.47%	0.24%

이 작업이 완료되면 ESMPLUS 〉 이베이광고센터 〉 파워클릭 〉 광고등록 〉 일반등록 〉 [다음단계로 이동] 〉 [대량등록] 버튼을 클릭하여 대량등록 파일을 다운로드 받는다.

ebay 광고센터
광고안내
파워클릭
리마케팅
설정관리
고객센터
01 그룹/상품 선택
02 키워드 선택
그룹설정
등록된 그룹(그룹 운영상태=ON)을 선택하거나 신규로 그룹을 생성합니다.
대량등록
그룹선택
추가 +

ebay 광고센터
광고안내
파워클릭
리마케팅
01 그룹/상품 선택
대량등록
개별등록
대량등록 템플릿을 다운로드 받아서 등록규칙을 확인해주세요.
대량광고 수정은 광고관리에서 확인가능합니다.
등록완료후, 내부 검수소요시간에 따라 다소 반영이 늦어질 수 있습니다.
대량등록 템플릿 다운로드

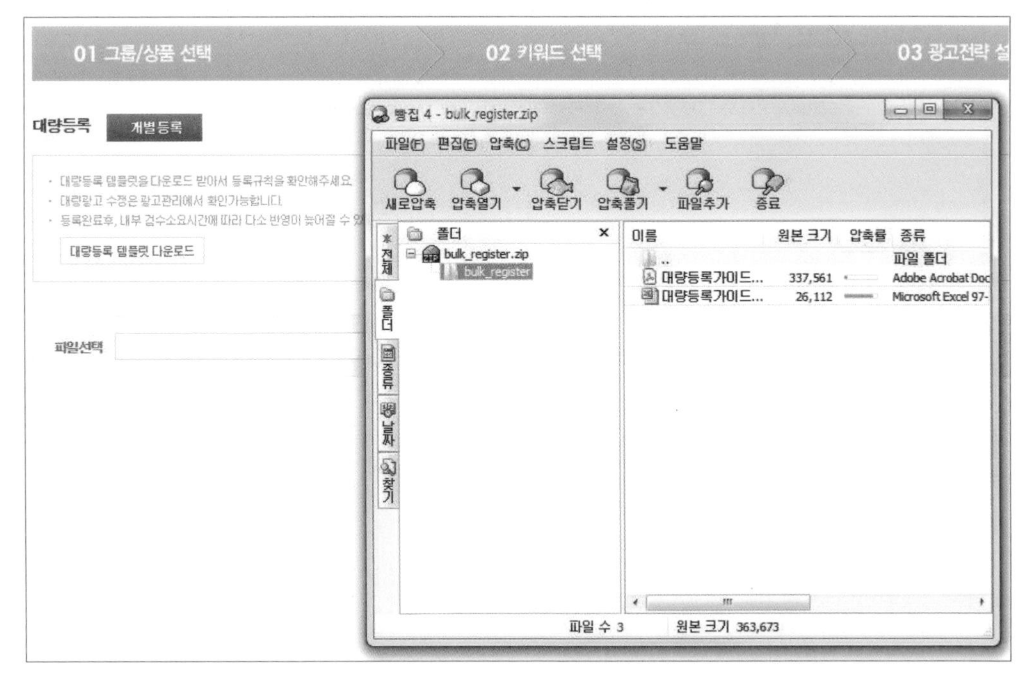
01 그룹/상품 선택
02 키워드 선택
대량등록
개별등록
대량등록 템플릿 다운로드
파일선택
빵집 4 - bulk_register.zip
파일(F) 편집(E) 압축(C) 스크립트 설정(S) 도움말
새로압축
압축열기
압축닫기
압축풀기
파일추가
종료
폴더
bulk_register.zip
bulk_register
이름
원본 크기
압축률
종류
파일 폴더
대량등록가이드...
337,561
Adobe Acrobat Doc
26,112
Microsoft Excel 97-
파일 수 3
원본 크기 363,673

엑셀을 활성화하고 네이버 광고관리시스템에서 추출하여 정리한 키워드를 다음과 같이 복사해서 붙여넣기를 한 후 [대량등록 업로드]를 통해 광고 설정을 완료한다.

판매자ID	사이트	광고그룹명	키워드명	상품번호	희망클릭비용
duck30303	G	노트북파우치(G)	노트북파우치	1557834746	90
duck30303	G	노트북파우치(G)	노트북가방	1557834746	90
duck30303	G	노트북파우치(G)	아이패드파우치	1557834746	90
duck30303	G	노트북파우치(G)	15인치노트북파우치	1557834746	90
duck30303	G	노트북파우치(G)	13인치노트북파우치	1557834746	90
duck30303	G	노트북파우치(G)	맥북파우치	1557834746	90
duck30303	G	노트북파우치(G)	14인치노트북파우치	1557834746	90
duck30303	G	노트북파우치(G)	15.6인치노트북파우치	1557834746	90
duck30303	G	노트북파우치(G)	여성노트북가방	1557834746	90
duck30303	G	노트북파우치(G)	15인치노트북가방	1557834746	90
duck30303	G	노트북파우치(G)	태블릿파우치	1557834746	90
duck30303	G	노트북파우치(G)	LG그램파우치	1557834746	90
duck30303	G	노트북파우치(G)	17인치노트북가방	1557834746	90
duck30303	G	노트북파우치(G)	아이패드가방	1557834746	90
duck30303	G	노트북파우치(G)	방수파우치	1557834746	90
duck30303	G	노트북파우치(G)	삼성노트북파우치	1557834746	90
duck30303	G	노트북파우치(G)	17인치노트북파우치	1557834746	90
duck30303	G	노트북파우치(G)	예쁜노트북가방	1557834746	90
duck30303	G	노트북파우치(G)	13인치노트북가방	1557834746	90
duck30303	G	노트북파우치(G)	맥북프로파우치	1557834746	90
duck30303	G	노트북파우치(G)	15.6인치노트북가방	1557834746	90
duck30303	G	노트북파우치(G)	맥북에어싸우시	1557834746	90
duck30303	G	노트북파우치(G)	맥북가방	1557834746	90
duck30303	G	노트북파우치(G)	여자노트북가방	1557834746	90
duck30303	G	노트북파우치(G)	그램노트북파우치	1557834746	90
duck30303	G	노트북파우치(G)	노트북15인치파우치	1557834746	90
duck30303	G	노트북파우치(G)	노트북크로스백	1557834746	90
duck30303	G	노트북파우치(G)	11인치파우치	1557834746	90
duck30303	G	노트북파우치(G)	13.3인치노트북파우치	1557834746	90
duck30303	G	노트북파우치(G)	남자노트북가방	1557834746	90
duck30303	G	노트북파우치(G)	맥북13인치파우치	1557834746	90

01 그룹/상품 선택 02 키워드 선택 03 광고전략 설정

대량등록 개별등록

- 대량등록 템플릿을 다운로드 받아서 등록규칙을 확인해주세요.
- 대량광고 수정은 광고관리에서 확인가능합니다.
- 등록완료후, 내부 검수소요시간에 따라 다소 반영이 늦어질 수 있습니다.

대량등록 템플릿 다운로드

파일선택 조회 * 엑셀파일명은 특수문자 없이 최대 30자까지 입력해주세요.

대량등록 업로드

광고 설정이 완료되면 파워클릭 〉 광고관리에 접속하여 우측에 [노출수정]을 클릭 후 타마켓과 동일하게 키워드 검색결과를 제외한 카테고리, 상품샹세페이지, 외부매체 선택을 해제 시켜준 뒤 키워드별 금액을 설정해 주면 된다.

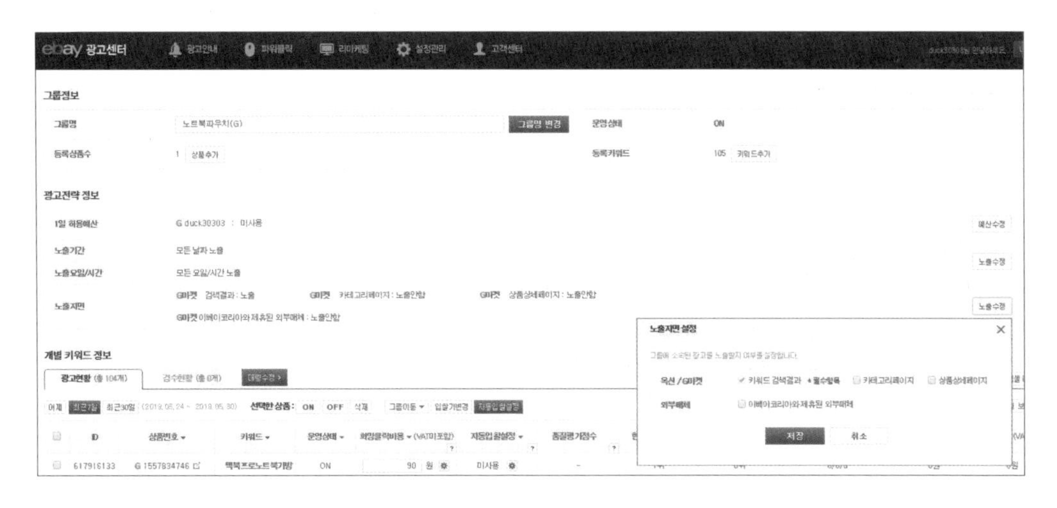

위의 광고설정에 대한 흐름은 필자가 광고를 설정할 때 진행하는 방식이며 그 외의 광고설정 방식은 글로 설명하기에 너무 많은 분량이므로 생략하도록 하겠다.

그런 이유는 이 방식이 가장 빠르고 정확하며 다른 방식을 통해 광고를 설정했을 경우 지나친 과금이나 설정의 오차가 심해지기 때문이다.

혹시나 부족한 부분이 생기면 각 마켓 광고 가이드를 다운로드 받아 위에 설명한 내용을 대입해 보면 쉽게 이해가 가능할 것이라 확신한다.

광고를 관리하고 리포트를 보는 방법은 다음 단원의 "로그를 활용한 광고 최적화"에서 좀 더 심도있게 다뤄 보기로 하자.

■ 바이럴 마케팅의 핵심

네이버는 10개의 노출구좌라고 애기할 수 있다.

다음 그림을 보고 ㄱ자를 보면 그 영역을 확인 할 수 있는데 네이버의 대표적인 마케팅 툴은 블로그(포스트), 카페, 지식iN, 웹사이트로 크게 구분할 수 있고 그 외의 노출구좌를 확인해 보면 이미지, 동영상, 지도, 쇼핑, 뉴스가 있다.

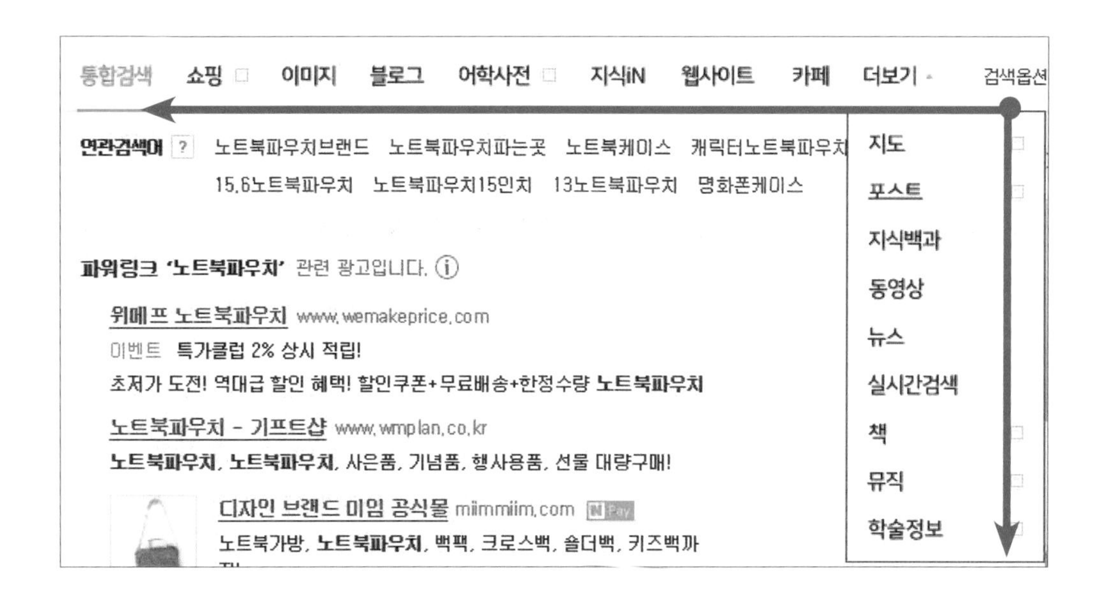

웹사이트는 홈페이지를 따로 운영하지 않으면 현재는 노출하기 힘든 구조이고, 지식iN은 네이버에서 굉장히 민감하게 관리하고 있기 때문에 자의적 노출은 어려운 것이 현실이다.
그래서 블로그(포스트), 카페만 열심히 하더라도 이미지, 동영상 영역의 점유가 가능하고 쇼핑은 스마트 스토어로 점유할 수 있다.
지도의 경우 오프라인 등록(플레이스등록)으로 노출이 가능하며 뉴스기사는 최저 3~5만원으로 노출이 가능하다.

이 전에는 바이럴 마케팅 채널을 직접운영하면서 비용을 투여하지 않고 노출하는 방식을 선택했다면 네이버의 정책 상 예전명칭 : 파워블로거(블로그기자단)들의 게시글이 노출 우선이 되기 시작하면서 이제는 비용을 투여하여 체험단 운영을 활성화해야 효과적인 노출이 가능한 시대로 변화 되었다.

네이버에서 이야기하는 좋은 문서의 기준은 읽는 사람으로 하여금 신뢰를 제공할 수 있는가에 달려 있다.
신뢰라는 것은 고객의 검색 패턴에 있는 내용으로 정확하게 전달되었는가를 책정하는데 그 역시 고객이 사용하는 검색어를 게시글에 포함하고 있는지 여부에 따라 노출의 순위를 결정한다고 생각하면 된다.

좋은 문서

네이버 검색이 생각하는 좋은 문서를 설명합니다. 네이버는 다음과 같은 문서들이 검색결과에 잘 노출되어 사용자는 검색 결과에 유용한 정보를 얻고 콘텐츠 생산자는 노력에 합당한 관심을 받을 수 있도록 하기 위해 노력하고 있습니다.

- **신뢰할 수 있는 정보를 기반으로 작성한 문서**
- **물품이나 장소 등에 대해 본인이 직접 경험하여 작성한 후기 문서**
- **다른 문서를 복사하거나 짜깁기 하지 않고 독자적인 정보로서의 가치를 가진 문서**
- **해당주제에 대해 도움이 될 만한 충분한 길이의 정보와 분석내용을 포함한 문서**
- **읽는 사람이 북마크하고 싶고 친구에게 공유/추천하고 싶은 문서**
- **네이버 랭킹 로직을 생각하며 작성한 것이 아닌 글을 읽는 사람을 생각하며 작성한 문서**
- **글을 읽는 사용자가 쉽게 읽고 이해할 수 있게 작성한 문서**

그렇다면 반대로 네이버 블로그검색이 제어하는 문서는 어떤 게 있을까요? 사실 이런 종류의 문서는 일반적인 이용자들이 생산하는 경우는 많지 않습니다. 하지만 많은 분들이 궁금해하시는 사안인 만큼 비교적 자세히 소개해 드리고자 합니다.

▲ 네이버 공식 "좋은 문서" 가이드

제목	업데이트	조회수
블로그검색결과 노출 순서 기준은 무엇인가요?	2016.06.09	12887

블로그 검색은 인터넷상의 블로그 글을 수집하여 이용자가 입력한 검색어와
연관성 높은 글을 수식을 통해 계산하여 결과로 제공하는 서비스입니다.

검색결과에서 상위에 노출되면 더 많은 이용자가 내 블로그에 방문하기 때문에,
많은 블로그 이용자들이 검색순위에 관심을 두고 있습니다.

[네이버 블로그검색 노출 순서는 여러 요소를 종합해서 만든 '관련도'입니다.]
네이버는 이용자가 검색할 때 찾고자 하는 정보에 부합하는 결과를 제공하기 위해
노력하고 있습니다. 어떤 글이 이용자가 찾는 글일까, 즉 이용자의 의도를
가장 잘 반영하는 글이 무엇일까를 결정하는 기준을 저희는 '관련도'라고 부르고 있습니다.

관련도는 단지 글이 해당 단어를 포함하는지 뿐 아니라, 작성시간, 글의 품질, 인기도 등의
다양한 정보를 활용하여 계산됩니다.
이러한 다양한 정보들의 가치를 계산하여 수식에 적용한 결과가 검색결과로 나타나게 됩니다.

▲네이버 공식 "블로그검색결과 노출 순서 기준은 무엇인가요?" 가이드

바이럴 마케팅을 내 상품에 접목하려면 상품의 이름이 필요하다. Lesson02에서 언급한 브랜드의 등록은 바이럴 마케팅과도 연관되어 진다.

브랜드가 잘 형성되어 있는 가전으로 설명을 하자면 고객은 먼저 대표명사를 검색하고 그 이후에 파생되는 검색어를 검색하며 마지막에는 브랜드 또는 모델명을 검색하면서 구매를 결정짓는 행위를 한다는 것이다.

- 내 상품을 알리기 위한 신규고객이 많이 모여 있는 곳은 일반명사
- 내 상품을 인지한 고객이 재방문하는 곳은 브랜드 또는 모델명

이라고 생각하면 브랜드는 구매의 요소가 많이 담겨져 있는 키워드임을 명심해야 한다.
다음 그림은 내 상품을 여행용 캐리어에 인지시키고 페더스라는 브랜드로 회상시키는 장면이다.

블로그

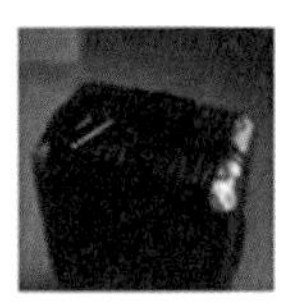

페더스 캐리어, 28인치캐리어 2018.02.22.
페더스 캐리어, 28인치캐리어 오늘 소개할 여행용캐리어는 아이와 함께 여행을 떠날 때 사용하기 좋은 28인치캐리어입니다. 파우치가 기본 포함이라서 더욱...
미상유의 맛있는... misangu.kr/221214397175

페더스 28인치 여행용캐리어 가볍고 튼튼 2018.02.28.
쉬워요 **페더스 캐리어** 끌고 여행가는데 우리꼬맹이가 끌어보겠다고 난리 ㅎ 크기가 어찌나 큰지 우리아기가 안보일 정도네요 ㅎㅎ 남자가 들어도 잘어울리고 제가...
일로나's Awesom... blog.naver.com/sinceremind?Redirect=L...

페더스 여행용 캐리어 24인치 블랙 하드 캐리어 2018.03.01.
튼튼한 **페더스 캐리어**로 ABS +PC 재질이 사용되었답니다 이동이 편리한 손잡이는 높이 조절도 잘 된답니다 충격에 강한 페더스 범퍼로 스크래치에 강한 벌집 구조로...
각설탕식구들 blog.naver.com/sunwly?Redirect=Log&logNo... 블로그 내 검색

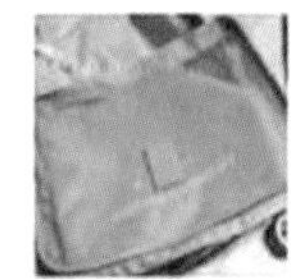

페더스 여행용캐리어 가성비가 좋은 튼튼한놈 2018.03.07.
요 **페더스 캐리어**는 ABS와 PC의 조합 보통 1박2일로 제품수령이 가능해서 급하게 여행 잡혔는데 여행용캐리어 없을때도 손쉽게 주문이 가능해요 함께 들어있는 파우치에...
돌아온 밤톨 ☆ blog.naver.com/eugene830303?Redirect=...

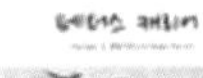

페더스 캐리어 | 28인치 여행용캐리어와 오사카여행 2018.03.01.
올해 첫 여행으로 오사카여행을 앞두고 있는 현금가족 6년쯤 사용한 화물용 캐리어가 점점 상태가 안좋아지고 있어 큰 캐리어가 필요하던중 **페더스캐리어** 28인치를...
여행홀릭 현금가... blog.naver.com/hksh012?Redirect=Log&l...

블로그 더보기 >

다음 그림은 '게이밍모니터'를 검색한 고객이 지식iN의 게시글을 읽고 그 이후에 어떤 행위를 할까에 대한 장면이다.
답변이 달린 내용을 보면 게이밍 모니터의 특성을 쉽게 설명을 하고 모니터를 쇼핑할 때 주의해야 할 점을 나열했다.

그런 다음 마지막에 "큐닉스 27인치 추천드려요."라는 흔적은 이 게시글을 읽은 고객의 다음 행위가 어떻게 될 것인가? 를 누구나 쉽게 짐작할 수 있을 것이다.

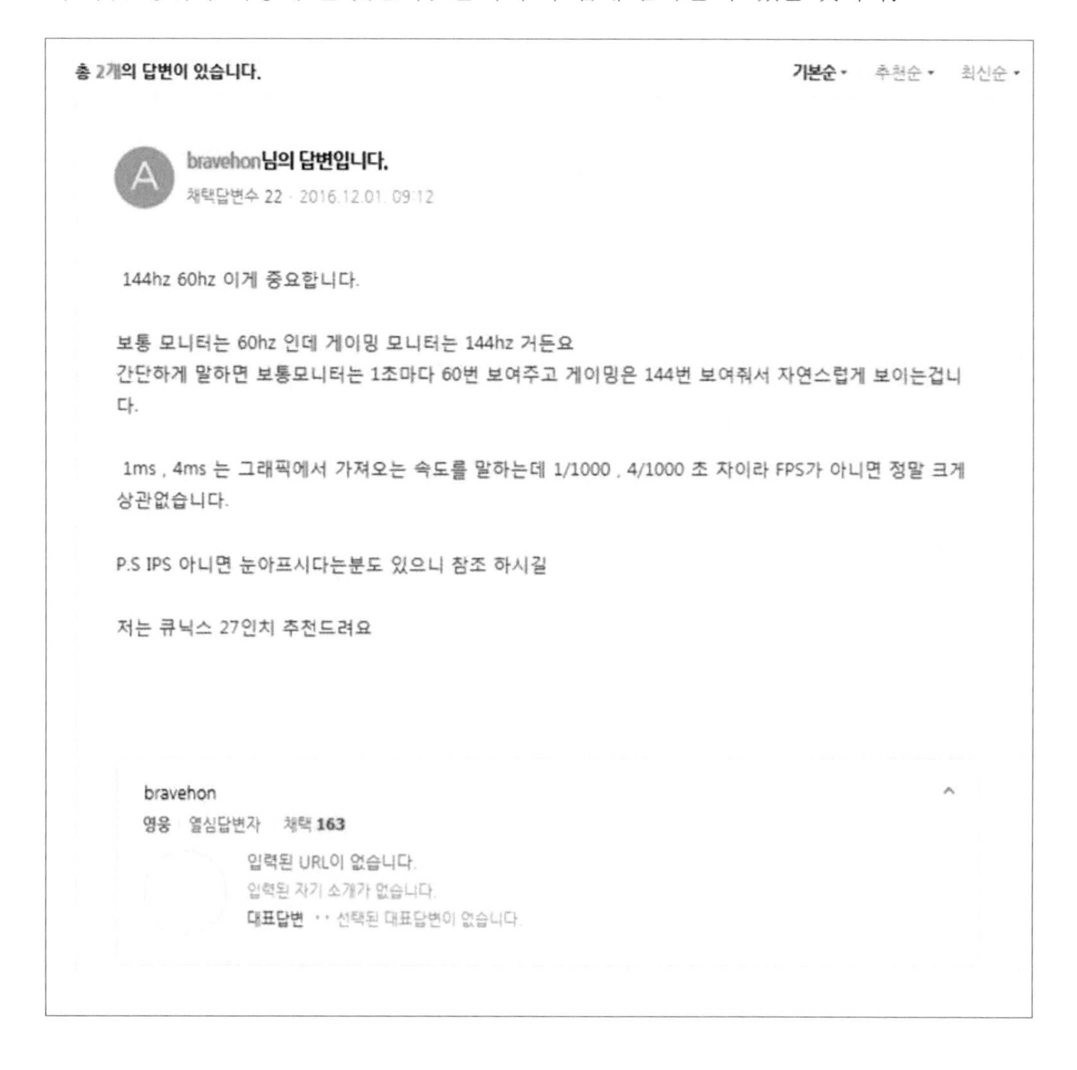

여기서 중요하게 생각해야 하는 부분은 네이버 검색창에 게이밍모니터와 큐닉스27인치가 교차 검색되었다는 것이고 그로 인해 연관검색어가 생성된다는 것이다.
연관검색어는 최근이슈를 반영하기도 하지만 블로그, 카페, 지식iN등의 콘텐츠에서 추출하기 때문에 이러한 작업을 할 때 브랜드는 필수적인 요소가 될 수밖에 없다.

연관검색어는 검색 사용자의 검색의도를 파악하여 적합한 검색어 제공을 통해
이용자 여러분이 더욱 편리하게 정보 탐색을 할 수 있도록 지원하는 서비스입니다.

이용자의 검색 추이도와 검색 이용 행태, 연관도 등을 시스템이 자동으로 분석하여
제공하는 서비스로 노출되는 검색어가 수시로 변할 수 있습니다.

연관검색어는 예를 들어 '강남역' 검색어에
'강남역 맛집', '강남역 놀 곳', '강남역 지하상가', '강남역 지도'
혹은 '신논현역', '강남', '지하철노선도'와 같은 다양한 연관검색어를 추천함으로써
이용자 여러분이 찾고자 하는 정보로 더욱 빠르게 접근할 수 있도록 안내하는 역할을 합니다.

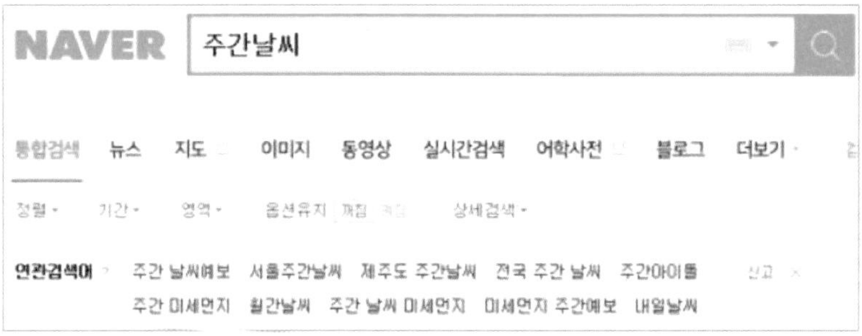

NAVER 주간날씨

통합검색 뉴스 지도 이미지 동영상 실시간검색 어학사전 블로그 더보기

정렬 기간 영역 옵션유지 상세검색

연관검색어 주간 날씨예보 서울주간날씨 제주도 주간날씨 전국 주간 날씨 주간아이돌
주간 미세먼지 월간날씨 주간 날씨 미세먼지 미세먼지 주간예보 내일날씨

연관검색어는 다양한 검색어와 콘텐츠를 분석하여 추출합니다.

사용자들이 많이 찾은 검색어나 검색결과는 사용자의 관심에 따라 꾸준히 변화하며
최신 이슈를 반영하기도 하고, 백과사전이나 지식iN, 블로그, 카페 등의 콘텐츠에서
추출한 키워드는 시간과 관계없이 유용한 정보를 안내해 주기도 합니다.

바이럴 마케팅의 핵심은

❶ 네이버의 10개 영역에 키워드별 점유율을 얼마나 가져갈 수 있는가?

❷ 그리고 그 영역별 키워드에 나는 무엇을 검색시키려는 것인가?

위 두 가지가 될 수 있다.
컨텐츠의 내용이나 질은 당연히 고객이 궁금해 하는 것들로 가득 채워져야 하는 것을 기본으로 그 이후의 고객의 행위가 어떤 방식으로 나타나야 내 상품으로 도달 할 수 있는지를 고민해 봐야 하는 것이다.
광고나 바이럴 마케팅, SNS, VOD 마케팅은 결국 네이밍이라는 한 굴레 안에서 움직이며 그것을 위한 브랜드는 반드시 필요하다는 것을 꼭 명심해야 한다.

■ 로그를 활용한 광고 최적화

국내의 판매채널 중 정확한 로그를 제공하는 곳은 단 한 곳도 없다고 생각하면 된다.
그래서 4개 정도를 참고자료로 활용해야 고객의 이동경로나 검색흔적을 찾아낼 수 있다.
지금 설명하는 내용도 결과적으로는 최대한 근사치에 도달하는 것이지 100%의 적중률로 설명하는 것이 아님을 명심해야 한다.
특히 CPP 모바일 광고를 집행하게 되면 볼 수 있는 로그가 너무나도 한정적으로 변하기 때문에 이점은 꼭 양지하고 내용을 읽어 보기를 권장한다.
네이버의 애널리틱스, 스마트스토어 통계 〉 마케팅채널 〉 검색채널, 파워클릭 리포트(항목별) 〉 키워드별, 샵로그를 하나씩 들여다보면 고객의 경로가 일관성있게 나타나는 것을 확인할 수 있다(샵로그를 제외하면 전부 무료).
필자는 네이버 애널리틱스에서 디바이스(사용기기)에 대한 기준을 잡는다.
모바일 / PC의 유입량을 가장 빠르고 쉽게 이해할 수 있는 부분이기에 원형의 그래프를 보고 그 옆의 키워드 비율을 보면서 왜 이렇게 변하고 있는가를 분석한다.

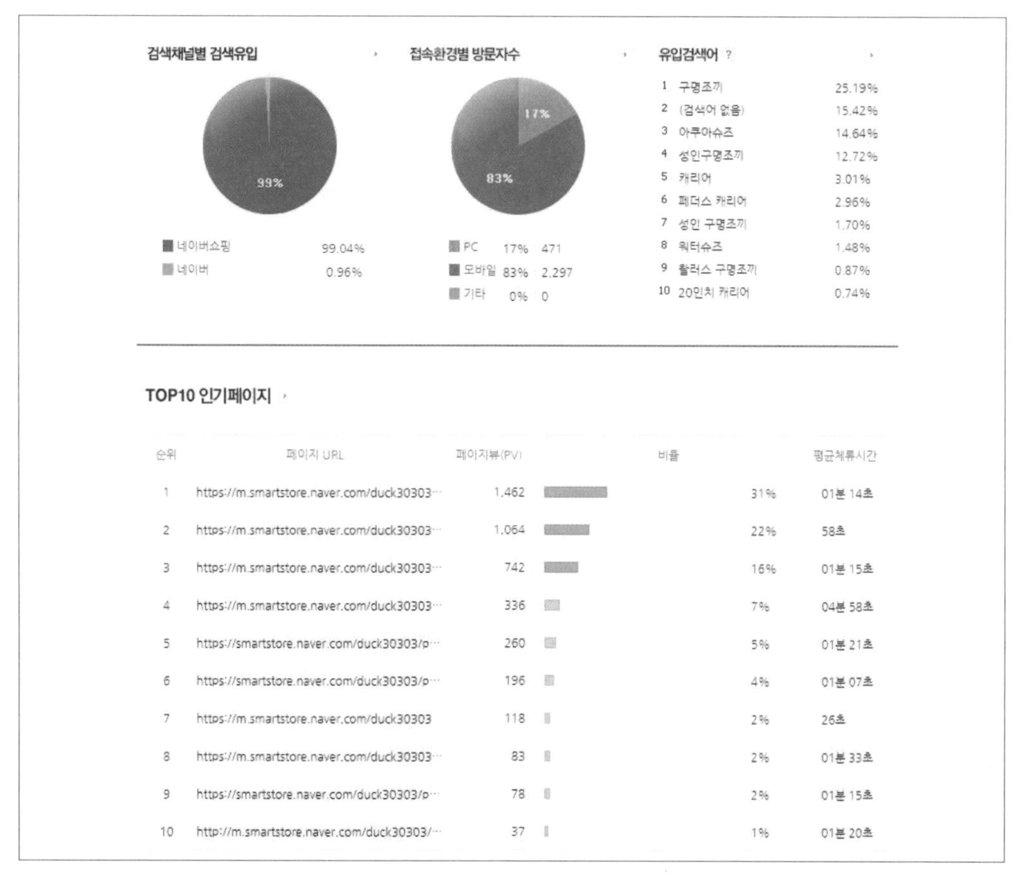

순위	페이지 URL	페이지뷰(PV)	비율	평균체류시간
1	https://m.smartstore.naver.com/duck30303···	1,462	31%	01분 14초
2	https://m.smartstore.naver.com/duck30303···	1,064	22%	58초
3	https://m.smartstore.naver.com/duck30303···	742	16%	01분 15초
4	https://m.smartstore.naver.com/duck30303···	336	7%	04분 58초
5	https://smartstore.naver.com/duck30303/p···	260	5%	01분 21초
6	https://smartstore.naver.com/duck30303/p···	196	4%	01분 07초
7	https://m.smartstore.naver.com/duck30303	118	2%	26초
8	https://m.smartstore.naver.com/duck30303···	83	2%	01분 33초
9	https://smartstore.naver.com/duck30303/p···	78	2%	01분 15초
10	http://m.smartstore.naver.com/duck30303/···	37	1%	01분 20초

그 이후에는 검색어의 클릭 수를 보면서 고객의 검색패턴을 이해해야 한다.
최초 상품명 작성 시와 광고를 설정 시 내가 목표로 했던 키워드가 그대로 고객이 검색하고 있는지의 여부와 또 다른 검색어로 내 상품에 인입되고 있는지를 파악하는 것이 매우 중요하다.
등록 이후의 수정은 필수적인 조건이기 때문이다.

애널리틱스의 확인이 끝나면 스마트 스토어의 통계에 접속하여 실제 상품별/키워드별로 접속한 고객이 전환을 어디에서 일어났는지를 확인한다.
검색의 클릭과 조회수만 높다고 해서 나에게 이로운 키워드가 아닌 것은 이제 어느 정도 이해할 수 있을 것이다.
물론 앞에서 언급한 인지를 위한 활동이라면 투자의 개념이 형성되지만 전환이 0% 키워드에 계속해서 노출하고 있는 것은 매우 좋지 않은 확신일 수 있으니 반드시 다음의 로그 흔적을 들여다봐야 한다.

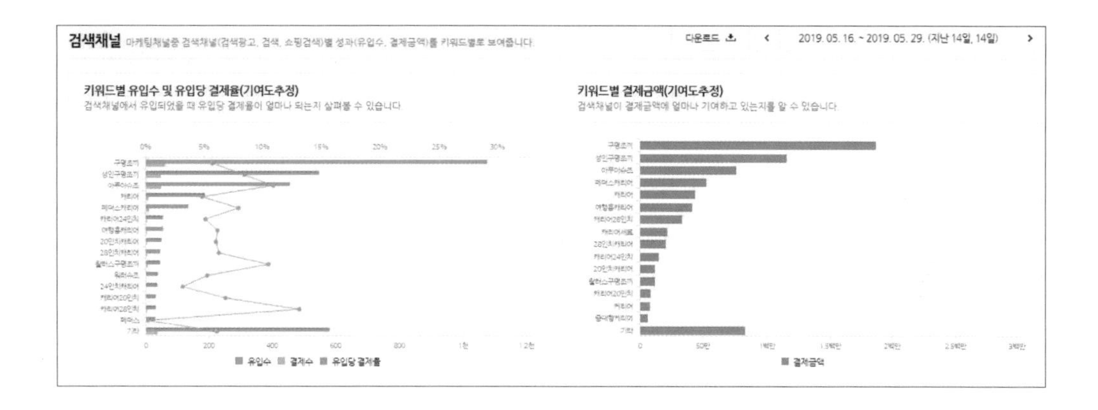

검색 포털에서 확인한 키워드가 실제 상거래 사이트에서는 어떻게 보이는 파워클릭 리포트를 통해 확인 할 수 있다.

네이버에서 확인 한 키워드와 파워클릭에서 확인한 키워드의 값이 거의 흡사하고 조금의 차이를 보인다면 인치를 검색하는 고객이 파워클릭에서는 상대적으로 떨어지는 것을 확인할 수 있다.

그런 이유는 네이버는 인치의 표현을 허용하고 그 외의 사이트에서는 인치, 리터와 같은 단어를 못넣게 하기 때문이다. (이것은 공정위의 권장사항 이기도 하다.)

그룹별 | 상품별 | 키워드별 | 카테고리별 | 상품상세페이지 | 노출매체별 | 광고ID별

검색결과 : 총 116건

키워드명	노출수	클릭수	클릭률	평균노출순위	평균클릭비용 (VAT포함)	총비용 (VAT포함)	구매수	구매금액	전환율	광고수익률
여행용캐리어	4,944	215	4.35%	4위	748원	160,809원	19	1,069,700원	8.84%	665.20%
캐리어	1,167	71	6.08%	3위	689원	48,906원	4	213,600원	5.63%	436.76%
기내용캐리어	2,087	38	1.82%	7위	841원	31,944원	0	0원	0%	0%
여행용캐리어	543	35	6.45%	6위	779원	27,269원	5	277,000원	14.29%	1015.81%
캐리어가방	622	24	3.86%	3위	385원	9,240원	2	98,000원	8.33%	1060.61%
캐리어가방	660	15	2.27%	4위	477원	7,150원	2	98,000원	13.33%	1370.63%
20인치캐리어	453	8	1.77%	9위	803원	6,424원	2	98,000원	25%	1525.53%
여행캐리어	249	10	4.02%	4위	525원	5,247원	0	0원	0%	0%
캐리어28인치	265	9	3.40%	1위	440원	3,960원	0	0원	0%	0%
여행가방캐리어	318	9	2.83%	4위	429원	3,861원	0	0원	0%	0%
하드캐리어	197	5	2.54%	2위	682원	3,410원	0	0원	0%	0%
캐리어24	93	8	8.60%	4위	396원	3,168원	2	114,000원	25%	3598.48%

샵로그를 활용해 상품코드에 접속하는 고객의 경로를 확인한다.

모바일과 PC의 인입 비중을 비교할 수 있으며, 가격비교의 최저가를 아래 상품으로 주고 있었다면 네이버 쇼핑의 인입이 많이 발생되었을 것이다.

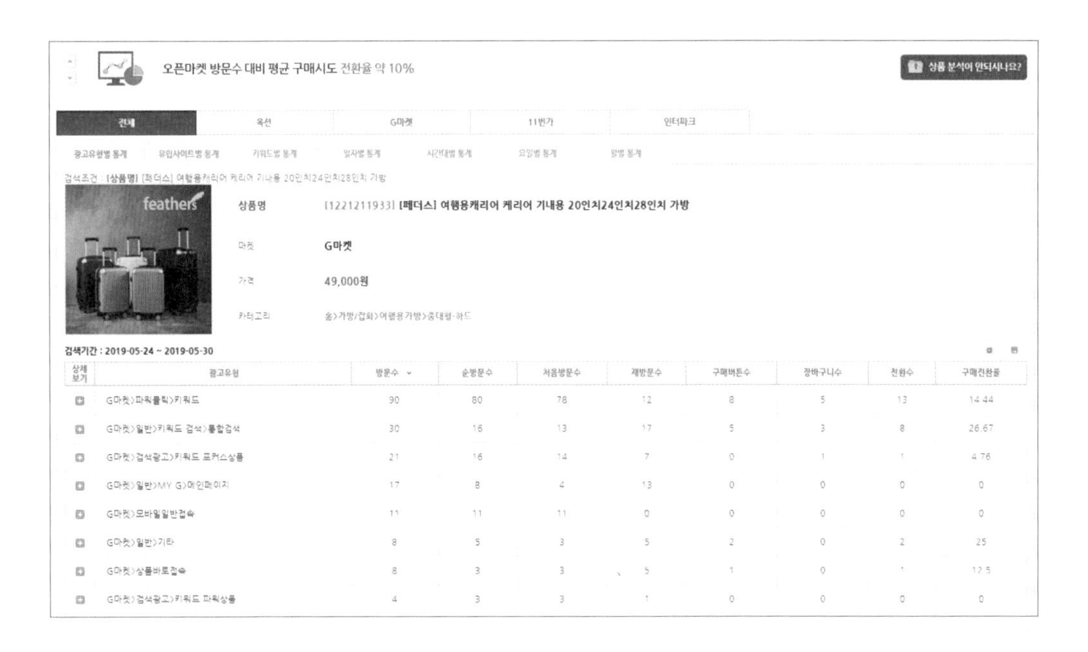
오픈마켓 방문수 대비 평균 구매시도 전환율 약 10%

상품 분석이 안되시나요?

전체 | 옥션 | G마켓 | 11번가 | 인터파크

광고유형별 통계 | 유입사이트별 통계 | 키워드별 통계 | 일자별 통계 | 시간대별 통계 | 요일별 통계 | 월별 통계

검색조건 : [상품명] [페더스] 여행용캐리어 캐리어 기내용 20인치24인치28인치 가방

상품명 [1221211933] [페더스] 여행용캐리어 캐리어 기내용 20인치24인치28인치 가방

마켓 G마켓

가격 49,000원

카테고리 홈>가방/잡화>여행용가방>중대형·하드

검색기간 : 2019-05-24 ~ 2019-05-30

상세보기	광고유형	방문수	순방문수	처음방문수	재방문수	구매버튼수	장바구니수	전환수	구매전환율
	G마켓>파워클릭>키워드	90	80	78	12	8	5	13	14.44
	G마켓>일반>키워드 검색>통합검색	30	16	13	17	5	3	8	26.67
	G마켓>검색광고>키워드 포커스상품	21	16	14	7	0	1	1	4.76
	G마켓>일반>MY G>메인페이지	17	8	4	13	0	0	0	0
	G마켓>모바일일반접속	11	11	11	0	0	0	0	0
	G마켓>일반>기타	8	5	3	5	2	0	2	25
	G마켓>상품바로접속	8	3	3	5	1	0	1	12.5
	G마켓>검색광고>키워드 파워상품	4	3	3	1	0	0	0	0

다음 그림은 네이버에 최저가를 적용했을 때의 인입경로가 표기되어 있다. 당연히 네이버 쇼핑의 인입이 많아진 것을 확인할 수 있을 것이다.

전체 | 옥션 | G마켓 | 11번가 | 인터파크

광고유형별 통계 | 유입사이트별 통계 | 키워드별 통계 | 일자별 통계 | 시간대별 통계 | 요일별 통계 | 월별 통계

검색조건 : [상품명] [페더스] 여행용캐리어 캐리어 기내용 20인치24인치28인치 가방

상품명 [1221211933] [페더스] 여행용캐리어 캐리어 기내용 20인치24인치28인치 가방

마켓 G마켓

가격 49,000원

카테고리 홈>가방/잡화>여행용가방>중대형·하드

검색기간 : 2019-04-30 ~ 2019-05-30

상세보기	광고유형	방문수	순방문수	처음방문수	재방문수	구매버튼수	장바구니수	전환수	구매전환율
	G마켓>일반>키워드 검색>통합검색	321	242	222	99	26	41	67	20.87
	네이버 지식 쇼핑	231	168	164	67	18	15	33	14.29
	G마켓>검색광고>키워드 포커스상품	153	101	93	60	13	15	28	18.3
	G마켓>모바일일반접속	115	106	104	11	4	3	7	6.09
	G마켓>상품바로접속	96	36	29	67	6	12	18	18.75
	G마켓>파워클릭>키워드	94	84	82	12	8	5	13	13.83

그렇다면 이 상품은 가격비교를 적용하지 않더라도 파워클릭의 수치가 높기 때문에 마켓 내 고객의 인입만으로도 판매가 가능하다는 것이 도출되며 이미 그것은 파워클릭의 ROAS에서 확인을 했기 때문에 의심할 여지가 없어지게 된다.

전체 | 옥션 | G마켓 | 11번가 | 인터파크

광고유형별 통계 | 유입사이트별 통계 | 키워드별 통계 | 일자별 통계 | 시간대별 통계 | 요일별 통계 | 월별 통계

검색조건 : [상품명] [페더스] 여행용캐리어 캐리어 기내용 20인치24인치28인치 가방

검색기간 : 2019-05-24 ~ 2019-05-30

상세보기	키워드	방문수	순방문수	처음방문수	재방문수	구매버튼수	장바구니수	전환수	구매전환율
⊟	여행용 캐리어	54	40	37	17	7	5	12	22.22

광고유형별 통계 | 상품별 통계 | 유입사이트별 통계 | 일자별 통계 | 시간대별 통계 | 요일별 통계 | 월별 통계

검색조건 : [상품명] [페더스] 여행용캐리어 캐리어 기내용 20인치24인치28인치 가방
[키워드] 여행용 캐리어

검색기간 : 2019-05-24 ~ 2019-05-30

광고유형	방문수	순방문수	처음방문수	재방문수	구매버튼수	장바구니수	전환수	구매전환율
G마켓>파워클릭>키워드	32	28	27	5	3	4	7	21.88
G마켓>일반>키워드 검색>통합검색	12	5	3	9	4	1	5	41.67
G마켓>검색광고>키워드 포커스상품	7	4	4	3	0	0	0	0
G마켓>검색광고>키워드 파워상품	2	2	2	0	0	0	0	0
G마켓>일반>기타	1	1	1	0	0	0	0	0

키워드의 흐름이 거의 비슷하고 그중에 메인 키워드인 '여행용 캐리어'의 띄어쓰기와 붙여쓰기의 처음방문자 수를 확인해보았다.

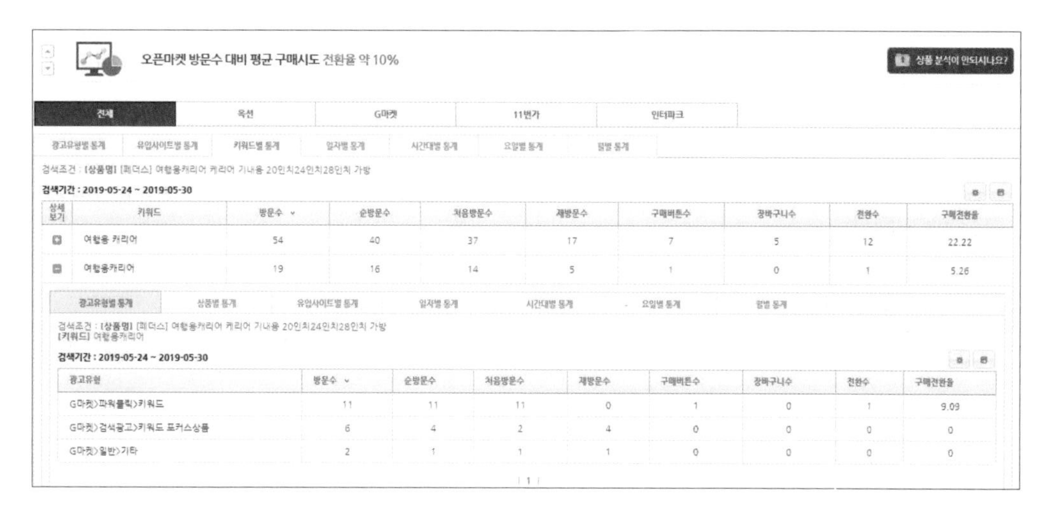
오픈마켓 방문수 대비 평균 구매시도 전환율 약 10%

상품 분석이 안되시나요?

전체 | 옥션 | G마켓 | 11번가 | 인터파크

광고유형별 통계 | 유입사이트별 통계 | 키워드별 통계 | 일자별 통계 | 시간대별 통계 | 요일별 통계 | 월별 통계

검색조건 : [상품명] [페더스] 여행용캐리어 캐리어 기내용 20인치24인치28인치 가방

검색기간 : 2019-05-24 ~ 2019-05-30

상세보기	키워드	방문수	순방문수	처음방문수	재방문수	구매버튼수	장바구니수	전환수	구매전환율
⊞	여행용 캐리어	54	40	37	17	7	5	12	22.22
⊟	여행용캐리어	19	16	14	5	1	0	1	5.26

광고유형별 통계 | 상품별 통계 | 유입사이트별 통계 | 일자별 통계 | 시간대별 통계 | 요일별 통계 | 월별 통계

검색조건 : [상품명] [페더스] 여행용캐리어 캐리어 기내용 20인치24인치28인치 가방
[키워드] 여행용캐리어

검색기간 : 2019-05-24 ~ 2019-05-30

광고유형	방문수	순방문수	처음방문수	재방문수	구매버튼수	장바구니수	전환수	구매전환율
G마켓>파워클릭>키워드	11	11	11	0	1	0	1	9.09
G마켓>검색광고>키워드 포커스상품	6	4	2	4	0	0	0	0
G마켓>일반>기타	2	1	1	1	0	0	0	0

27+11 = 38 파워클릭 PC를 기준으로 접속한 고객은 38 클릭이다(샵로그의 키워드별 통계는 PC의 클릭 수만 집계한다).

다시 상단으로 이동해서 파워클릭 '여행용 캐리어' 클릭 수를 확인해 보면 215 클릭으로 표기되어 있고 215/38 = 17%라는 숫자가 나온다.

그룹별 | 상품별 | 키워드별 | 카테고리별 | 상품상세페이지 | 노출매체별 | 광고ID별

검색결과 : 총 116건

조회결과 다운로드 | 100개씩 보기

키워드명	노출수	클릭수	클릭율	평균노출순위	평균클릭비용 (VAT포함)	총비용 (VAT포함)	구매수	구매금액	전환율	광고수익률
여행용캐리어	4,944	215	4.35%	4위	748원	160,809원	19	1,069,700원	8.84%	665.20%
캐리어	1,167	71	6.08%	3위	689원	48,906원	4	213,600원	5.63%	436.76%
기내용캐리어	2,087	38	1.82%	7위	841원	31,944원	0	0원	0%	0%
여행용캐리어	543	35	6.45%	6위	779원	27,269원	5	277,000원	14.29%	1015.81%
캐리어가방	622	24	3.86%	3위	385원	9,240원	2	98,000원	8.33%	1060.61%
캐리어가방	660	15	2.27%	4위	477원	7,150원	2	98,000원	13.33%	1370.63%
20인치캐리어	453	8	1.77%	9위	803원	6,424원	2	98,000원	25%	1525.53%
여행캐리어	249	10	4.02%	4위	525원	5,247원	0	0원	0%	0%
캐리어28인치	265	9	3.40%	1위	440원	3,960원	0	0원	0%	0%
여행가방캐리어	318	9	2.83%	4위	429원	3,861원	0	0원	0%	0%
하드캐리어	197	5	2.54%	2위	682원	3,410원	0	0원	0%	0%
캐리어24	93	8	8.60%	4위	396원	3,168원	2	114,000원	25%	3598.48%

이 수치를 다시 네이버의 애널리틱스로 적용해보면 인입이 17%임을 확인할 수 있다. 각 마켓의 다른 고객이 검색과 클릭을 하는 것이 아니라 우리나라의 보편적인 사람들이 행하는 패턴이라고 인지해야하며 다음 분석 때 똑같지는 않아도 근사치라면 내가 광고를 집행함에 있어 CPP를 섞어 광고를 한다는 가정 하에 어느 키워드에 어느 구좌를 선택했을 때 좋은 효과를 볼 수 있다는 것쯤은 확신 할 수 있을 것이다.

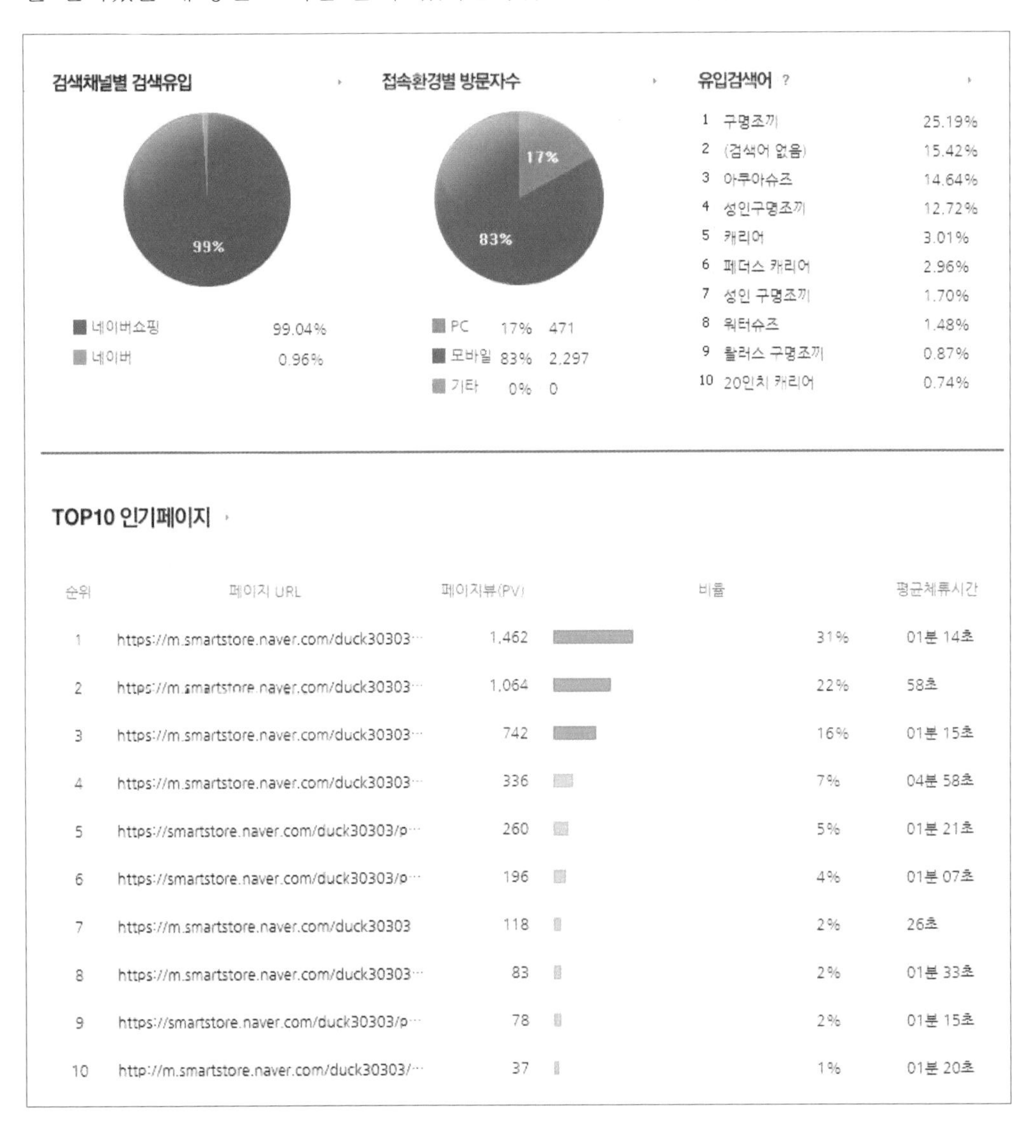

	유입검색어	
1	구명조끼	25.19%
2	(검색어 없음)	15.42%
3	아쿠아슈즈	14.64%
4	성인구명조끼	12.72%
5	캐리어	3.01%
6	페더스 캐리어	2.96%
7	성인 구명조끼	1.70%
8	워터슈즈	1.48%
9	활러스 구명조끼	0.87%
10	20인치 캐리어	0.74%

순위	페이지 URL	페이지뷰(PV)	비율	평균체류시간
1	https://m.smartstore.naver.com/duck30303···	1,462	31%	01분 14초
2	https://m.smartstore.naver.com/duck30303···	1,064	22%	58초
3	https://m.smartstore.naver.com/duck30303···	742	16%	01분 15초
4	https://m.smartstore.naver.com/duck30303···	336	7%	04분 58초
5	https://smartstore.naver.com/duck30303/p···	260	5%	01분 21초
6	https://smartstore.naver.com/duck30303/p···	196	4%	01분 07초
7	https://m.smartstore.naver.com/duck30303	118	2%	26초
8	https://m.smartstore.naver.com/duck30303···	83	2%	01분 33초
9	https://smartstore.naver.com/duck30303/p···	78	2%	01분 15초
10	http://m.smartstore.naver.com/duck30303/···	37	1%	01분 20초

필자가 강의 시 교육생들에게 로그에 대한 질문을 하면 이구동성으로 "볼 줄 몰라서..."라는 말을 하곤 한다.

필자의 10년 전 첫 판매에는 위와 같은 고 퀄리티의 분석자료가 존재하지 않았기 때문에 그리고 여러 가지 주요지표를 설명해 주는 사람이 없었기에 확인할 수 있는 길이라고는 통장의 잔고 밖에 없었던 기억이 있다.

10년의 세월이 흘러 시대가 많이 변했고 기업이 제공하는 여러 툴들도 발전해 왔지만 아직까지도 판매자가 원하는 데이터의 값을 제공하는 나이스한 기업은 존재하지 않는다.

판매자는 어려울 때 그것들을 이겨내면서 성장해 왔고 필자의 선배들이 있었기에 이 시장이 발전해 왔다고 생각한다.

머리말에서 언급했듯이 자본, 마케팅 능력이 부족하다면 분석 능력을 키워 안정된 사업의 길로 접어들기를 희망한다.

Appendix

Men
Women
Fashion
Accessories
Jewellery
Men
Women
Fashion
Accessories
Jewellery
Men
Women
Fashion
Accessories

오픈마켓 운영 노하우

Appendix 01 오픈마켓 실전 운영 노하우
Appendix 02 오픈마켓 CPC 광고 파워클릭 완벽분석
Appendix 03 올바른 택배사 선정 노하우
Appendix 04 포장재 선정하기

Appendix

01 오픈마켓 실전 운영 노하우

오픈마켓 운영 경험과 오랜 강의 경험을 통해서 터득한 필자의 운영 노하우를 매출 향상에 도움이 될 수 있는 사항들만 간추려서 설명하였다. 여기서 설명할 사항은 아이템 선정, 시장 분석, 상세페이지 기획과 구성, 오픈마켓 운영 초기에 살펴봐야 할 사항과 실행해야 될 사항 등이며, 각 항목에서 설명하는 내용은 필자가 경험한 사례들이다. 자신의 판매 및 운영 방식과 비교한 후 적용시키거나 응용해보길 바란다.

■ 신뢰가 바탕이 되어야 하는 아이템 선정

무한 경쟁 플랫폼인 온라인 시장에서 '아이템'은 나 혼자 취급할 수 있는 독점이라는 것은 거의 불가능에 가깝다. 우리가 판매하려는 아이템이 무엇이든 우리 삶의 저변에 너무 쉽게 펼쳐져 있을 것이다. 이는 누구나 쉽게 그 아이템을 접할 수 있을 것이며, 또한 구입하기도 어렵지 않을 것이다.

그렇기 때문에 나만의 아이템을 찾는 것 보다는 널리 펼쳐져 있는 아이템 중 유리한 판매구조를 가지고 있는 상품을 선정하는 것이 바람직하다. 또한 카테고리 분석과 광고 분석을 통해 이익구조가 충분히 발생하는지를 빠르게 파악하는 것이 중요하다.

❶ 모든 판매채널에 구매자로 가입해라

아이템을 선정하는 노하우 중 첫 번째는 “모든 판매채널에 구매자로 가입해라!” 이다. 오픈마켓에 가입하면 수많은 판매자들의 다양한 아이템들이 매일 나에게 이메일로 전달된다. 어플리케이션(앱) 도입으로 인해 푸시알림까지 알아서 보내주기 때문에 어떤 것이 시즌상품이고, 어떤 상품이 잘 판매되는지 손쉽게 알 수 있는 것이 현재의 오픈마켓 구조이다.

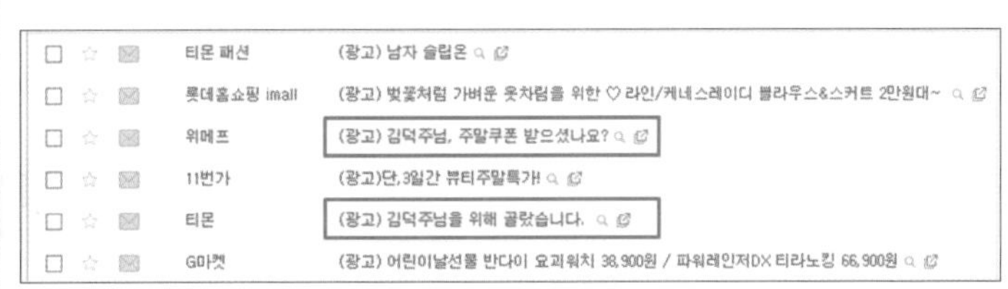

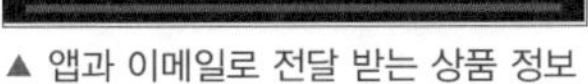
▲ 앱과 이메일로 전달 받는 상품 정보

만약 앱이나 이메일을 통해서 오픈마켓에서 보내온 상품 정보를 확인했다면 가장 먼저 해야 될 사항은 수수료가 높은 채널부터 공급처를 찾아보는 것이다. 수수료가 높은 채널에 있다는 것은 도매로 판매할 수 있는 구조를 가지고 있기 때문이다.

유선 또는 이메일로 자신이 운영하는 업체 소개 내용과 함께 세부적인 판매계획서 등을 제안한다.

판매하고 싶은 상품명을 검색 포털의 검색창에 입력하여 검색하고, 검색 결과 중 제조사명이 표기되어 있으면 해당 제조사를 네이버 검색창에 입력한 후 지도로 주소와 전화번호를 확인한다. 그 이후에는 본인의 영업능력에 따라 업체로부터 판매할 아이템을 공급 받을 수 있는지 여부가 판가름 난다.

용량 또는 중량	25ml x 1매
제품 주요 사양	전 피부타입 사용 가능함
사용기한 또는 개봉 후 사용기간	2015년 5월 제조 (제조일로부터 2년간 사용 가능함)
사용방법	세안 후 스킨으로 피부결의 정돈한후 마스크를 꺼내어 편 뒤 얼굴 모양에 맞게 시트를 부착시킨 후 10~20분 후 마스크를 떼어냅니다.
제조자 및 제조판매업자	제조자 : 케이화장품(주) / 제조판매업자 : 피코스메틱(주)
제조국	한국
주요성분	나이아신아마이드, 알부틴, 아사이베리추출물
기능성 화장품의 경우 화장품법에 따른 식품의약품안전처 심사 필 유무	주름개선/미백 이중 기능성 화장품

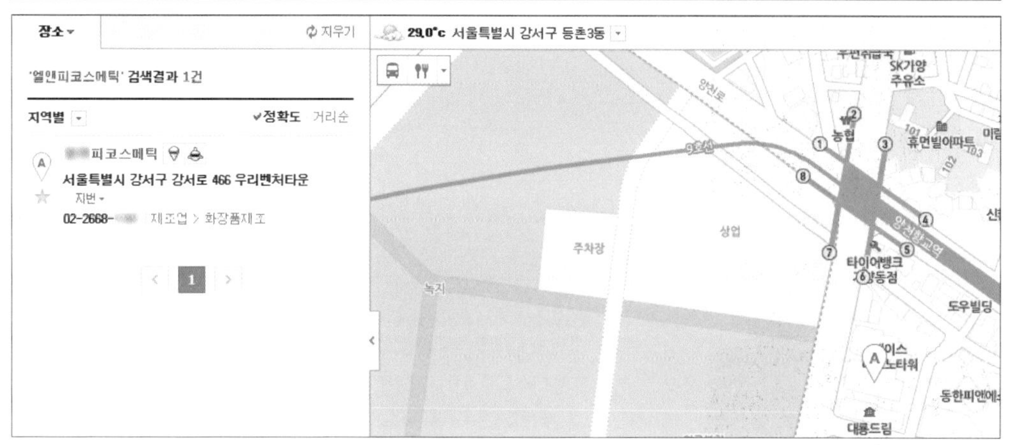

❷ 사입 시장에서 발품을 팔아라

아이템을 얻기 위해 사입 시장을 발 빠르게 탐방하는 것도 하나의 방법이다. 단, 시장 분석을 통해 업체로부터 받고 싶은 공급가를 책정해놓지 않은 채 사입 시장을 탐방하면 자신이 원하는 공급가를 받기란 결코 쉽지 않다.

아이템의 성격에 따라서 차이는 있지만 일반적으로 상품 판매가격의 40% 정도로 공급받아야 경쟁력 있는 공급 가격대라 할 수 있다. 예를 들면 10,000원에 판매하는 상품이라면 6,000원 정도에 공급 받아야 한다는 것이다.

4,000원(40%)이라는 차액 안에는 나의 판매마진, 각종 수수료, 광고비, 세금, 인건비, 임차료 등 세부항목이 포함되어 있으며, 사입 시장에서 40%는 일반적인 평균 마진으로 통용되기도 한다.

❸ 다양한 모임에 참석하라

필자가 스텐 냄비를 포함하여 킥보드, 마스크팩 등 다양한 부류의 아이템을 취급할 수 있었던 원동력은 여러 커뮤니티에 참석하여 다양한 사람들과 교류가 있었기 때문이다. 필자는 스텐 냄비, 킥보드, 마스크팩을 각각 다른 모임을 통해서 공급 받았다. 스텐 냄비는 조기축구 모임, 킥보드는 교회 모임, 마스크팩은 직장의 지인 등 통해서 공급 받았다.

물론 지인을 통해서 공급받는다고 하여 "기존 거래 시장과의 커뮤니케이션 방식을 벗어나느냐?"라고 했을 때 필자는 단호하게 "절대 그렇게 해서는 안 된다."고 말하고 싶다. 더 고민한 것들을 이야기해야 하고 다양한 자료를 보여주며 가능성에 대한 부분을 시뮬레이션을 통해 전달해 줘야 한다.

다음은 필자가 진행한 아이템에 대한 판매채널별 영업 계획서와 공급가격 비교표이다.

BK/BRK 온라인 판매 영업 계획서

1. 판매채널별 영업계획

판매채널	신용평가	업체등록	상품등록	단품		세트		영업계획
				BK	BRK	BK	BRK	
위메프	○	○	○	편수16cm, 양수18cm, 전골24cm,곰솥24cm, 프라이팬24cm, 조리도구5pcs,스텐집게,고무크리너	편수16cm, 양수18cm, 양수22cm,파티웍28cm+찜판,시플저압냄비24cm+삼발이, 조리도구5pcs,스텐집게,고무크리너	**세트구성1** (편수16cm, 양수18cm, 전골24cm,곰솥24cm,프라이팬24cm) **사은품** (조리도구5pcs,스텐집게,고무크리너) **세트구성2** (brk곰솥+bk프라이팬)	**세트구성1** 편수16cm, 양수18cm, 양수22cm,파티웍28cm+찜판,시플저압냄비24cm+삼발이 **사은품** 조리도구6pcs,스텐집게,고무크리너 **세트구성2** (brk곰솥+bk프라이팬)	. 방송이후 특가 진행 예정(견적서 참 . 곰솥_후라이팬 추가 등록완료
GS숍	○	○	○	편수16cm, 양수18cm, 전골24cm,곰솥24cm, 프라이팬24cm, 조리도구6pcs,스텐집게,고무크리너	편수16cm, 양수18cm, 양수22cm,파티웍28cm+찜판,시플저압냄비24cm+삼발이, 조리도구6pcs,스텐집게,고무크리너	**세트구성1** (편수16cm, 양수18cm, 전골24cm,곰솥24cm,프라이팬24cm) **사은품** (조리도구5pcs,스텐집게,고무크리너) **세트구성2** (brk곰솥+bk프라이팬)	**세트구성1** 편수16cm, 양수18cm, 양수22cm,파티웍28cm+찜판,시플저압냄비24cm+삼발이 **사은품** 조리도구6pcs,스텐집게,고무크리너 **세트구성2** (brk곰솥+bk프라이팬)	. 방송이후 특가 진행 예정(견적서 참 . 곰솥_후라이팬 스몰딜 진행 중 . 기획전 판매 중
NS몰	○	○	○	편수16cm, 양수18cm, 전골24cm,곰솥24cm, 프라이팬24cm, 조리도구7pcs,스텐집게,고무크리너	편수16cm, 양수18cm, 양수22cm,파티웍28cm+찜판,시플저압냄비24cm+삼발이, 조리도구7pcs,스텐집게,고무크리너	**세트구성1** (편수16cm, 양수18cm, 전골24cm,곰솥24cm,프라이팬24cm) **사은품** (조리도구5pcs,스텐집게,고무크리너) **세트구성2**	**세트구성1** 편수16cm, 양수18cm, 양수22cm,파티웍28cm+찜판,시플저압냄비24cm+삼발이 **사은품** 조리도구6pcs,스텐집게,고무크리너 **세트구성2**	. 방송이후 특가 진행 예정(견적서 참 . 빅딜 (파티웍) 진행 중 . 기획전 판매 중

▲ 판매채널별 영업 계획서

BK_BRK 공급가(VAT별도)

BRK	VAT별도	VAT포함	소비자가	신세계/롯데/롯데아이	NS/현대(30%)	행사가	행사가2	NS(10%)	all(15%)	롯데닷컴/신세계(20%)	박스
편수	[illegible]	[illegible]	99,000	56,322	51,372	49,500	28,900	8,082	6,637	5,192	737
양수	[illegible]	[illegible]	110,000	60,268	54,768	55,000	35,900	10,078	8,283	6,488	678
양수	[illegible]	[illegible]	130,000	69,280	62,780	65,000	49,000	15,880	13,430	10,980	701
파티웍	[illegible]	[illegible]	139,000	71,234	64,284	69,500	59,000	20,084	17,134	14,184	973
저압냄비	[illegible]	[illegible]	159,000	63,826	55,876	79,500	79,500	16,126	12,151	8,176	0
						318,500	252,300				

BK	VAT별도	VAT포함	소비자가	신세계/롯데/롯데아이	NS/현대(30%)	행사가	행사가2	NS(10%)	all(15%)	롯데닷컴/신세계(20%)	박스
편수	[illegible]	[illegible]	89,000	39,800	35,350	44,500	34,500	4,100	2,375	650	737
양수	[illegible]	[illegible]	99,000	45,665	40,715	49,500	39,500	6,965	4,990	3,015	678
곰솥	[illegible]	[illegible]	154,000	73,397	65,697	77,000	77,000	27,197	23,347	19,497	892
프라이팬	[illegible]	[illegible]	96,000	40,560	35,760	48,000	48,000	11,760	9,360	6,960	730
전골	[illegible]	[illegible]	123,000	58,023	51,873	61,500	61,500	21,123	18,048	14,973	701

▲ 공급가격 비교표

23,000 / 1,638 = 14건

하루 14건 이상이 나와야 광고비 대비 이익이 나는 구조입니다.
현재 판매량을 보면 하루 최소 30건~50건이 나온다고 생각합니다.

공급가 660원 일때(VAT포함)
30건-14(BEP) = 16 * 1,638(1개마진) = 26,208(1일마진) * 25(토일을 1일로 계산한 월 판매일수) = 630,200원(월 예상 마진)
50건-14(BEP) = 36 * 1,638(1개마진) = 58,968(1일마진) * 25(토일을 1일로 계산한 월 판매일수) = 1,474,200원(월 예상 마진)
광고비 제외한 마진율 10%

23,000 / 2,238 = 10건

공급가 600원 일때(VAT포함)
30건-10(BEP) = 20 * 2,238(1개마진) = 44,760(1일마진) * 25(토일을 1일로 계산한 월 판매일수) = 1,111,900원(월 예상 마진)
50건-10(BEP) = 40 * 2,238(1개마진) = 89,520(1일마진) * 25(토일을 1일로 계산한 월 판매일수) = 2,238,000원(월 예상 마진)
광고비 제외한 마진율 14%

입니다.

1. 대표님! 공급가를 부가세 포함 600원으로 주실 수는 없으신지 검토 부탁드립니다.
2. 예상 마진 계산한거 보셔서 아시겠지만 리소스를 투입하고 1500만원 매출에 광고비를 제외한 마진율이 14%가 나옵니다.
   회사입장에서 바라봤을 때 이걸 하자고 하지는 않을 거라 생각합니다.

▲ 업체에게 이메일에 작성한 판매량과 공급 마진 제안 내용

신뢰는 결국 상대방이 말하는 표정이나 어투 그리고 구체적인 자료를 통해서 얻을 수 있다고 생각한다. 내가 바라보는 시장이 긍정적이라면 상대방도 긍정적이라고 생각하게 될 것이다.
생소한 시장에 대해서 설득력을 가지고 있으려면 나 자신이 먼저 나에게 설득되어져야 한다. 자신이 살펴봐도 구조상에 문제가 없다면 상대방으로 하여금 신뢰를 얻을 수 있고, 처음 보는 사람과의 커뮤니케이션에서도 우위를 점하면서 이야기 할 수 있을 것이다.

지금까지는 자신의 성격이나 살아온 환경이 그렇지 않았다라고 하여 "나는 할 수 없어"라고 생각한다면 지금 당장 그 틀에서 벗어나야 한다. 사업자는 결국 유통 시장의 생리에 맞게 변해야 하고 그런 능력을 가졌을 때 성장할 수 있기 때문이다.

■ 상품기획과 페이지 구성 노하우

판매할 아이템을 선정했다면 이번에는 상품 기획을 해야 한다. 강의를 하다보면 수강생 중에는 상품기획을 단순히 아이디어를 떠올리는 것이라 생각하는 사람들이 있다.

아이디어의 완성은 결코 발칙한 상상에서 시작되는 것은 아니다. 아이디어는 보편적인 현상에서 그것을 어떻게 고객에게 전달하느냐가 시작이라고 생각한다. 그렇기 때문에 먼저 그 보편적인 현상들을 수집하는 것이 좋은 기획의 첫걸음이라 생각한다.

먼저 자신과 같은 상품을 판매하는 판매자들의 상품페이지를 모두 수집해 공통적인 설명이 무엇인지를 파악하는 것이 좋다.
파악해야 하는 사항은

- 상품구성
- 상품개수
- 공통설명
- 특 · 장점
- 문의게시판, 후기
- 클릭단가, 구매단가

위의 사항을 확인해보면 나에게 부족한 구성은 무엇이고, 상품볼륨에 대한 이해, 해당 상품을 공통으로 설명하는 것(보편성), 장점과 단점, 고객의 불만과 원하는 것들이 한눈에 들어올 수 있다.

다음은 옛날과자를 판매하는 판매자가 경쟁사를 분석한 표이다.
이 판매자는 경쟁사를 분석하기 전에는 옛날과자를 벌크로 판매하였지만, 판매자 분석을 통해 300~500g으로 소분해서 판매해야 고객의 만족도가 높다는 것을 파악할 수 있었다.
2014년 11월 뻥튀기 다이어트가 TV에 방영되면서 벌크로 구매하는 고객이 급격하게 증가한 이후 2015년 상반기에 접어들면서 벌크가 아닌 소량의 다양한 과자를 고객이 구매하는 패턴으로 변경되었던 것이다.
이 업체는 도 · 소매와 제조업을 겸하고 있었기 때문에 소분해서 판매해도 사업자등록상 아무런 문제가 되지 않았고, 다행히 판매 방식을 변경해 매출을 급상승 시키는 결과를 가져왔었던 사례이다. 또한 떡볶이 과자가 옛날 과자 중 가장 트랜드한 상품인 것을 파악한 후 신규 개발하여 신상품 런칭을 계획하고 있기에 매출은 꾸준하게 성장해 나갈 것으로 예측할 수 있다.

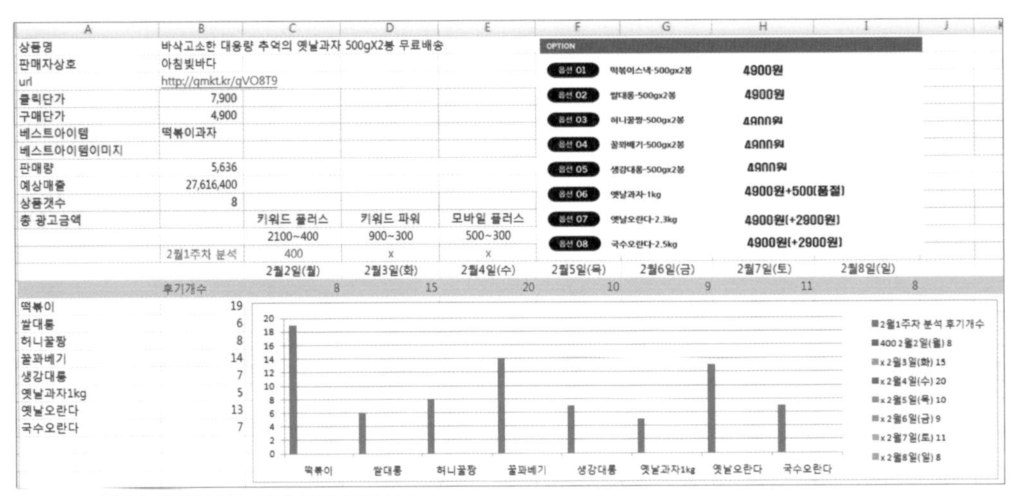

A	B	C	D	E	F	G	H	I
상품명	바삭고소한 대용량 추억의 옛날과자 500gX2봉 무료배송							
판매자상호	아침빛바다							
url	http://gmkt.kr/qVO8T9							
클릭단가	7,900							
구매단가	4,900							
베스트아이템	떡볶이과자							
베스트아이템이미지								
판매량	5,636							
예상매출	27,616,400							
상품갯수	8							
총 광고금액		키워드 플러스	키워드 파워	모바일 플러스				
		2100~400	900~300	500~300				
	2월1주차 분석	400	x	x				
		2월2일(월)	2월3일(화)	2월4일(수)	2월5일(목)	2월6일(금)	2월7일(토)	2월8일(일)
	후기개수	8	15	20	10	9	11	8

OPTION		
옵션 01	떡볶이스낵-500gx2봉	4900원
옵션 02	쌀대롱-500gx2봉	4900원
옵션 03	허니꿀짱-500gx2봉	4900원
옵션 04	꿀꽈배기-500gx2봉	4900원
옵션 05	생강대롱-500gx2봉	4900원
옵션 06	옛날과자-1kg	4900원+500(품절)
옵션 07	옛날오란다-2.3kg	4900원(+2900원)
옵션 08	국수오란다-2.5kg	4900원(+2900원)

상품	후기개수
떡볶이	19
쌀대롱	6
허니꿀짱	8
꿀꽈배기	14
생강대롱	7
옛날과자1kg	5
옛날오란다	13
국수오란다	7

▲ 추억의 옛날과자를 판매하는 판매자의 경쟁사 분석표

다음은 온수매트를 판매하는 판매자가 경쟁사를 분석한 내용이다.

판매자는 온수매트 상품 중 일월, 효암 브랜드 판매자가 상위권에 위치하고 있는 상황에서 온수매트 신규 브랜드 제품 판매를 계획하였다.

이 판매자는 온수매트에 대한 고객들의 선호도를 조사하였다. 이 판매자의 선호도 조사 포커스는 고객들은 어떤 형태의 온수매트를 선호하는지와 싱글, 더블 둘 중에 어느 온수매트를 선호하는지 등 이었다.

판매 스터디를 통해서 온수매트를 구매하는 과정에서 가장 많이 고민하는 사항들이 무엇인지 등 다양한 의견을 취합하여 상품페이지에 나열하기 시작했다.

결합방식, A/S, 보관방법, 가열시간, 전기료 등 고객들이 궁금해 하는 것들을 추가적으로 표현하고 상품의 안정성과 배송이 빠르다는 것을 강점으로 공략한 결과 온수매트 분야에서 3등까지 올라가는 판매량을 만들어 냈었다.

상품명	일월 듀얼하트 디지털 온수매트 전기장판
url	http://item2.gmarket.co.kr/Item/detailview/Item.aspx?goodscode=618498963&pos_class_cd=111111111&pos_class_kind=T&pos_shop_cd=SH&keyword_order=
클릭단가	150,000
구매단가	125,000
베스트아이템	듀얼하트온수매트 싱글,더블
베스트아이템이미지	
판매량	203
예상매출	25,375,000
상품갯수	11
총 광고금액	634,800
	24일 후기 개수
굿밤 싱글 원난방	13

선택 01
일월 디지털
듀얼하트 온수매트 싱글
149,000원
99,000원 33%
사이즈 : 1,000mmX2,000mm (싱글 단일난방)
전원소비전력 : 220V, 60Hz, 240W
전기안전인증번호 : YH07064-140001

선택 02
일월 디지털
듀얼하트 온수매트 더블
179,000원

▲ 온수매트를 판매하는 판매자의 경쟁사 분석표

일반적으로 오픈마켓에서 판매할 상품을 기획할 때 상세페이지를 어떻게 만들지? 라는 접근으로 시작한다. 하지만 상품 기획과 디자인은 다른 부분이다. 결국 오픈마켓에서 디자인이란 기획한 상품을 고객이 보기 좋게 표현하는 작업이다.

그 어떤 훌륭한 디자이너도 좋은 기획이 없다면 표현하는데 한계성을 느낄 수밖에 없다.
좋은 기획이란 보편성이 나열된 가운데 누가 더 고객의 궁금증을 긍정적으로 표현했는가라고 생각해보면 이해가 될 것이라 생각한다.

다음은 G마켓에서 킥보드 상품의 상품평과 판매자에게 문의한 게시판의 글들이다. 앞서 말한 것과 같이 그 보편성과 궁금증을 파악하기 위해 특히 문의 게시판과 후기내용을 읽다보면 고객이 가장 궁금해 하는 것들 그리고 구매 전에 궁금해 하는 것들을 파악할 수 있다. 또한 어느 부분을 가장 만족하고 어느 부분에 크레임이나 불만 사항이 많은지 등도 파악할 수 있다. 그 부분을 이미지로 잘 표현해야 내 상품을 구매하려는 고객이 쉽게 선택할 수 있도록 유도해 낼 수 있다.

일반 상품평 9 상품평은 구매완료 후 수취확인에서 작성하실 수 있습니다.

내용 펼쳐보기

추천 / 배송빠름
상품선택:02.미니스윙스쿠터 그린[1개]
추천 합니다. 배송이 빠릅니다.
작성자 : ang***..
등록일 : 2015-06-29

추천 / 배송빠름
상품선택:03.미니스윙스쿠터 핑크[1개]
배송은 빠르고, 상품도 좋아요 . 다만 4살아이가 타는데도 방향전환이 좀 힘드네요
작성자 : hak***..
등록일 : 2015-06-27

적극추천 / 배송빠름
상품선택:01.미니스윙스쿠터 블루[1개]
적극추천 합니다. 배송이 빠릅니다.
작성자 : idi***..
등록일 : 2015-06-27

적극추천 / 배송빠름
상품선택:04.미니스윙스쿠터 블랙[1개]
적극추천 합니다. 배송이 빠릅니다.
작성자 : lix***..
등록일 : 2015-06-22

추천 / 배송빠름
상품선택:08.빅스윙스쿠터 블랙(10000원)(1개)
바닥이 쇠가 아니라 그런지 살짝 불안하기는한데 아이는 잘타네요 좋아합니다~~
작성자 : kkm***..
등록일 : 2015-06-22

판매자에게 문의하기 22 상품,배송,취소/반품,A/S 등의 문의를 남겨주시면 판매자가 직접 답변을 드립니다.

제목 [검색] [총 검색 결과 **22건**] 문의하기 | 내 문의보기 | 전체 문의보기

번호	문의종류	답변상태	제목	문의자	등록일
22	교환	답변완료	교환	dodt***	2015-07-06
21	기타	답변완료	기타 문의입니다.	did*****	2015-07-06
			Q 무게 몇까지 버티는건가여??		
			A 안녕하세요 고객님 어느모델을 말씀하시는건지요 스카이콩콩을 제외한 킥보드의 경우 일반적인 성인도 사용가능하십니다 감사합니다. [판매자]의 답변 | 등록일 : 2015-07-07 오후 8:35:59		
20	기타	답변완료	뒷바퀴가 빡빡해 굴러가지가 안음	yeok***	2015-07-05
			Q 어떻케 해야하조..		
			A 안녕하세요 고객님 제조사에서 연락드리고 처리해드리도록 하겠습니다. 감사합니다. [판매자]의 답변 | 등록일 : 2015-07-07 오후 8:28:39		
19	배송	답변완료	언제배송되나요?	pur*****	2015-06-29
18	기타	답변완료	🔒 부품이 하나가 없네요	mir*****	2015-06-22
17	배송	답변완료	배송 문의입니다.	kes6***	2015-06-17
16	상품	답변완료	상품 문의입니다.	bor*****	2015-06-14
15	배송	답변완료	배송 문의입니다.	ohk7***	2015-06-09
14	교환	답변완료	🔒 교환 문의입니다.	poo*****	2015-06-08
13	상품	답변완료	상품 문의입니다.	ckmk***	2015-06-06

다음은 킥보드 판매 사례이다. 킥보드를 상품 페이지에 단계별 킥보드의 사용 연령을 나이로 표현했었다. 나이로 표기하게 되면 유아, 어린이, 성인의 구별이 쉽기 때문에 적절하다고 판단했다. 하지만 그건 판매자의 판단 착오였다.

반품건으로 접수된 내용에서 초등학생 3학년 기준 같은 반 또래 아이들의 키가 크게는 10cm 이상 차이가 난다는 것을 확인하고 해당 구매자에게 전화를 걸었다. 반품을 무조건 받아주겠다는 판매자의 의견과 함께 요청한 사항이 있는데, 판매자와 1분만 통화하자는 것이었다.

고객과 통화를 하면서 내린 결론은 "나이의 표현이 아닌 키의 표현이 적절하구나."라는 생각이 들었고, 나이로 표현된 상품 페이지의 내용을 키로 바꾸어 표현하였더니 매출 상승은 물론 고객 만족도 역시 높아지기 시작하였다.

오픈마켓에서 상품을 판매하다 보면 전혀 예기치 못한 상황들이 발생하기 마련이다. 그런 상황들에 닥쳤을 때 무심코 넘겨버리거나 때로는 시간에 쫓겨 챙기지 못하는 경우가 있기 마련이다. 하지만 치열한 판매 경쟁이 벌어지는 오픈마켓에서 판매 활동을 하기 위해서는 소소한 상황들에 대해 민감하게 반응해야하고 빠르게 수정 및 반영해 나가는 것이 무한 경생속에서 살아남는 방법이라 생각한다.

■ 상품은 이렇게 관리해라

오픈마켓에서 상품을 판매하기 위해서 가장 먼저 판매 가격을 정립시키는 것이다.
판매 가격을 세우기 위해서는 먼저 판매채널별 수수료에 대한 이해가 선행되어야 한다. 판매채널별 수수료율은 크게 25%, 15%, 9% 시장이라고 보면 된다. 종합쇼핑몰, 소셜커머스, 오픈마켓 등 3가지 유형이 온라인 시장에서 차지하는 비중이 가장 크기 때문에 수수료 역시 위의 3가지로 정의해 두는 것이 좋다.
위의 3가지로 구분된 수수료를 기반으로 단가표를 작성하는데 있어서 추가적인 내용으로 행사가 또는 수수료 제안에 따른 변동도 함께 작성해 주면 좋다.

본인상품 리스트										
품명	VAT별도	VAT포함	소비자가	12%공급가	오픈마켓(12%)	9%공급가	특가마켓(9%)	행사가	15%공급가	소셜(15%)
1	5,000	5,500	15,000	13,200	5,200	13,650	5,650	12,000	10,200	2,200
2	6,000	6,600	18,000	15,840	6,740	16,380	7,280	15,000	12,750	3,650
3	6,000	6,600	18,000	15,840	6,740	16,380	7,280	15,000	12,750	3,650
4	6,500	7,150	19,500	17,160	7,510	17,745	8,095	16,500	14,025	4,375
5	7,000	7,700	21,000	18,480	8,280	19,110	8,910	18,000	15,300	5,100

이런 방식으로 단가표를 작성해 두면 MD들과의 커뮤니케이션 그리고 입점채널을 확장할 때 유용하게 사용할 수 있다.

판매 가격이 정해지면 각각의 마켓에 상품 등록을 해야 한다. 오픈마켓 등록은 앞서 설명하였고, 소셜커머스의 경우도 최근에는 판매자가 직접 등록을 해야 하기 때문에 다음과 같이 정리해 두면 좋다.

"Chapter.1 한눈에 살펴보는 오픈마켓 창업"에서 상품등록 고정 값과 변동 값에 대해서 설명하였다. 상품등록의 기능만을 설명하면 될 것을 굳이 2가지 값으로 구분한 이유는 등록 시 필요한 필드 값은 판매채널별로 거의 다 비슷하기 때문에 정리해 두면 좋겠다는 의미였다.

다음 그림과 같이 상품을 등록하기 전 필요한 요소들을 정리해 두고 웹서버 등에 저장을 해두면 필요시에 꺼내볼 수도 있고, 상품 운영 중에 궁금한 사항이 있으면 파일을 찾아 쉽게 볼 수 있게 해두면 작업 속도를 향상시킬 수 있다.

상품명		G마켓 카테고리
성인 어린이 아동용 킥보드 퀵보드 자전거 추천		자전거/보드 킥보드/스케이트보드 킥보드
씽씽이 씽씽카 유아 어린이 아동용 킥보드 추천		장난감 유아자전거/승용완구 씽씽이
판매가	옵션가	
판가 175000	베이비 0	
판매자 할인 -46000	프레이크 +46000	
	갱스터 +87500	
<div align=center>		
<object width="640" height="360"><param name="movie" value="//www.youtube.com/v/m5NweqUJhtv		
<object width="640" height="360"><param name="movie" value="//www.youtube.com/v/LvBpncuKY3Y		
<img src="http://gi.esmplus.com/duck303/quick/quickboard_01.jpg" /> 		
<img src="http://gi.esmplus.com/duck303/quick/quickboard_02.jpg" /> 		
<img src="http://gi.esmplus.com/duck303/quick/quickboard_03.jpg" /> 		
<img src="http://gi.esmplus.com/duck303/quick/quickboard_04.jpg" /> 		
<img src="http://gi.esmplus.com/duck303/quick/quickboard_05.jpg" /> 		
<img src="http://gi.esmplus.com/duck303/quick/quickboard_06.jpg" /> 		
<img src="http://gi.esmplus.com/duck303/quick/quickboard_07.jpg" /> 		
<img src="http://gi.esmplus.com/duck303/quick/quickboard_08.jpg" /> 		
<img src="http://gi.esmplus.com/duck303/quick/quickboard_09.jpg" /> 		

광고 현황, 교환/반품, 매출 집계표 등을 한곳으로 모아두면 한 개의 상품을 판매하면서 생겨나는 일련의 과정들을 쉽게 찾아 볼 수 있는 역할을 하게 된다.

특히 광고 현황 같은 경우는 많은 상품과 판매채널을 관리하다보면 놓치기가 쉽다.

종료 날짜를 적어두고 매일 관리하게 된다면 광고의 지속성을 가져가는데 좋다. 교환/반품 역시 입고된 날짜를 기입해 두어야 유실되는 상품이 0%에 가깝게 관리 할 수 있다.

		특가마켓		포커스		포커스플러스		특가마켓		프리미엄		프리미엄플러스	
카테고리	상품코드	시작	종료	시작	종료	시작	종료	시작	종료	시작	종료	시작	종료
자전거	623911016	2014-10-24	2014-11-07	2014-10-24	2014-11-07								
장난감	623956026	2014-10-24	2014-11-07	2014-10-24	2014-11-07								
자전거	B208187381							2014-10-24	2014-11-21	2014-10-24	2014-11-08		
장난감	B208190432							2014-10-24	2014-11-21	2014-10-24	2014-11-08		

상품코드	마켓	옵션명	요청사유	택배비여부	요청일	출고일	수거일	처리상태
623911016	G	갱스터	고객변심(땅에 닫지않음) 정지현고객	계좌(6000원)	03월 18일	03월 16일	03월 25일	완료
B208187381	A	갱스터	고객변심(땅에 닫지않음) 김민준	옥션무료반품	03월 26일	03월 21일	03월 28일	완료
B208187381	A	갱스터	원산지 표기 반품 정경진	택배(자부담)	04월 06일		확인필요	완료
B208187381	A	프레이크	상품스크레치 이청일 교환	택배(자부담)	04월 07일	04월 07일	확인필요	
B208187381	A	프레이크	바퀴결함 파손 양지영 교환	택배(자부담)	04월 13일	04월 13일	확인필요	완료
623911016	G	갱스터	바퀴결함 파손 박설화 교환	택배(자부담)	04월 13일	04월 13일	확인필요	완료
623911016	G	갱스터	바퀴결함 갈림 황이하 교환	택배(자부담)	04월 13일	04월 13일	확인필요	완료
623911016	G	갱스터	남은정 반품 갱스터 2개	G마켓 무료반품	04월 13일		확인필요	완료
623911016	G	갱스터	박희연 반품 갱스터 1개 반품 중복주문	G마켓 무료반품	04월 16일			완료
623911016	G	갱스터	박상돈 반품 갱스터 1개 바퀴불량(마모)	G마켓 무료반품	04월 16일			완료
623911016	G	갱스터	이민아 반품 갱스터 오렌지블루 1개	환불차감	04월 23일			완료
623911016	G	프레이크	유미란 반품 프레이크 화이트 레느 1	환불차감	04월 23일			완료
	티몬	갱스터	홍인기 반품	계좌(6000원)	04월 28일			
623911016	G	갱스터	박교진 블랙핑크 오배송 화이트그린으로 재출고	택배(자부담)	04월 28일			
623911016	G	갱스터	정홍모 갱스터 화이트레드 바퀴불량	택배(자부담)	04월 28일			

마지막으로 오픈마켓 광고는 일반 홈페이시 마케팅과는 다르게 일정 비용을 고정으로 지출해야 한다는 공식과도 같은 이론이 성립된다. 가령 상위 판매자를 따라 잡기 위해서는 상위 판매자가 고객을 불러들이는 만큼의 광고비를 동일하게 지출해야 한다는 이론이다.

앞서 언급했듯이 수익은 유입, 전환, 객단가로 구성된다. 비브랜드 상품이냐 아니면 브랜드 상품이냐를 떠나서 결국에는 비슷한 전환율과 객단가가 구성되어 지기 때문에 누가 더 클릭율을 높이는가에 대한 경쟁으로 도달 할 수밖에 없는 것이다.

상위 판매자들은 프로모션을 주기적으로 진행하고 있기 때문에 이들과 경쟁하기 위해서는 광고비를 최대로 확보한 후 마켓 프로모션을 진행해야 고객을 늘릴 수 있다는 결론에 도달한다.

온라인 마켓 판매자라면 제안서를 작성하는 방법 정도는 기본적으로 숙지하고 있어야 한다.
제안서는 흔히 생각하는 PPT의 화려함이 아니다. 제안서는 온라인 마켓의 MD들에게 전달해야 되는데, 제안서를 작성할 때는 온라인 마켓의 MD를 나의 고객이라고 생각하고 접근해야 하는 것이 올바른 접근방식이다.

온라인 마켓의 MD들이 고려하는 것은 크게 3가지로 요약할 수 있다.

첫째. 가격
둘째. 구성
셋째. 재고수량

단독 특가로 구성하여 메인 판매채널에 제안하는 것도 좋고 행사가를 전체 판매채널에 동일하게 적용한 후 노출을 강화한 이후에 가장 잘 판매되는 판매채널에 단독특가를 제안하는 것도 현명한 방법이다. 제안 시 중요한 사항이 단가표 작성이다.

주의해야 될 점은 오픈마켓 입점 후 소셜커머스 판매를 진행하는 것이 현명하다는 것이다. 또는 종합몰 입점 운영 이후에 소셜커머스 판매를 진행하는 것이 좋다.
결론은 종합몰 또는 오픈마켓 운영 이후에 마지막으로 소셜커머스에 제안하는 것이 가격을 형성하는데 유리하다는 의미이다.

종합몰, 오픈마켓 운영 ➡ 소셜커머스 제안

그 이유는 소셜커머스의 특성 때문이다. 만약 가장 먼저 소셜커머스에서 상품 판매를 시작한 이후 다른 판매채널에 판매를 시도 한다면 소셜커머스 이외 마켓 MD에게 그 상품은 행사상품으로 비춰질 질 수 있을 것이다. 소셜커머스는 일반적으로 상품 가격을 인터넷 최저가로 구성한다. 이런 판매 가격 책정 특징으로 인해 소셜커머스에 상품 판매를 제안된 상태라면 다른 온라인 마켓 MD들은 그 상품에 대한 매력을 크게 못 느끼게 된다. 이미 소셜커머스를 통해서 최저가 가격이 노출된 상태이기 때문이다.

다음은 수분팩 상품의 G마켓과 소셜커머스 판매사례이다. 그림1은 수분팩 10개를 묶어 12,900원에 판매하고 있고, 소셜커머스에서는 낱개로 1,290원 판매되고 있다. 이런 상황에서 G마켓 MD는 상품 판매 제안에 대해 호의적이지 않을 확률이 높을 수밖에 없을 것이다.

▲ 그림 1 수분팩을 10매 묶음 상품으로 판매하는 G마켓 판매 사례

▲ 그림 2 수분팩을 낱개로 판매하는 소셜커머스 판매 사례

위와 같이 판매 상황이 지속된다면 어떻게 될까?

그 결과는 다음과 같다. 2차 앵콜 판매에 이어 3차 앵콜 판매까지 진행되었다. 그리고 진행 차수가 높아질수록 할인율도 더 높아져 판매가격이 낱개 990원까지 내려가게 된다.

이제 왜 오픈 마켓, 종합몰 이후에 소셜커머스에 판매제안을 해야 된다고 언급했는지 그 이유가 충분히 전달되었을 것이라 생각된다.

마켓의 MD들은 화려한 PPT로 꾸며진 제안서보다는 그들이 궁금해 하는 내용들이 일목요연하게 잘 설명된 제안서를 더 선호한다.
다음 표를 보면 상단에는 판매자 정보, 하단에는 상품정보를 넣는 것을 볼 수 있다. 또한 카테고리 중분류를 기입하고, 상품번호, 상품명, 현재판매가, 배송방식, 행사가, 재고수량, 제안내용 등 순서대로 나열 된 것을 확인할 수 있다.

판매 아이디	[illegible]
미니샵명	스쿳앤라이드
담당자 (성함/직함)	김덕주
연락처1	[illegible]
연락처2	[illegible]
네이트온 메신저	[illegible]

NO.	카테고리(중분류)	상품번호	상품명	현재판매가 (쿠폰적용가)	배송 (착불,무료)	인하가능금액 (쿠폰금액)	보유수량	제안내용
1	킥보드/스케이드보드	623911016	베이비(블루레드)	79,000	무료	69,000	150	인터넷최저가, 단독특가
2	킥보드/스케이드보드	623911016	베이비(핑크옐로우)	79,000	무료	69,000	150	인터넷최저가, 단독특가
3	킥보드/스케이드보드	623911016	베이비(그린블루)	79,000	무료	69,000	150	인터넷최저가, 단독특가
4	킥보드/스케이드보드	623911016	베이비(블루오렌지)	79,000	무료	69,000	150	인터넷최저가, 단독특가
5	킥보드/스케이드보드	623911016	프레이크(화이트레드)	99,000	무료	89,000	150	인터넷최저가, 단독특가
6	킥보드/스케이드보드	623911016	프레이크(화이트그린)	99,000	무료	89,000	150	인터넷최저가, 단독특가
7	킥보드/스케이드보드	623911016	갱스터(화이트레드)	129,000	무료	119,000	150	인터넷최저가, 단독특가
8	킥보드/스케이드보드	623911016	갱스터(오렌지블루)	129,000	무료	119,000	150	인터넷최저가, 단독특가

하지만 위와 같이 제안서의 폼을 완벽하게 채워 넣었다고 끝난 것이 아니다. 위 제안서 파일을 마켓 MD에게 보내는 이메일이 더 중요하다.

이메일을 보낼 때는 제안서 파일을 첨부하고 간략하게 내용을 작성해야 하는데, 이 내용을 어떻게 작성하는가에 따라서 마켓 MD의 호감도가 결정된다고 할 수 있다.
이메일에 내용을 작성할 때는 클릭만으로 등록되어져 있는 상품으로 바로 갈 수 있게 링크를 설정하고, 최저가 검색되는 화면을 캡처하여 첨부하거나 그 주소를 링크 설정하는 등 MD들이 쉽게 제안 내용을 확인할 수 있도록 나열해 주는 것이 중요하다.

실제로 온라인 마켓 MD와 미팅을 해본 판매자들은 공감할 수 있는데, 하루 종일 미팅이 있고 상품을 봐야 하는 업종이기에 자리에 앉아 있을 시간이 그렇게 많지가 않다는 점을 잘 파악해야한다. 단 10초를 보더라도 계속 보고 싶고 쉽게 볼 수 있는 제안서 폼과 메일 내용이 필수적인 것이다.

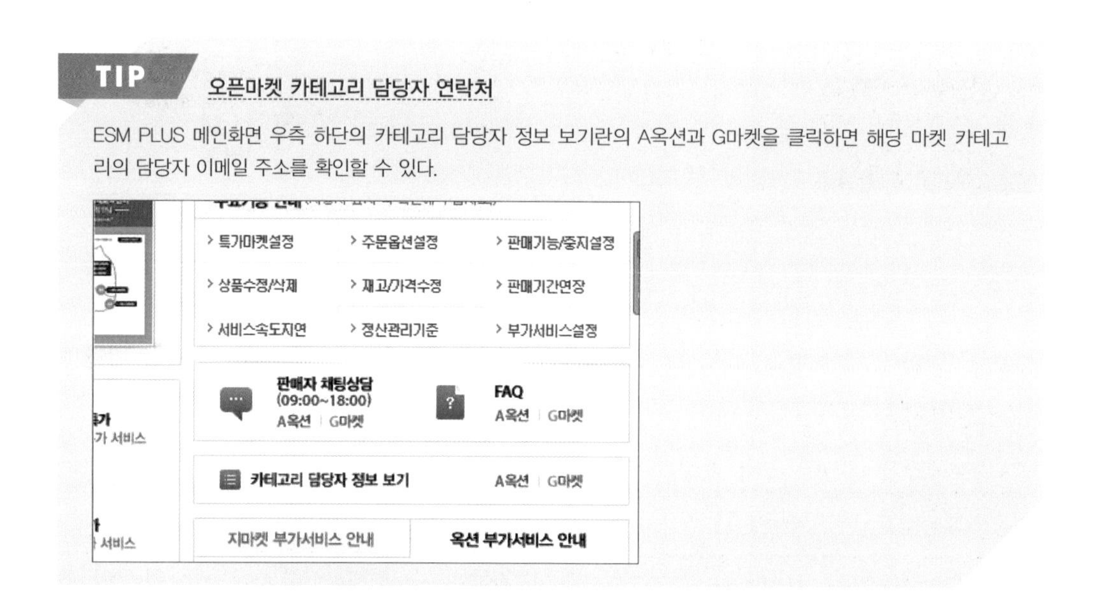

TIP **오픈마켓 카테고리 담당자 연락처**

ESM PLUS 메인화면 우측 하단의 카테고리 담당자 정보 보기란의 A옥션과 G마켓을 클릭하면 해당 마켓 카테고리의 담당자 이메일 주소를 확인할 수 있다.

■ 플랫폼을 활용하라

오픈마켓 내에는 다양한 플랫폼이 존재한다. G마켓에서만 보더라도 영문샵, 중문샵, 스마일 배송, 비즈온 등 다양한 플랫폼으로 구성되어져 있다. 필자가 경험한 G마켓 플랫폼에 대해 설명하도록 하겠다.

첫 번째, 이베이의 비즈온(http://bizon.gmarket.co.kr) 플랫폼은 사업자 구매 전문몰이다.

일반 카드로는 지출증빙을 할 수 없기에 사업자 구매몰에서 구매를 하게 되면 해당 상품을 판매하는 판매자가 0.3% 마일리지를 더 지급하고 마켓에서 세금계산서를 발행해 주는 형태의 플랫폼이다.

필자는 비즈온 플랫폼에서 핫팩과 세타필 그리고 베렝구어라는 아기 유아용품을 판매하였는데 어린이집, 병원, 관공서 같은 곳에서 대량구매가 일어나는 것을 확인했다.

비즈온에 가입하기 위해서는 다음 조건이 갖추어진 사업자판매회원에게 매월 3일 자격이 자동 부여되며, ESM PLUS에 팝업창에 공지되며, 별도의 증빙서류는 제출할 필요가 없다.

- 조건1 : 일반과세 판매자이어야 한다.
- 조건2 : 판매자 등급이 전월 기준 파워딜러이어야 한다.
- 조건3 : 고객만족우수 등급이어야 한다.

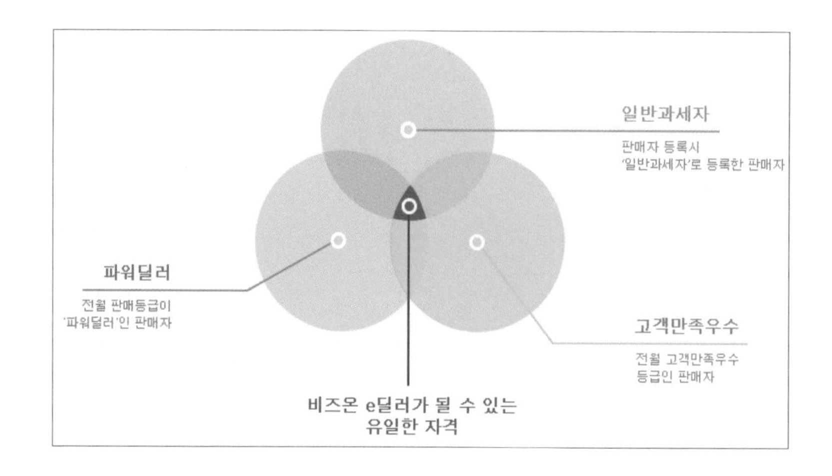

해당 자격을 갖추게 되면 모든 상품을 비즈온 영역에 노출할 수 있으며, 해당 설정은 상품등록 시 부가서비스 적용 후에 가능하다.

두 번째, 스마일배송은 현재 이베이코리아에서 핵심사업으로 생각하는 플랫폼이다.
쿠팡의 로켓배송은 빠른 배송이 컨셉이라면 이베이코리아 스마일배송은 안정성에 포커스가 맞춰져 있다.
스마일배송은 판매자의 상품을 G마켓/옥션 물류센터에 입고시켜, 고객에게 직접 빠르게 안전하게 배송하는 서비스입니다. 스마일배송 상품은 '스마일배송 플러그(❶)'가 붙고, 스마일배송관에 별도로 노출됩니다.

▲ 스마일배송관

▲ 스마트배송 플러그가 노출되는 상품

스마일배송이 고객에게 좋은 점은 단 한 번의 배송비 결재로 스마일배송에 입점된 모든 상품을 장바구니에 담을 수 있다는 장점이 있다. 스마일배송은 SKU 등록, 입고, 보관, 배송, 정산의 형태로 운영된다. ESM PLUS 좌측의 '이베이물류서비스' 메뉴를 클릭하면 물류서비스 가입부터 상품등록 및 관리등 프로세스 전체를 설정할 수 있다. 3PL(제3자 물류)을 운영해 봤던 판매자라면 쉽게 이해할 수 있는 플랫폼이다. 3PL에 대해서는 부록을 참조한다.

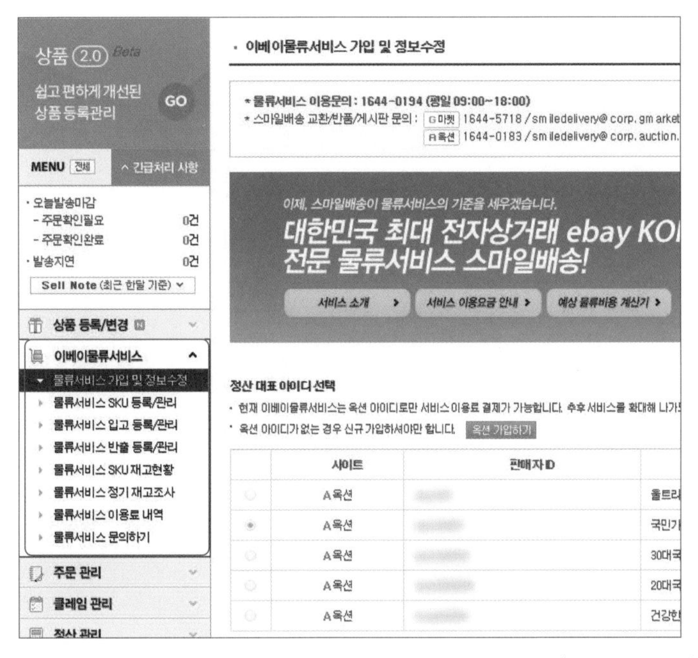

스마일배송은 문구류, 앨범, 사무용품과 같은 객단가 낮은 상품들과 회전율이 좋은 브랜드 상품을 쉽게 판매할 수 있다는 장점이 있다. 실제로 앨범 판매자와 문구류 판매자가 스마일배송에 입점하여 성공한 사례가 많다. 이들 아이템 판매자의 성공요인은 높은 광고비 대비 이익률이 낮은 카테고리에서 스마일배송 영역에 노출되기 시작한 후 광고비를 절약할 수 있었기 때문이다.

CPC 광고처럼 키워드의 파생을 가져가면서 노출되기 시작하고 동시에 G마켓 메인, 모바일 상단, 외부 매체 마케팅, 전문관 운영 등 다양한 노출을 가져가기 때문에 스마일배송은 2015년 4월 현재 가장 인기있는 판매 플랫폼으로 판매자들의 관심이 높다. 특히 글로벌 시장의 활성화, 특히 역직구의 활성화로 발전하기 시작된 물류는 전체 온라인 마켓의 핵심사업이 되어 가고 있다. 물류시스템을 이용해 상품 판매를 하기 위해서 그 시스템에 적합한 아이템을 찾는 것은 좋은 아이템을 선정하는 방법 중 하나이기도 하다.

세 번째, 글로벌샵(영문샵, 중문샵)을 잘 활용해야 높은 매출을 만들 수 있다.
글로벌 샵의 장점은 예전처럼 해외에 수출할 경우 개인이 우체국을 이용해 배송하는 형태가 아니라 통합 물류센터로 국내 배송비만 지불하고 물건을 배송하면 이베이코리아에서 대신 발송해 주는 점이다.

해외 소비자가 국내 쇼핑몰에서 상품을 구매하는 것, 즉 글로벌 샵과 같은 판매 형태를 '역직구'라고 부르며, 해외직구가 이미 트랜드를 벗어난 시점에서 역직구는 2017년 10월 현재 가장 관심이 많은 판매 방식으로 급부상하고 있다. 역직구 역시도 물류가 기반이 되었기 때문에 가능한 일이다.

G마켓에 국문으로 상품등록을 하게 되면 영문샵과 중문샵에 자동 노출 된다는 점은 설명하였기 때문에 알고 있을 것이다. 하지만 영문샵과 중문샵 자동 노출에서 한 단계 더 발전하여 자신의 아이템이 해외에서 판매가 잘 되고 있는지를 분석한 후 충분한 성

장 가능성이 있다고 판단되면 영문 페이지와 중문 페이지를 별도로 제작하여 노출할 필요가 있다.

필자가 취급하는 상품 중 마스크팩이 있는데, 판매 아이템으로 마스크팩을 선정한 이유는 다음 그림을 본 이후였다.

› 普通商品评价 (4936) 收到商品后请做商品评价 排序第一中语 内容打开

❶

评价 非常满意 5장 택1;07 I.P.I라이트맥스-5장(2500원)[1개],5장 택2;09 N.M.F아쿠아링-5장(2500원)[1개] ID : cin***...
配送速度 快 非常满意, 配送速度快. Date : 2015.07.07

评价 非常满意 5장 택1;09 N.M.F아쿠아링-5장(2500원)[1개],5장 택2;09 N.M.F아쿠아링-5장(2500원)[1개] ID : xie***...
配送速度 快 非常满意, 配送速度快. Date : 2015.07.07

评价 非常满意 5장 택1;02 비타라이트빔-5장[1개],5장 택2;02 비타라이트빔-5장[1개] ID : yiy***...
配送速度 快 非常满意, 配送速度快. Date : 2015.07.07

评价 非常满意 5장 택1;09 N.M.F아쿠아링-5장(2500원)[1개],5장 택2;07 I.P.I라이트맥스-5장(2500원)[1개] ID : cxy***...
配送速度 快 good Date : 2015.07.06

评价 非常满意 5장 택1;10 WHP미백수분-5장(2500원)[1개],5장 택2;09 N.M.F아쿠아링-5장(2500원)[1개] ID : can***...
配送速度 快 非常满意, 配送速度快. Date : 2015.07.06

评价 非常满意 5장 택1;09 N.M.F아쿠아링-5장(2500원)[1개],5장 택2;09 N.M.F아쿠아링-5장(2500원)[1개] ID : yul***...
配送速度 快 非常满意, 配送速度快. Date : 2015.07.06

评价 非常满意 5장 택1;10 WHP미백수분-5장(2500원)[2개],5장 택2;09 N.M.F아쿠아링-5장(2500원)[2개] ID : lil***...
配送速度 快 very good ! Date : 2015.07.04

▲ G마켓 중문샵 판매자의 상품후기

위 그림은 G마켓 중문샵 판매자의 상품후기이다. 상품후기를 작성한 사람의 아이디 옆 국기 아이콘(❶)을 보면 중국국기, 즉 중국인의 수요가 많다는 것을 확인할 수 있다.

중국인에게 마스크팩 상품이 인기가 높은 이유는 중국은 황사가 심하고, 과거에 비해 화장하는 여성들의 기준이 높아 졌기 때문이다. 일반 마스크팩이 아닌 기능성 효과가 있는 마스크팩을 선호하며, 특히 중국인에게 인기 있는 브랜드는 웰더마와 메디힐 리더스 마스크 팩이다.

불과 몇 년 전만 하더라도 중국 온라인시장에서 성공하기 위해서는 중국법인을 설립해야 하고, 중국내 신뢰할 수 있는 인력이 배치되어야 했다. 하지만 2017년 현재 한국산

(made in korea)을 좋아하는 중국인들 대상으로 한국에서 판매하고 배송하는 역직구가 활성화되고 있다는 점이다.

글로벌샵에서 잘 판매를 하고 글로벌샵 슈퍼딜 행사에 노출이 되려면 몇 가지 사전 준비사항이 필요하다.
영문 페이지와 중문페이지, 그리고 그에 맞는 옵션이다. 쉽게 말하면 중국어로 번역을 해야 한다는 것이고, 다음 그림처럼 국내 페이지의 한글로 표기된 내용 중 포인트 문구만 번역하여 페이지를 ESM PLUS 상품상세설명 영역에 개별적으로 업로드 해줘야 한다는 것이다.

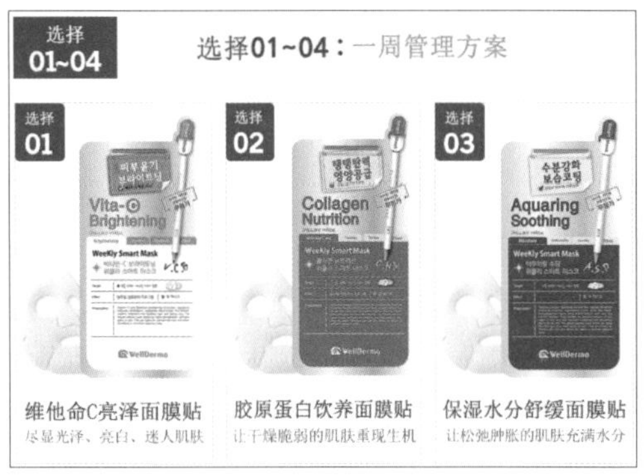

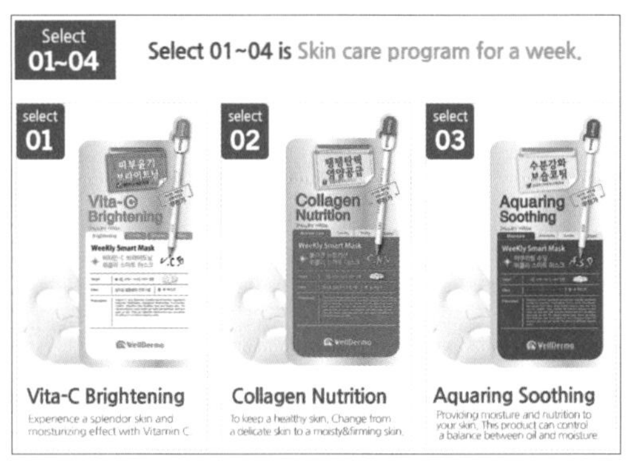

▲ 중문페이지 옵션

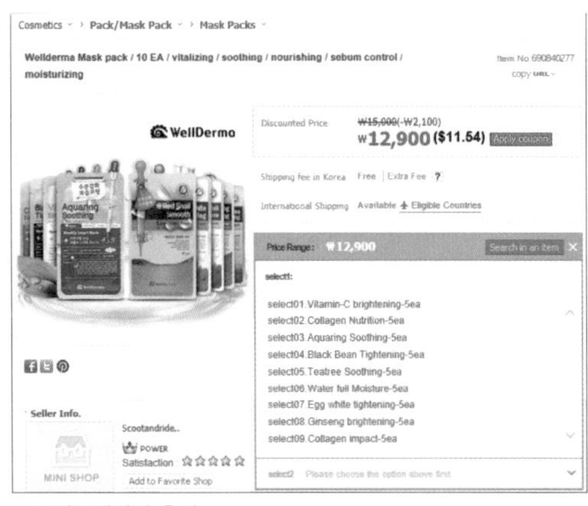

▲ 영문페이지 옵션

Appendix

02 오픈마켓 CPC 광고 파워클릭 완벽분석

CPC 광고는 가장 최근에 도입된 광고의 형태이다. CPC 광고의 장점은 CPM 광고와 비교도 할 수 없을 정도로 키워드의 파생력이 좋다는 점이고, 단점은 광고 초보자의 경우 과도한 광고비가 지출될 가능성이 높은 광고이다. CPC 구좌가 오픈마켓 내에서 계속 확장되고 있어 판매자들은 오픈마켓 판매를 위해서는 CPC 광고에 익숙해질 필요가 있다.

다음은 오픈마켓별 CPC 광고 상품을 나열한 표이다.

오픈마켓	CPC 광고 상품
G마켓	파워클릭(PC/모바일 동시 노출)
11번가	HOT 클릭
네이버	파워링크, 비즈사이트

CPC 광고는 각종 포털이나 블로그, 검색사이트에 사용되는 클릭한 횟수 당 비용을 지불하는 광고 형태를 말하며, 클릭 당 가격을 중심으로 책정되는 광고를 의미한다.

광고단가 x 클릭수 = 광고비용

여기서는 CPC 광고 중 이베이코리아 파워클릭 광고 설정방법 및 관리 방법에 대한 설명이다. 설정 방법이나 관리의 경우 대부분 같은 플랫폼으로 운영되기 때문에 해당 내용을 숙지하면 타 마켓의 광고 설정도 손쉽게 진행할 수 있을 것이다.

■ 파워클릭 광고란?

PC/모바일 검색 또는 카테고리 클릭 시 모바일 플러스/찬스쇼핑 하단에 5개 구좌가 노출되는 광고이며, 입찰금액에 따라 순위가 결정되어 같은 입찰금액에서는 먼저 입찰한 순서로 상위에 노출되는 방식이다.

▲ 플러스/찬스쇼핑 하단 5구좌 PC 지면 노출

파워클릭 광고는 타 CPC와 마찬가지로 다음과 같이 과금된다고 생각하면 된다.

파워클릭 광고비 = 차순위 금액 + 10원

다음 표를 보면 내가 입찰한 금액이 차순위보다 100원이 상향입찰이 되어 있다고 해도 100원을 그대로 받는 것이 아니라 10원만 받는다는 것이다. 하지만 동일 입찰금액 발생 시에는 먼저 등록한 판매자가 해당 금액으로 과금되기 때문에 광고 설정을 할 때 차순위 금액을 확인하면서 광고하는 것이 중요하다.

광고주	입찰시각	입찰금액 (최대클릭비용)	과금금액	노출순위
A	7월1일 14:00	500원	410원	1위 노출
B	7월1일 09:00	400원	310원	2위 노출
C	7월1일 10:00	300원	300원(최대클릭비용)	3위 노출
D	7월1일 10:05	300원	210원	4위 노출
E	7월1일 14:04	200원	110원	5위 노출
F	7월1일 14:00	100원	-	노출되지 않음

광고주	노출순위	과금
A	가장 높은 비용으로 입찰하여 1위	410원
B	3등 입찰금액 + 10원 = 2위 노출	310원
C	입찰시간이 더 빨라 3등 우선 노출	300원
D	5등 입찰금액 + 10원 = 4위 노출	210원
E	6등 입찰금액 + 10원 = 5위 노출	110원
F	노출 되지 않음(5구좌)	과금없음

■ 파워클릭 광고 설정방법

파워클릭의 장점은 기존 스마트 클릭 광고와는 다르게 보유한 판매예치금으로 광고집행이 가능하다는 장점이 있다. 파워클릭 광고 설정방법에 대해서 알아보자.

01 이베이 광고센터(https://ad.esmplus.com)에 접속한 후 로그인하거나 ESM PLUS 메인화면에서 [광고/부가서비스]-[이베이 광고센터] 메뉴를 클릭하면 다음과 같은 이베이 광고센터 메인화면이 나타난다.

02 상단의 검은색 바에 있는 광고등록, 광고관리, 리포트, 설정관리를 주로 사용하게 된다. [광고등록] 메뉴를 클릭하여 광고등록 과정을 알아보자.

03 모든 CPC 광고는 그룹으로 진행된다. 그룹설정에서 등록된 그룹을 선택하거나 새로운 그룹을 만든다. [추가] 버튼을 클릭하면 그룹추가 창이 나타나며 그룹 이름을 입력한 후 [확인] 버튼을 클릭하면 다음 그림과 같은 그룹을 생성하게 된다. 그룹은 키워드를 폴더처럼 관리하기 위한 기능이며, 상품에 맞게 이름을 지정하면 관리하기가 수월하다.

04 상품선택 영역에서 광고할 상품을 조회하고 선택합니다. 검색어의 경우는 상품명, 상품번호, 카테고리로 검색할 수 있으나 보편적으로 상품명으로 검색하는 것이 편리하다.

검색 결과에 광고할 상품이 검색되면 추가 항목의 [+] 버튼을 클릭하여 상품을 추가한다. 여기서 주의해야 될 사항은 옥션 광고를 설정하기 위해서는 기본적으로 설정되어 있는 G마켓 탭을 옥션탭으로 이동시킨 후 옥션에서 검색된 상품의 [+] 버튼을 클릭해야 한다는 것이다.

상품선택을 완료한 후 하단에 있는 [키워드 선택] 아이콘을 클릭하면 키워드를 조회할 수 있는 화면이 활성화가 된다.

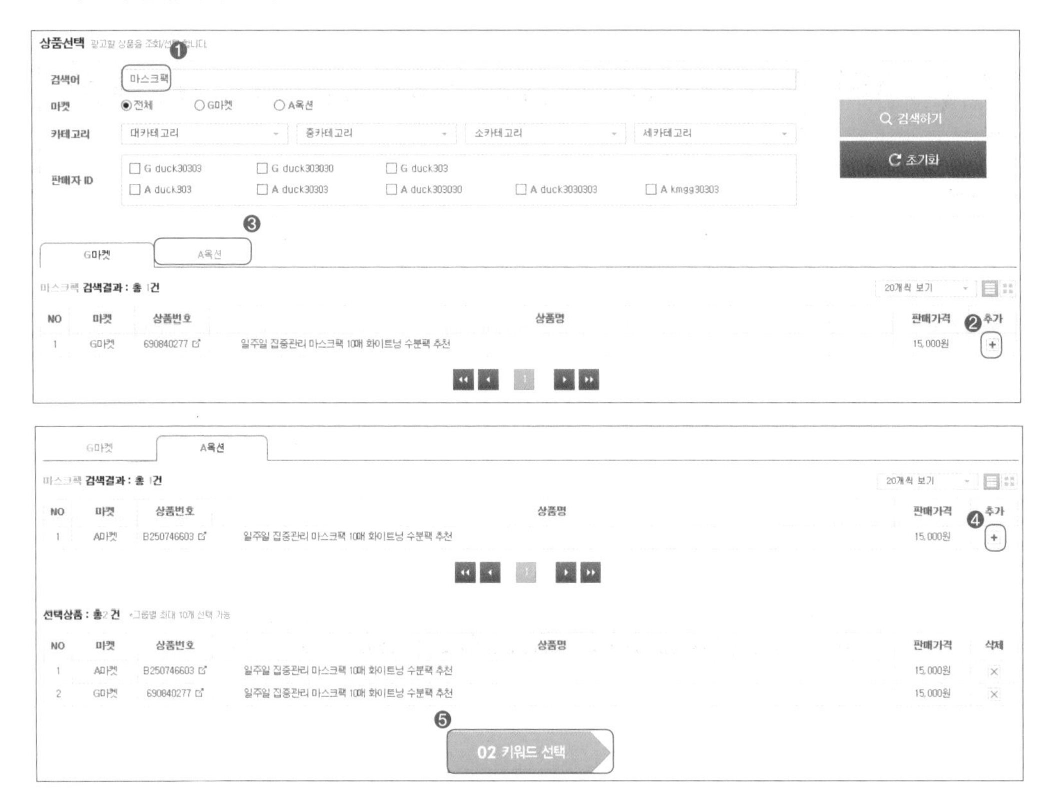

05 키워드 입력 창에 광고를 진행할 키워드를 입력한 후 [조회하기] 버튼을 클릭하면 조회한 키워드와 연관된 G마켓, 옥션의 키워드 목록이 나열된다. 입찰할 키워드를 선택한 후 이동 버튼([>])을 클릭하면 키워드들이 우측 창으로 이동한다. [광고 전략 설정] 버튼을 클릭하면 키워드별 광고금액을 설정하는 화면으로 이동하게 된다.

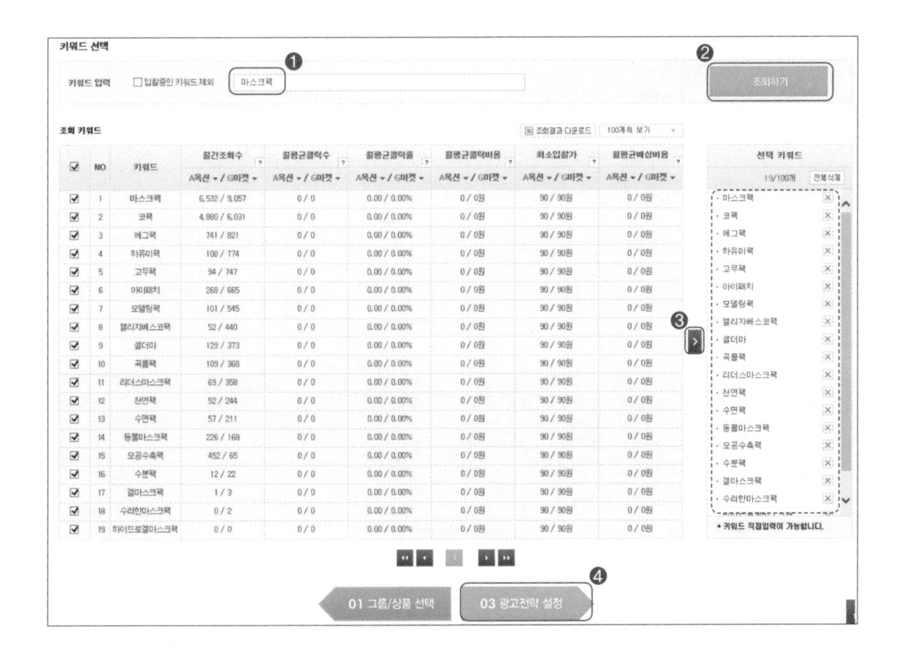

06 그룹에 대한 1일 허용 예산설정과 노출설정을 한다. 1일 허용 예산설정 영역에서 마켓별로 광고 예산을 직접 입력할 수 있으며, 노출설정 영역에서 기간과 광고 진행을 원하는 요일만 선택할 수 있다. 광고전략 설정을 마쳤으면 [입찰정보 입력] 버튼을 클릭한다.

07 입찰기준설정에서 희망순위기준과 입찰가기준 중 한 가지 방법을 선택하여 노출할 구좌를 입찰할 수 있다. 보통의 판매자들은 자신이 원하는 순위로 노출구좌를 컨트롤한다. 희망순위기준으로 입찰할 경우 차순위 입찰금액이 얼마인지를 잘 파악하여 설정하는 것이 좋다. 또한 너무 높은 금액으로 설정된 광고라고 판단이 된다면 심사숙고하여 설정해 주는 것이 좋다. 입찰기준설정을 설정하고 [확인] 버튼을 클릭하면 해당 입찰기준에 맞게 희망클릭비용이 자동으로 조정되며, 예상순위/예상클릭당 단가의 [계산] 버튼을 클릭하면 해당 키워드에 대한 순위와 예상클릭당 단가가 조정된다. 금액 설정이 완료가 되었다면 하단에 있는 [등록완료] 버튼을 클릭한다.

08 광고입찰 등록이 완료되었다. 하지만 입찰 등록이 완료되었다고 바로 광고가 진행되어 노출 되는 것이 아니라 검수라는 작업을 거쳐야만 광고에 노출이 가능하다. 설정해 놓은 상품이 품절상품인지 아닌지 설정한 키워드가 해당 상품에 적합한 키워드인지를 구별하여 노출에 반영되게 된다.

■ 파워클릭 광고 관리방법

CPC 광고를 관리하는데 있어서의 핵심은 “클릭 당 과금되는 금액이 얼마인가?”이다. 예를 들어 아래의 검색광고 구좌 중 모든 구좌에 클릭이 10번씩 일어난다고 가정한다면,

파워상품(PC) : 1000원 / 10클릭 = 100원
플러스상품(PC) : 3000원 / 10클릭 = 300원
스마트클릭(PC/모바일) : 200원 x 10클릭 = 2000원
모바일플러스(모바일) : 3000원 / 10클릭 = 300원
파워클릭(모바일) : 100원 x 10클릭 = 1000원

PC 광고에서는 파워상품, 모바일 광고에서는 파워클릭이 가장 좋은 광고가 되게 된다. 광고의 고효율이란 적은 금액으로 많은 클릭을 일으켜 고객을 많이 불러들이는 것이다. CPC 광고의 경우는 CPM 광고 영역과 비교하여 클릭 당 가격을 중심으로 금액을 책정해 보는 것이 무엇보다 중요하다.

다음 그림은 이베이 광고센터에서 제공하는 리포트의 폼이며, 최대 90일 하루 전일에 집행한 광고를 볼 수 있는 영역이다.

ebay 광고센터 광고안내 광고등록 광고관리 리포트 설정관리 고객센터 LOGOUT

기간조회 기간조회 설정 및 조건을 검색합니다.

기간 설정 2015-07-01 ~ 2015-07-08 어제 7일 30일 90일
조건 검색 설정 판매자ID 전체 그룹 전체 상품번호
검색하기

일별 월별

검색결과 : 총 0건 조회결과 다운로드 100개씩 보기

날짜	노출수	클릭수	클릭률	평균노출순위	평균클릭비용 (VAT포함)	총비용 (VAT포함)
조회결과가 없습니다.						
합계	0	0	0%	0위	0원	0원

처음 리포트를 볼 때는 위와 같이 집행한 내역이 없어 수치상의 유동을 볼 수 없지만 시간이 지나 1주일 넘게 광고를 하게 되면 일별, 주별, 월별로 조회가 가능하다.
광고는 일시적으로 폭발적인 효과를 가져오는 것이 아니기 때문에 꾸준하게 광고를 집행하면서 비교 분석하는 것이 무엇보다 중요하다. 이미 언급한 매출집계표에 대입하여 전환률을 계산해 보는 것도 판매를 하는데 큰 도움이 된다.

(로그분석기 클릭수 + 파워클릭 클릭수) / 전환수 = 전환률

Appendix

03 올바른 택배사 선정 노하우

택배는 온라인판매에 반드시 필요한 필수 조건 중 하나다. 또한 고객이 만족을 60% 이상 차지하는 부분은 바로 품질보다 빠른 배송이다. 오픈마켓에서 판매 상품의 품질 이상 중요한 것이 빠른 배송이다. 오픈마켓 구매 고객이 느끼는 가장 불편한 점 중 한 가지는 고질적인 택배사와의 불미스러운 마찰이다. 판매자에게 좋은 택배사를 선정하는 것은 경쟁력을 높이는 가장 중요한 요인 중 한 가지이다.
택배사 선정에 대해 알아보자.

❶ 일반 택배 계약

로젠, CJ, 우체국 등 온라인 판매자 개인이 가까운 영업소에 연락해 직접 택배를 계약하는 방식이다. 장점은 계약단계가 매우 쉽고 택배업체 선택권이 다소 넓다는 점이다. 평균 일일 출고량이 10개 이하일 경우 2,500원을 유지할 수 있으나, 매출이 적은 초기에는 택배기사의 눈치를 봐야하는 어려움도 있다. 일일 출고량이 꾸준하게 20개만 넘어도 택배비 단가 협상이 가능하다.
개인이 계약하는 택배의 최대 단점은 물건을 수거하는 택배 기사다. 오후 늦게 방문하여 물건을 수거하는 택배기사는 대부분 낮에는 배송을 하느라 매우 바쁘다. 즉 고객이 택배 클레임을 걸면 담당 택배기사나 영업소장과 통화를 해야 하는데, 모두가 낮에 배송을 하느라 통화하기가 매우 어렵다. 이러다보니 고객은 언제까지 기다려야 하냐며 점점 클레임이 강해지고, 판매자는 중간에서 이러지도 저러지도 못하는 경우가 매우 빈번하게 발생한다.

이 부분은 분실과 파손이 발생했을 경우도 마찬가지다.

❷ 영업자 택배 계약

온라인 판매자들이 많이 모여있는 인터넷 카페에 택배관련 문의글들이 종종 올라오는 것을 확인할 수 있다. 이런 경우 거의 대부분이 택배 영업을 하는 회사 직원이다. 영업자 택배란 낮에 배송을 하지 않고 오직 택배 수거를 통해 수익을 극대화하려는 목적으로 많은 거래처를 만들고자 카페와 블로그 등에 홍보 글을 남긴다.

이들은 많은 물량을 확보해 다양한 택배회사와 저렴한 택배운임 단가조정 등을 이루어 판매자들에게 경쟁력있는 단가를 제시한다.

영업자 택배의 장점은 빠른 CS처리이다. 내 담당자는 물론이고 계약회사 사무실에 여직원까지 나의 CS를 접수한다. 전화 상담만 잘 응대하는 것이 아니라 분실 파손 및 지연배송에 대해서도 빠른 피드백을 제공한다. 이에 고객은 중간에서 기다리는 시간이 줄어들어 악성CS로 변질되는 것을 막을 수 있다.

영업자 택배는 작은 물량의 업체에는 큰 관심을 보이지 않는다. 평균 일평균 100개 이상의 출고를 꾸준히 하거나, 평소에는 양이 작아도 명절이나 계절용품 판매로 단기에 매출이 높은 판매자도 이들이 매우 선호하는 판매자 유형이다. 단 영업자 택배 계약의 단점은 업체를 잘못 선정할 경우 회사가 도산하여 예기치 못한 손실을 발생할 수 있으므로, 계약 전 회사를 직접 방문하여 신뢰성 등을 꼼꼼히 따져보는 것은 필수이다.

❸ 제3자 택배

제3자 택배란 내가 가진 재고를 택배회사 창고에 옮겨두고 판매자는 판매활동에만 전념하는 방식이다. 이 조건은 단품으로 재고를 넉넉히 가지고 있는 판매자에게 유리하다. 매일매일 매입해야 하는 초보 판매자는 어렵다.

중견 판매자 이상은 보통 프로모션 참여를 위해 일정한 재고를 넉넉하게 보유하는 사례가 많다. 예를 들어 명절에 한과, 스팸, 식용유 등 이미 만들어진 상품을 쌓아놓고 판매하는 경우 매우 유리하다.

내가 창고를 얻어 배송인력을 구하고 제품 검수를 하다보면 시간을 많이 빼앗기기 마련이다. 제3자 택배는 이런 부담을 줄여준다. 택배를 대행하기 위해 넓은 창고를 보유하고 있으며, 대량발송을 위해 항시 인력을 고용하고 있다. 판매자 입장에서는 창고비와 인건비를 절감할 수 있다.

제3자 택배는 작은 크기를 기준으로 택배 한건 당 평균 200~300원의 비용을 지불하면 발주 수량과 관계없이 책임지고 발송해주는 시스템이다. 직원에게 지급해야하는 야근비용도 없으며, 고생했다고 다독거리는 회식도 필요 없다. 판매자는 판매활동에만 전념하고 배송은 제3자 택배가 책임진다.

제3자 택배의 장점은 택배 1건당 인건비를 받고 있으므로, 오배송이나 파손에 대해서는 전적으로 본인이 책임을 진다. 만약 내 회사에서 오배송이 일어났다면 비용 부담을 고스란히 사업주가 떠안아야하지만, 제3자 택배에 위탁한 상황에서 오배송이 날 경우 왕복택배비를 사업주가 부담하지 않는다. 이미 지출된 인건비가 있음으로 관리책임이 제3자 택배에게 있기 때문이다. 여기에 재고관리까지 철저해 제품이 분실될 염려도 없으며, 사업주가 휴일마다 홀로 나와 재고를 확인하지 않아도 되는 편리함이 강조된다.

다만, 일평균 100건 이하의 적은 물량은 대행해주기를 꺼려한다. 왜냐하면 효율성이 떨어지기 때문이다. 인력을 추가로 배정하려면 기본 인건비를 지불할 수 있는 택배 물량이 나와줘야 하기 때문이다.

제3자 택배 이용 시 주의할 점은 내 제품이 남의 창고에 입고된 상황임으로 창고의 관리상태와 계약하려는 업체의 건실함도 꼼꼼히 확인해 계약 할 필요가 있다.

Appendix

04 포장재 선정하기

포장재를 처음 선정할 때에는 경쟁업체를 정하고 최소한 10개 업체의 상품을 주문해 받아보기를 권유한다. 제품을 구매하기 부담스럽다면 상품을 주문하고 배송을 받아 포장상태를 카메라로 잘 기록해둔 다음, 가장 마음에 드는 포장재를 선택하는 것이 가장 좋다.

나 홀로 포장지를 선택하기 보다는 동종업계에서 잘 판매하는 판매자들이 여러 시행착오를 통해 최종적으로 선정된 포장지를 사용하는 것이 현명하다. 그러나 단가나 크기 등이 만족스럽지 않을 경우 다양한 포장업체 사이트를 검토해 볼 필요가 있다. 이때 중요한 점은 자신이 가장 많이 사용하는 박스의 크기를 정확히 기록하여, 제품 이름으로 알아보기 보다는 재질과 사이즈로 알아보는 방법이 가장 빠르고 저렴하게 알아볼 수 있다.

만약 창업을 이제 막 시작해 판매량과 신뢰도가 아직 높지 않다면 마켓 로고가 새겨진 박스를 사용하는 것을 적극 추천한다.

G마켓 사업자 회원 전용 코너 비즈온(http://bizon.gmarket.co.kr)에서 편리하고 저렴하게 다양한 사무용품을 구입할 수 있다. 비즈온에는 택배 박스와 비닐포장지에 전기멀티탭, 손 장갑까지 기본 택배 업무에 필요한 대부분의 용품을 판매하고 있다.

박스와 박스테잎에 해당 마켓 로고가 새겨져있어, 배송할 경우 소비자로부터 신뢰감과 안도감을 부여해준다.
단, 옥션 고객에게 11번가 박스를 보낸다거나 G마켓 구매 고객에게 옥션 박스를 보낼 경우 뜻하지 않은 불만을 받을 수 있으니 주의하자.
포장재는 저렴한 것보다 제품의 안전이 우선되어 해야 한다. 택배 파손 시 가장 먼저 점검하는 부분이 안전한 포장재를 사용하였는가 하는 점이다. 또한 이 부분이 아니라도 고객이 제품에 만족감을 갖는 첫 번째 요소는 택배기사에게서 제품을 받는 순간이다. 지나치게 저렴한 포장재나 너무 구겨 넣은 듯 한 작은 포장재는 피하는 게 좋다.

대형 의류 쇼핑몰에서 쇼핑을 해보길 권유한다. 회사 로고가 새겨진 박스가 배달되어 온다. 박스를 오픈하면 깔끔한 내품박스가 나오고, 그 박스를 오픈하면 다시 한 번 로고가 새겨진 깔끔한 비닐포장으로 포장되기도 한다. 얼핏 쓸데없이 포장에 돈을 쓰는 것이 아닌가라는 생각을 할 수 있지만 고객에게 포장은 제품의 값어치와 직결되는 감정적 요소에 속한다는 것도 기억하길 바란다.

혼자서도 할 수 있는 실용서 시리즈

혼자서도 할 수 있는

스마트스토어[개정판]

김덕주 저 | 13,300원

쇼핑몰/오픈마켓/네이버 스마트스토어/종합쇼핑몰

상세페이지 제작[개정 3판]

김대용, 김덕주 공저 | 17,500원

IT, 쇼핑몰, 홈페이지, 창업, 마케팅 등의 실무 기능을 혼자서도 배울 수 있도록 차근차근 단계별로 설명한 실용서 시리즈이다.

cafe24 스마트디자인으로

인터넷 쇼핑몰 만들기

창업준비 | 쇼핑몰 레이아웃 만들기 | 국내 해외쇼핑몰 만들기 | 기능 익히기 | 꾸미기

이시환, 고은희 공저 | 23,500원

혼자서도 할 수 있는

블로그마켓[전면 개정 2판]

창업준비 | 만들기 | 구매력 높이는 글쓰기 | 단골고객 판매처 늘리기

정하림, 강윤정 공저 | 21,000원

혼자서도 할 수 있는

알리바바 도소매 해외직구[개정판]

무역을 1도 몰라도 바로 시작하는, 알리바바 해외직구로 창업하기

이중원 저 | 16,500원

혼자서도 할 수 있는

아마존 월 매출 1억 만들기[3판] _아마존 JAPAN 추가

무재고 무자본으로 바로 시작하는 아마존 판매!

장진원 저 | 17,500원